图解汽车电控装置

吴基安　主编
吴洋　李栋梁　徐国富　副主编

廣東省出版集團
广东科技出版社
广　州

图书在版编目（CIP）数据

图解汽车电控装置/吴基安主编. —广州：广东科技出版社，2009.4
ISBN 978-7-5359-4743-7

Ⅰ. 图…　Ⅱ. 吴…　Ⅲ. 汽车—电子控制—控制系统—图解　Ⅳ. U463.6-64

中国版本图书馆CIP数据核字（2008）第134441号

责任编辑：陈毅华（aroused_56@sina.com）
封面设计：钟优西
责任校对：C.S.H.
责任印制：LHZH
出版发行：广东科技出版社
（广州市环市东路水荫路11号　邮码：510075)
E-mail：gdkjzbb@21cn.com
http://www.gdstp.com.cn
经　销：广东新华发行集团股份有限公司
排　版：广东科电有限公司
印　刷：广州市官侨彩印有限公司
(广州市番禺区石楼官桥　邮码: 511447)
规　格：787 mm × 1 092mm　1/16　印张11.25　字数230千
版　次：2009年4月第1版
2009年4月第1次印刷
印　数：1 ~ 5 000册
定　价：22.00元

内容简介

本书共分两部分：第一部分为发动机，内容涵盖了：电子电压调节器、电子点火装置、燃油喷射装置、进气控制装置、排气控制装置、怠速控制装置以及发动机控制用传感器等。第二部分为底盘，内容涵盖了：电控自动变速器、电控制动防抱死系统（ABS）、电控驱动防滑系统（ASR/TRC）、电控动力转向系统、电控四轮转向系统（4WS）、电控稳定行驶系统（ESP/VSC）、电控悬架系统以及等速行驶控制系统（CCS）等。

图解读本，顾名思义就是以图解为主，并适当地配以少量的文字说明，力求图文结合，形象直观，通俗易懂，可供汽车维修技工、尤其是汽修电工和汽车工程技术人员阅读，也可作为大专院校汽车运用和维修专业师生的教学参考书。

前　言

近年来，我国汽车工业和交通运输业发展迅速，汽车在国民经济的各个领域和社会生活中发挥着越来越重要的作用。汽车维修方面的技术人才，尤其是汽车电工的需求也随着汽车保有量的剧增而不断增加。

电控技术在汽车上的应用越来越多，必然会给汽车的使用、维修和保养工作带来了不少困难，相当多的驾驶人和修理工面对复杂的汽车电子装置和电控系统的故障都会感到束手无策，除深感知识欠缺外也感到相关资料的匮乏。

为了满足维修行业的迫切要求，培养具有专业知识和实操技能的新一代汽车维修工（当然包括汽车电工）和汽车电子技术人员，使他们对新型汽车电子装置和系统有较全面的了解，熟悉其种类与结构，掌握常见故障的诊断与排除方法，熟练地对某个电子设备或整个总成进行检查、测量、调试和修理；同时，也为了满足广大汽车驾驶人及有关汽车技术人员的迫切需求，使大家快速地熟悉、了解和掌握汽车电气/电控系统，更好地从事汽车电气及电子装置的设计、使用、维修和保养工作，我们特编写本书。

在本书的编写过程中，曾得到中国汽车技术研究中心、天津大学、河北工业大学、天津科技大学、天津太平洋汽车服务有限公司、天津市交通局汽车维修管理处、天津开发区职业技术学院、中国人民解放军军事交通学院、出版社等单位许多同志的关心、支持和帮助，他们是：商国华、尚庆福、李月芳、杨军、于阳、许凡、冯银靖、鲍敏西、龙文翔、吴本做、李文全、刘宝金、刘春华、陈世华、李铁军、焦志勇、谈炳发、阴雨成、杨晓军、王昌军、壮惟、张春润、姜丁、杨生辉、李建文、齐志鹏、舒华、董素荣、董宏国、李良洪、杨华、许洪军、朱先民、张煜、徐有春、赵祥君、赵玉凡、常明、刘洪泉、袁一、李栓成、于坤炎、周军及田王惠等。在此，谨向他们表示衷心的感谢。

由于编者水平有限，实践经验不足，书中可能会有欠缺、不足或错误，在此我们恳请专家和广大读者批评指正。

编　者

2009年春

目　录

第一部分　发　动　机

第二部分　底　盘

第一部分 发 动 机

一、电子电压调节器

电子电压调节器简称电子调节器。电压调节器的功用是当发电机转速或高或低变化时，自动调节发电机输出电压，使之保持恒定，以便不致将用电设备（用电器）烧坏或能使用电设备（用电器）充分发挥作用。

电压调节器调节发电机电压的基本原理是当发电机转速变化时，自动改变发电机激磁电流I_j，使其输出电压U保持基本恒定。电子调节器按其结构可分为分立元件式和集成电路式两种类型。

（1）分立元件式调节器

利用分立电子元器件组成的调节器，如解放CA1091型载货汽车用JFT106型电子调节器和东风EQ1090型载货汽车用的JFT149型电子调节器。

（2）集成电路式调节器

利用集成电路（IC）组成的调节器，目前大多数汽车［如：捷达、桑塔纳、夏利、奥迪轿车，北京切诺基、长丰猎豹、帕杰罗（PAJERO）、斯太尔SX2190和东风EQ2102型越野汽车等］都采用了集成电路调节器。

1. 分立元件调节器

电子调节器一般由分压电路、第一级开关电路、第二级开关电路和辅助电路元器件等构成，如图1–1–1所示。

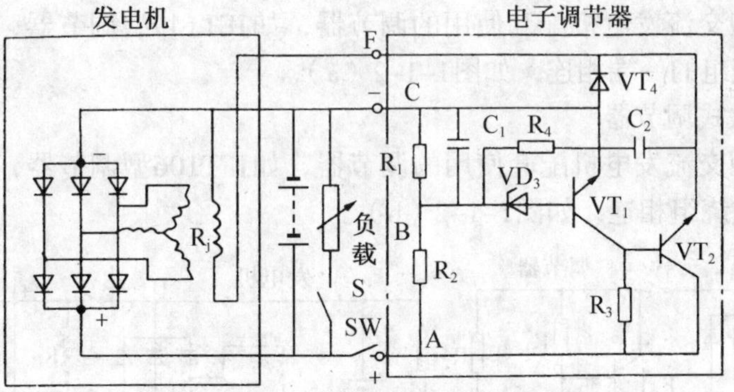

图1–1–1　电子调节器的组成和工作原理

（1）分压电路

即电压信号检测电路，通常由2～3只电阻串联或混联而成，接在调节器“+”与“–”之间。图中电阻R_1和R_2即构成分压电路，其作用是将汽车电源施加于调节器“+”与“–”之间的电压分成两部分，且所分得的电压与电源电压之间按正比例关系变化。

（2）第一级开关电路

信号放大和控制电路，它由至少1只稳压管和1只三极管组成。稳压管通常经三极管的发射结反向并接在分压电路的一端，三极管则串联在调节器“+”与“−”之间。图中稳压管VD_3和三极管VT_1即构成第一级开关电路，其作用是灵敏地感受电源电压的变化，使三极管VT_1交替地导通和截止，以控制第二级开关电路的通断。第一级开关电路的通断完全取决于发电机输出电压的高低。

（3）第二级开关电路

大功率三极管，一般由1只大功率三极管或复合三极管构成。图中三极管VT_2即构成第二级开关电路，其作用是接通与切断发电机的激磁电路，以便顺利地调节激磁电流，稳定发电机输出电压。

（4）辅助电路元器件

VD_4为续流二极管，它与发电机激磁绕组反向并联，其作用是吸收VT_2截止时激磁绕组中产生的自感电动势，保护VT_2，防止过电压而击穿；电容C_1为延时电容器，它与稳压管VD_3和电阻R_1并联，其作用是利用电容器的充、放电延时特性，即电容器两端的电压不会突变的特性，延迟稳压管VD_3的导通与截止时间，以降低三极管VT_1、VT_2的开关频率，减缓管子老化速度，延长调节器的使用寿命；R_4、C_2构成反馈电路，其作用是提高调节器的灵敏度，改善调节器的调压质量；R_3既是VT_2的基极偏置电阻，也是VT_1的集电极限流电阻。

电子调节器的基本工作原理是利用串联在发电机激磁电路中的大功率三极管的导通与截止（开关特性）来控制磁场电路的通断，调节磁场电流的大小，以使发电机输出电压稳定在规定的范围之内。

电子调节器按其搭铁形式可分为内搭铁式和外搭铁式两种，如图1–1–2所示。

（1）内搭铁式调节器

与内搭铁型交流发电机配套使用的调节器，如JFT149型调节器，即其搭铁点直接与发电机激磁绕组的一端相连，如图1–1–2（a）。

（2）外搭铁式调节器

与外搭铁型交流发电机配套使用的调节器，如JFT106型调节器，即其搭铁点不直接与发电机激磁绕组相连，如图1–1–2（b）。

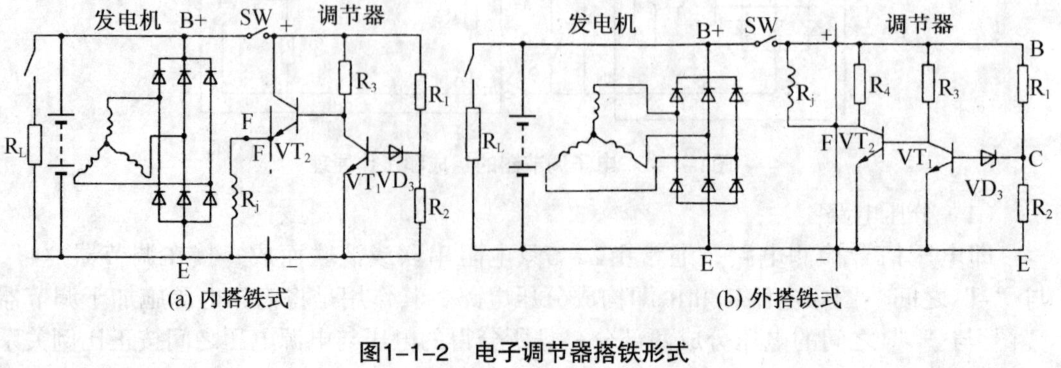

(a) 内搭铁式　　(b) 外搭铁式

图1–1–2　电子调节器搭铁形式

1）内塔铁式调节器的特点。第二级开关电路中的三极管VT_2串联在调节器的“+”与“F”之间。

2）外搭铁式调节器的特点。第二级开关电路中的三极管VT_2串联在调节器的“F”与“-”之间。内搭铁式调节器只能配用内搭铁式发电机，外搭铁式调节器只能配用外搭铁式发电机，两者不可随意互换。否则，激磁电路不通，发电机不发电。

例如，JFT106型调节器即为外搭铁式（解放CA1091等车用）。如图1-1-3所示，可与14 V/750 W 9管发电机或14 V/1 000 W 6管发电机配用。R_1、R_2和R_3混联构成分压电路；VD_1、VT_6、VD_3为第一级开关电路（VD_3为温度补偿二极管）；VT_7、VT_8、VD_4为第二级开关电路（VD_4可使VT_7可靠截止）。C_1、C_2为降频电容器；VD_5为续流二极管；R_8为反馈电阻；VD_2起过压保护作用；其他均为偏置或限流电阻。

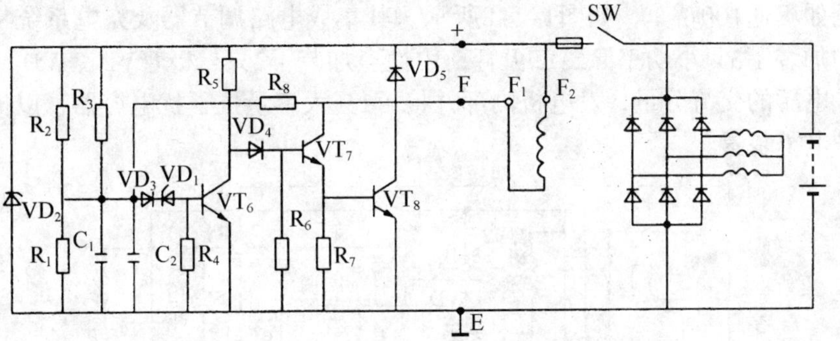

图1-1-3　JFT106型调节器

2. 集成电路调节器

集成电路调节器采用的电压取样方法分蓄电池电压检测法和发电机电压检测法。

蓄电池电压检测法：检测点“P”的电压与蓄电池端电压成正比，如图1-1-4所示。

发电机电压检测法：检测点P所检测的是发电机激磁二极管输出电压，即发电机端电压，如图1-1-5所示。

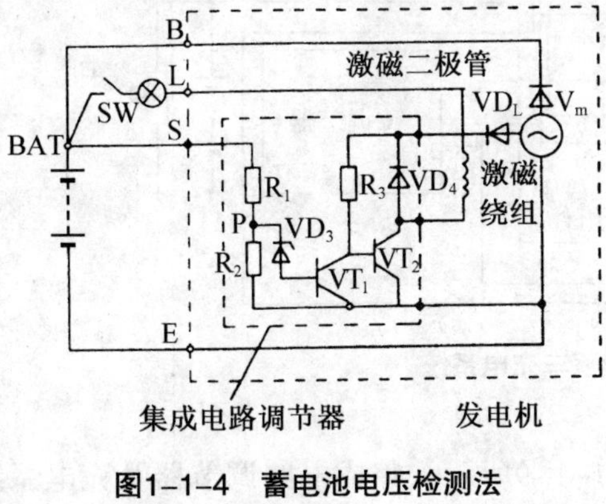

图1-1-4　蓄电池电压检测法

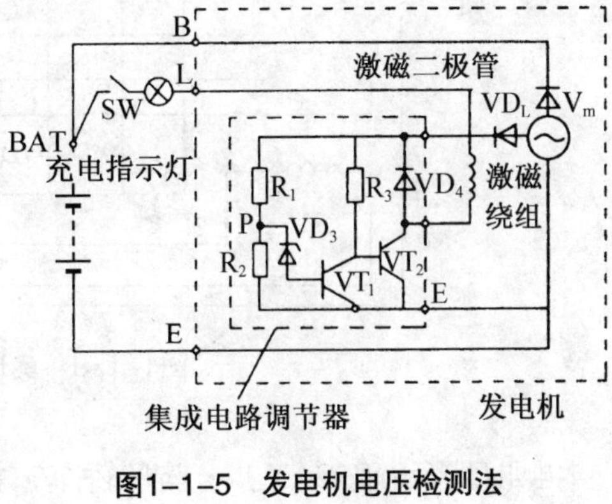

图1-1-5　发电机电压检测法

如夏利轿车，集成电路调节器通常装在发电机内，其接线柱B、F、P、E装配时用螺钉直接与发电机上相应接线柱相连接，插孔IG、L通过对应的插接器与充电系统的充电指示灯、点火开关、蓄电池相连，如图1-1-6所示。

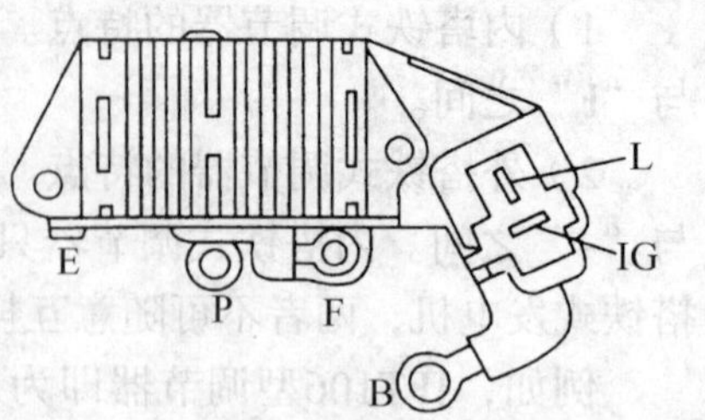

图1-1-6 夏利轿车集成电路调节器外观

调节器IG端是电压检测点，如图1-1-7所示。通过单片集成块（IC块）控制VT_2的导通与截止，以调节发电机输出电压。调节器P端检测的是由发电机某相绕组首端经半波整流后输出的电压，该电压通过单片IC块控制VT_1的导通与截止，以控制充电指示灯的亮、灭。

又例如奥迪100轿车，如图1-1-8所示。其集成电路调节器及充电系统特点是在激磁电路中加装了3只小功率激磁二极管；中性点加装了2只二极管VD_7、VD_8，以充分利用中性点电压的交流分量，发电机内部并接了1只大容量抗干扰电容器，以抑制电磁干扰，保护电子装置。

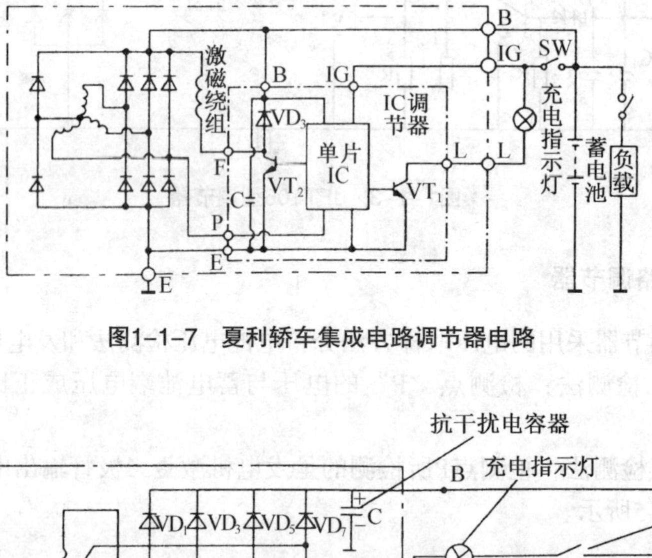

图1-1-7 夏利轿车集成电路调节器电路

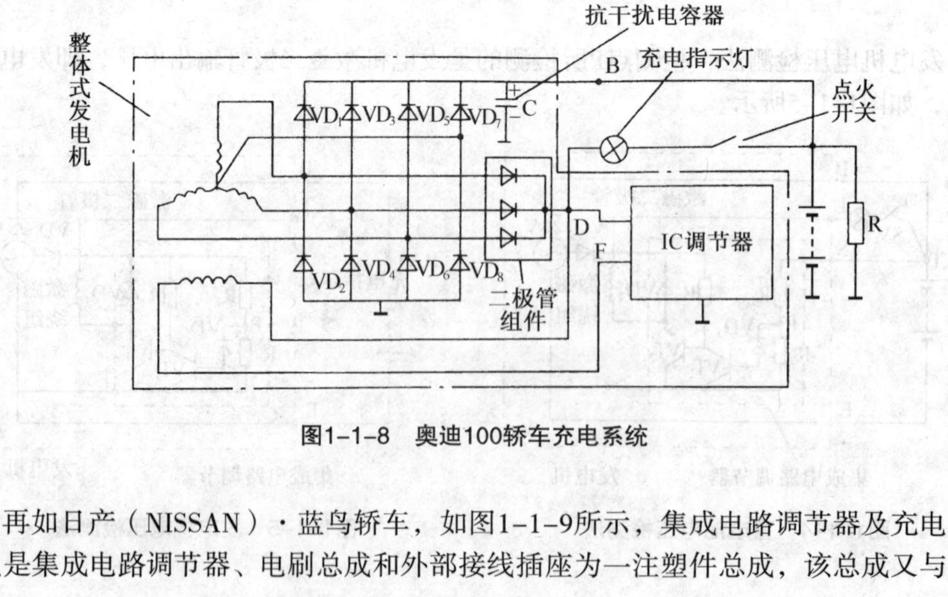

图1-1-8 奥迪100轿车充电系统

再如日产（NISSAN）·蓝鸟轿车，如图1-1-9所示，集成电路调节器及充电系统特点是集成电路调节器、电刷总成和外部接线插座为一注塑件总成，该总成又与整流器连接成一体；调节器采用蓄电池电压检测法，检测点P用一根较粗的专用导线直接接蓄电池“+”极；调节器设有备用检测点B，装配发电机时，备用检测点在发电机内部与发电机正极相连，如图1–1–10所示。

备用检测点的工作状况：当检测点P的连线正常时，分压器R_2、R_3检测的是蓄电池的端电压，电阻R_4不起作用；当蓄电池“+”极到检测点P的专用导线断路时，通过R_2、R_3、R_4及备用检测点B可检测到发电机的端电压，使调节器正常工作，此时R_4为分压电路电阻。由于R_4电阻值较小，因而对发电机输出电压影响不大。

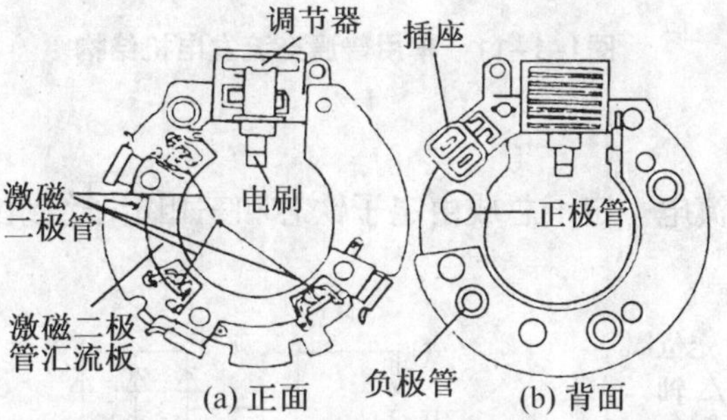

图1–1–9　蓝鸟轿车调节器、整流器和电刷架总成

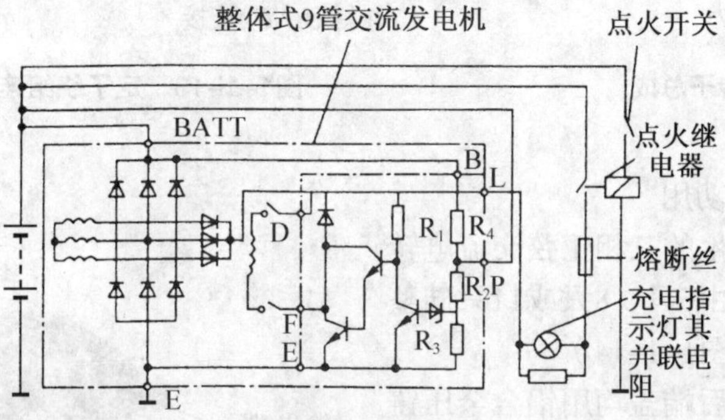

图1–1–10　蓝鸟轿车集成电路调节器电路

3. 硅整流发电机

既然电压调节器是为发电机配备的，因此很有必要让读者了解汽车发电机。

汽车发电机按总体结构分为普通式（见图1–1–11）、整体式、带真空泵式、无刷式、永磁式等多种；按激磁绕组搭铁方式又分为内搭铁式和外搭铁式；按整流二极管数目还可分为6管、8管、9管、11管等多种。

汽车发电机主要由转子、定子、整流器、端盖及电刷组件等组成。

（1）转子的功用

产生呈正弦规律变化的旋转磁场。转子有6对磁极，转子每转1圈，磁场周期性地变化6次（见图1–1–12）。

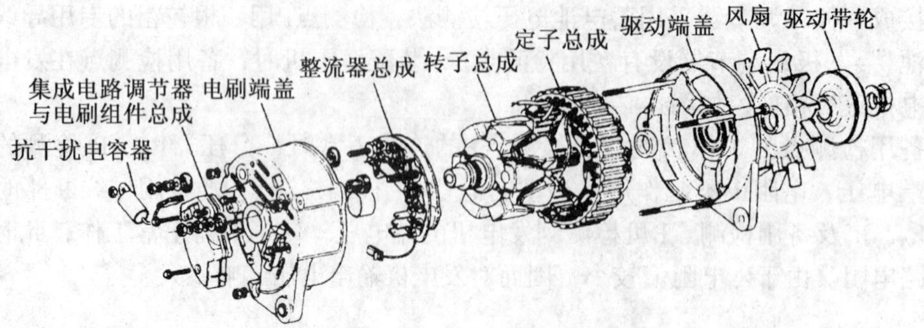

图1–1–11　车用普通交流发电机结构

（2）定子的功用

产生三相正弦交流电。定子总成由定子铁芯和三相定子绕组组成（见图1–1–11）。

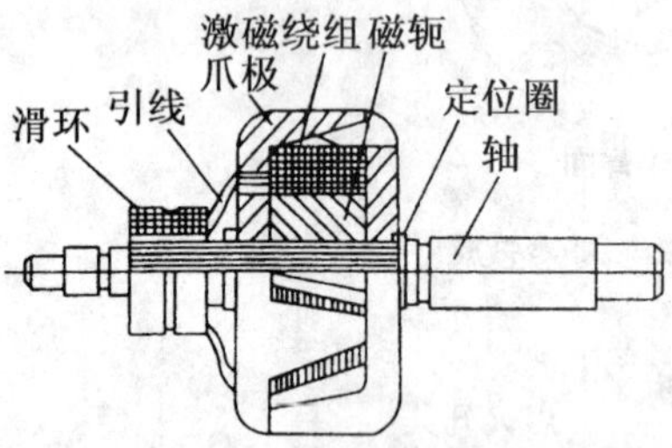

图1–1–12　转子总成

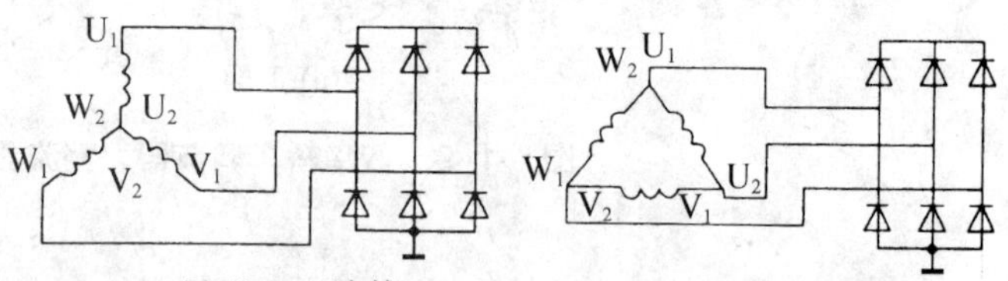

(a) 星形("Y")连接　(b) 三角形("△")连接

图1–1–13　定子绕组连接方式

（3）整流器的功用

将定子绕组产生的三相正弦交流电转变成直流电。一般由6只、8只或11只硅整流二极管组成（见图1–1–14）。

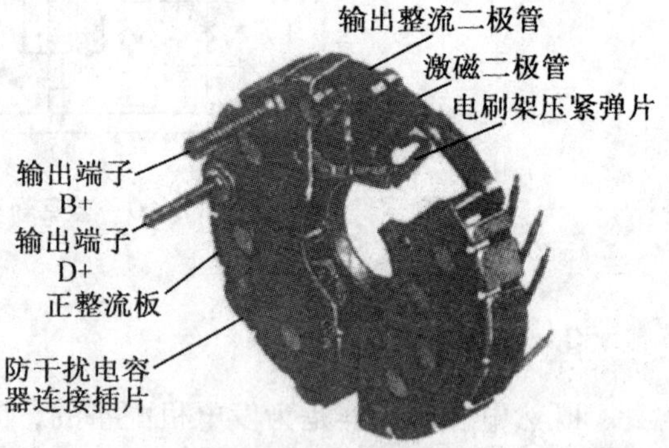

图1–1–14　整流器

发电机的前、后端盖均用铝合金压铸或用砂模铸造而成，采用铝合金材料的主要目的是减小漏磁。在后端盖上装有电刷组件。电刷组件由电刷、电刷架和电刷弹簧组成（见图1–1–15）。

夏利轿车用整体式8管发电机，其结构特点是定子总成压装在驱动端盖内，构成驱动端盖总成；整流器和调节器安装在后端盖与后罩之间；整流器为8管整体式结构，二极管VD_1、VD_2接在发电机中性点与正极和搭铁之间；在某相绕组首端抽出一接头P，以控制充电指示灯的亮、灭（见图1–1–16）。

奥迪与桑塔纳等轿车用整体式11管发电机，其结构特点是在发电机磁场电路增装了3只小功率正极管；发电机内部加装了大容量抗干扰电容器，以抑制电磁干扰，保护电子装置（见图1–1–17）。

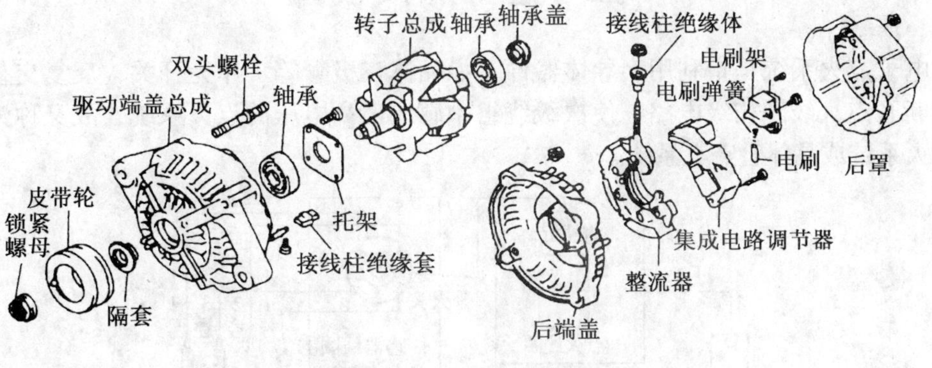

图1–1–15　发电机解体

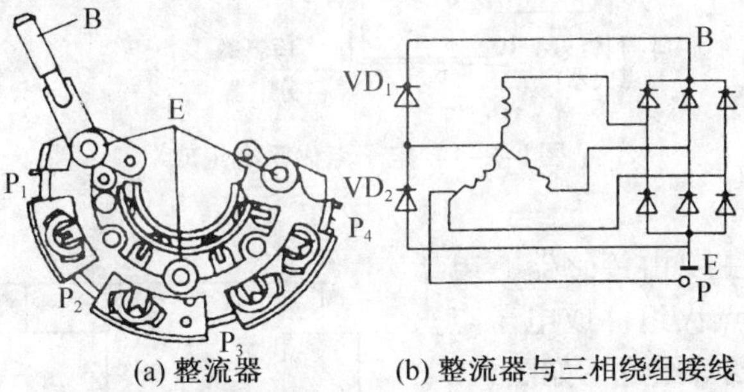

图1–1–16　夏利轿车发电机整流器与三相定子绕组接线

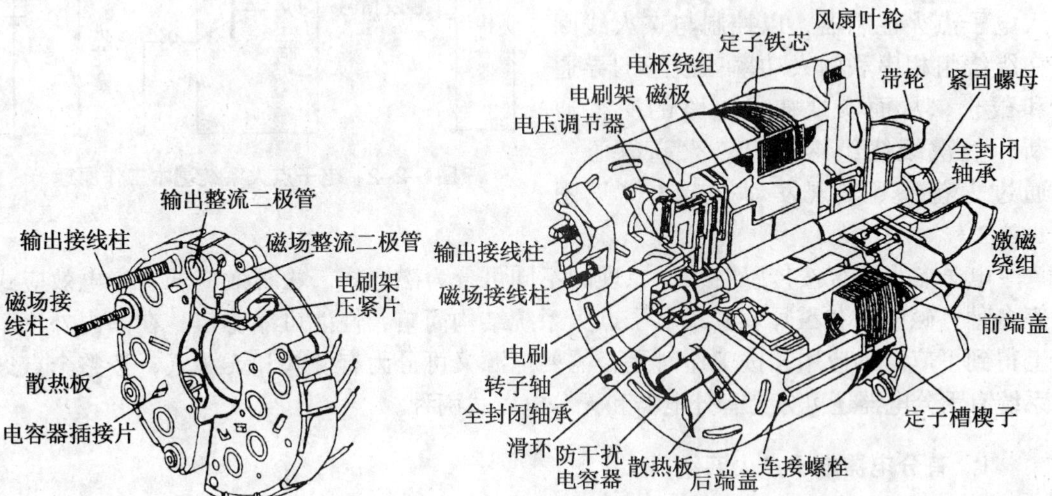

图1–1–17　整体式11管发电机结构

二、电子点火装置

电子点火系统是指利用半导体器件（如晶体三极管等）作为开关，反复交替地接通和断开点火线圈初级电路，使次级绕组中感应出高电压的点火系统，故又称为半导体点火系统或晶体管点火系统。

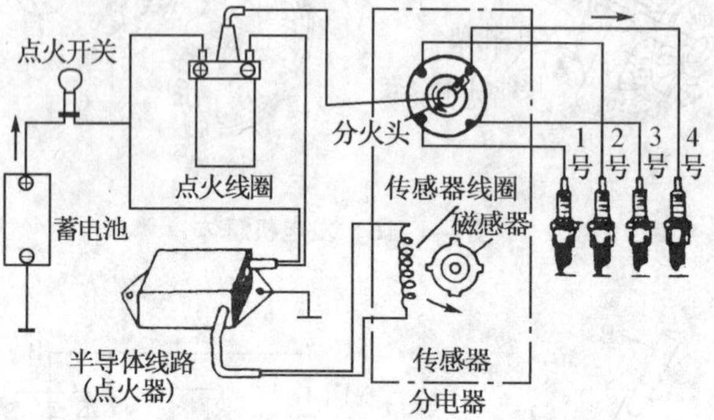

图1-2-1 电子点火系统组成

电子点火系统主要由传感器、电子点火控制器（电子点火组件或电子点火器）、专用点火线圈等组成，如图1-2-1所示。其基本工作原理是利用传感器，产生交变的触发点火电信号，并将其输入电子点火控制器，以控制与点火线圈初级绕组相串联的大功率三极管的导通和截止，从而实现初级电路的交替通断，使次级绕组感应出点火高电压，通过火花塞等实现发动机点火（见图1-2-2）。

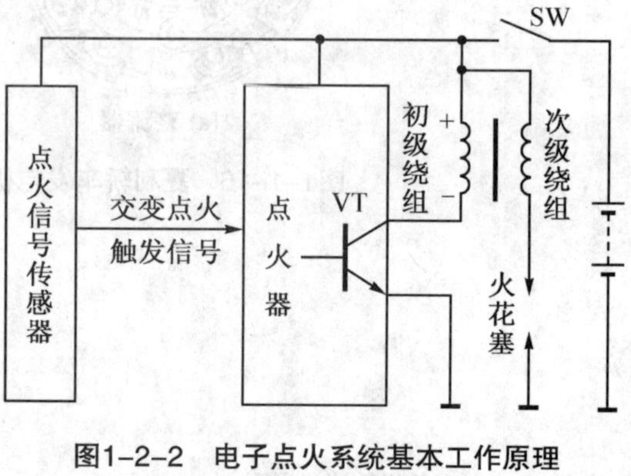

图1-2-2 电子点火系统基本工作原理

电子点火系统按传感器工作原理的不同可分为磁电式、霍耳效应式、光电效应式等多种，磁电式和霍耳效应式电子点火系统结构简单，性能可靠稳定，在国内外汽车上得到了广泛的应用；按工作时是否需要电源又可分为有源式和无源式；按整个点火系统有无分电器还可分为有分电器和无分电器式两种。

1. 有分电器电子点火系统

（1）磁电式分电器电子点火系统

国产解放CA1092型和东风EQ1090E型汽车发动机都采用磁电式分电器电子点火系统。解放CA1092型汽车的无触点电子点火系统由WFD663型磁电式无触点分电器，6T52107型电子点火器（点火组件）和JDQ 172型专用点火线圈等组成，如图

1-2-3所示。

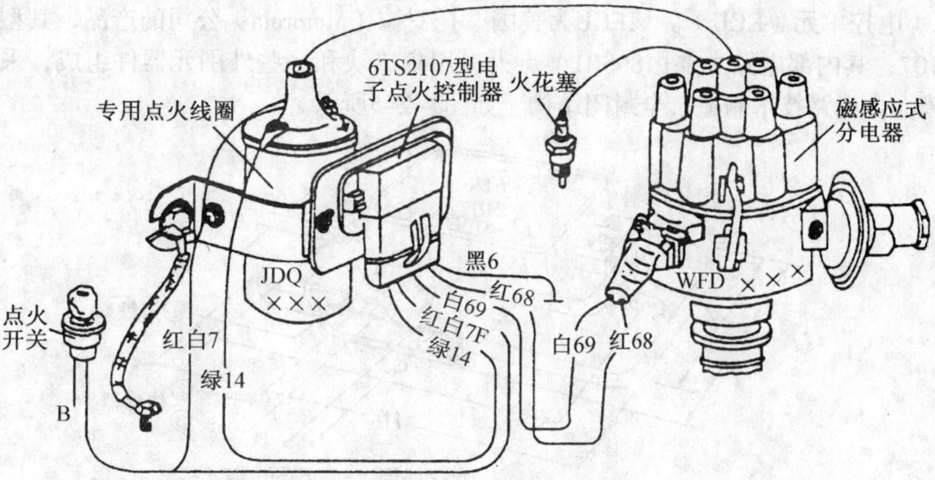

图1-2-3 解放CA1092型汽车的无触点电子点火系统的组成

该车装用的WFD663型无触点分电器仍保留了传统的配电器和离心及真空点火提前调节装置，采用磁电式传感器（磁脉冲信号发生器）取代了原分电器中的断电器。

1）磁电式传感器。该磁电式传感器安装在分电器内，主要由信号转子、传感线圈、永久磁铁、定子铁芯等构成，如图1-2-4所示。信号转子有6个向下弯曲的转子爪，固定在转子轴的上端，随轴一起转动。定子则有6个向上弯曲的定子爪，定子的下面为永久磁铁和活动底板三者铆合成一体后套装在固定底板的轴套上，受真空提前机构的拉杆约束。在转子与定子之间绕有传感线圈，它与固定底板固定在铝质壳体内。

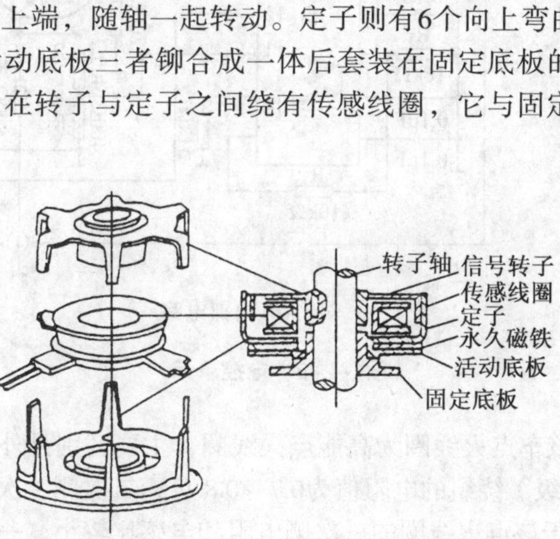

图1-2-4 解放CA1092型汽车磁电式传感器

当分电器轴（转子轴）转动时，通过离心装置带动信号转子随分电器轴旋转，此时转子爪和定子爪间的空气间隙发生周期性的变化，同时其磁路的磁阻和穿过传感线圈的磁通量也周期性地变化。根据电磁感应原理，传感线圈产生交变电动势信号。由于转子和定子各有6个等分的爪，所以转子每转一周产生6个交变电动势信号。

2）电控单元（ECU）。该ECU为美国摩托罗拉（Motorola）公司的产品，其型号为6TS2107，其内部电路主要由89S01型点火专用集成块和一些外围元器件组成，采用的是厚膜混合电路技术制造，全封闭结构，如图1-2-5所示。

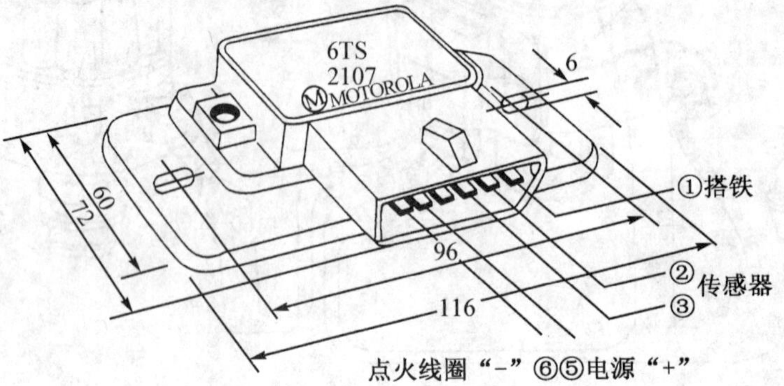

(a) 外形

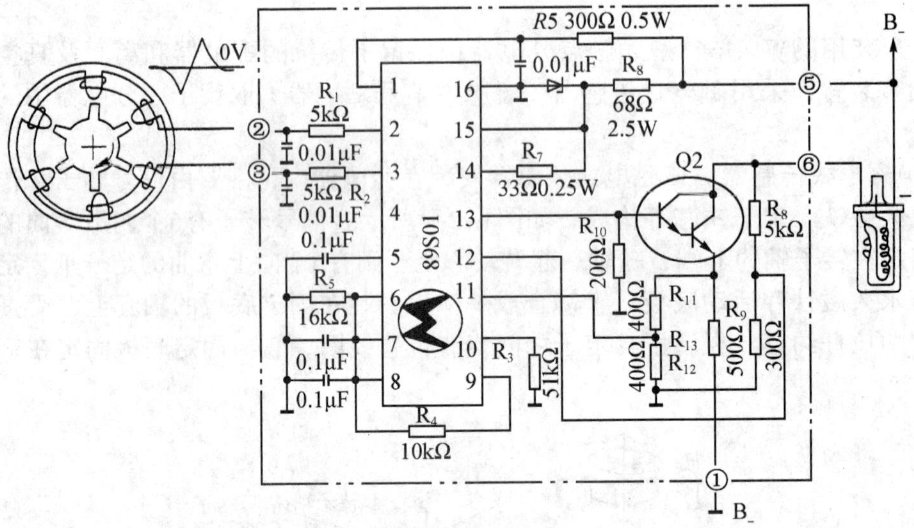

(b) 内部电路

图1-2-5 电控单元

3）点火线圈。该车点火线圈为高能点火线圈，主要区别是外面取消了附加电阻。点火线圈一次侧（初级）绕组的电阻值为0.7 ~ 0.8 Ω，二次侧（次级）绕组的电阻值为3 000 ~ 4 000 Ω。由于该点火线圈的一次侧电阻和电感比较小，一次侧电流比较大，而点火线圈的能量比较高，其火花能量≥70 rnJ。由于点火电控器的控制作用，通过点火线圈一次侧绕组的峰值电流，被限制在5.5 ~ 6.5 A并保持稳定，因而在发动机全部工作转速范围内点火能量基本保持恒定。

4）点火提前调节装置。离心式点火提前调节装置工作原理是发动机转速升高时，飞块产生的离心力大于拉簧拉力而绕柱销向外甩开，推动凸轮使转子轴相对于分电器轴朝前多转一个角度，信号转子爪与定子爪提前对齐，点火电信号提前出现，通过点火器实现提前点火（见图1–2–6）。

真空式点火提前调节装置工作原理是当发动机负荷减小时，膜片在节气门后方真空吸力作用下左移，带动拉杆及拉杆销使定子组件逆着分电器轴旋转方向转动一定角度，转子爪与定子爪提前对齐，点火电信号提前出现，通过点火器实现提前点火，如图1–2–7所示。

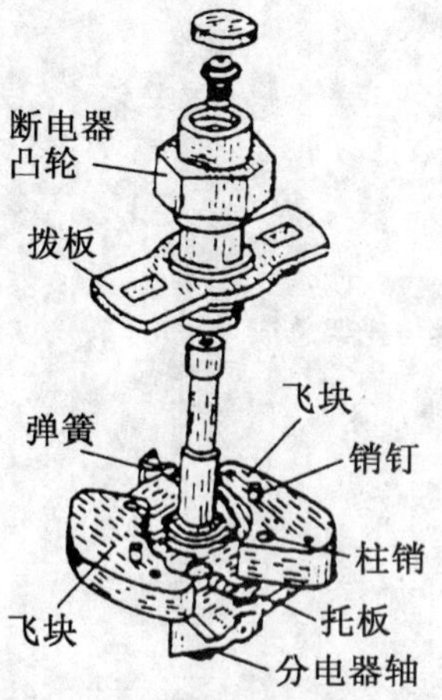

图1–2–6　离心点火提前机构

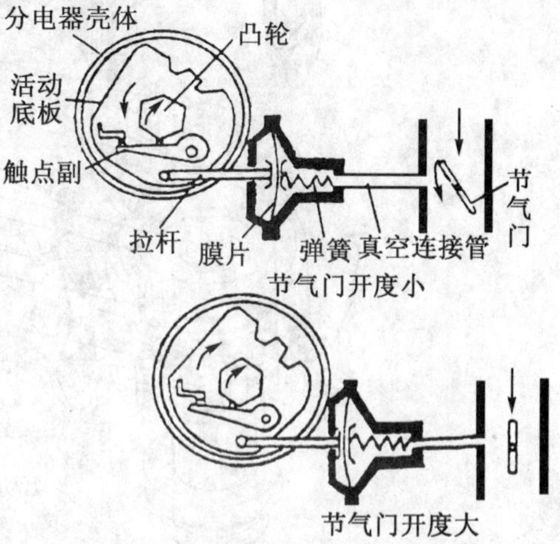

图1–2–7　真空提前机构工作原理

（2）霍耳式分电器电子点火系统

霍耳式分电器电子点火系统主要由霍耳式分电器、点火（控制）器、专用点火线圈和火花塞等组成。霍耳式分电器主要由霍耳传感器、配电器和点火提前调节机构组成，如图1–2–8所示。

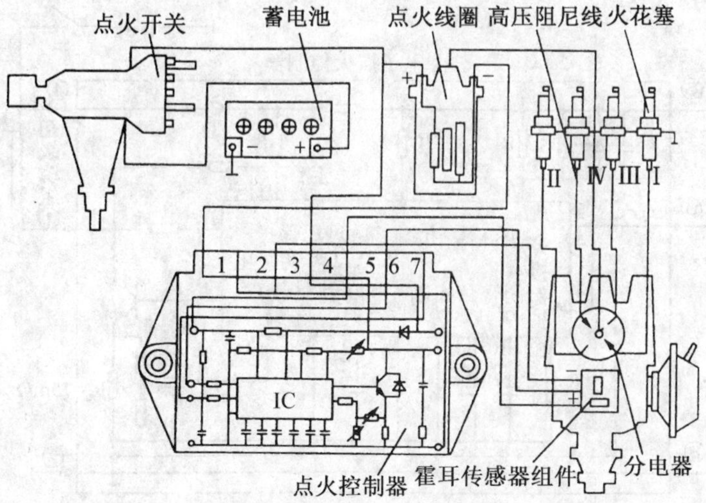

图1–2–8　桑塔纳轿车霍耳式电子点火系统

目前，桑塔纳、奥迪、捷达等轿车都装用霍耳式电子点火系统。上海桑塔纳系列轿车装用的霍耳式电子点火系统，其无触点分电器内装有霍耳式传感器，如图1-2-9所示。

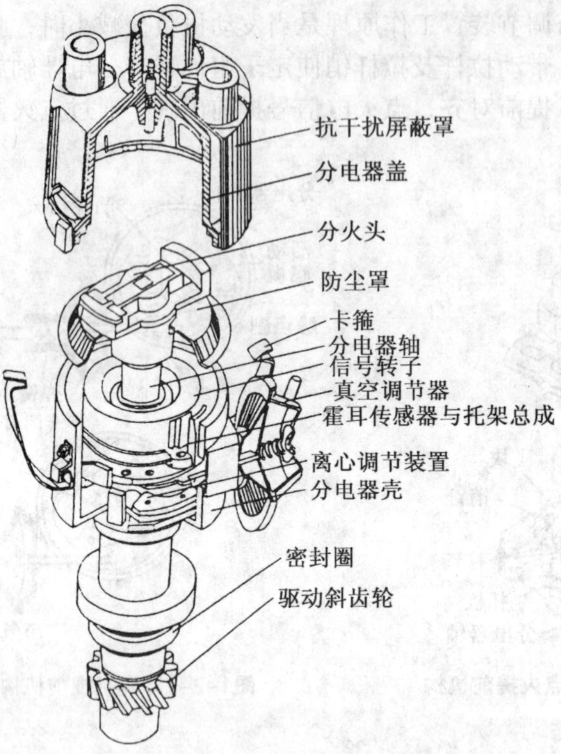

图1-2-9 桑塔纳轿车霍耳效应式分电器

桑塔纳系列轿车点火电控器采用了点火专用集成块L497，如图1-2-10所示。

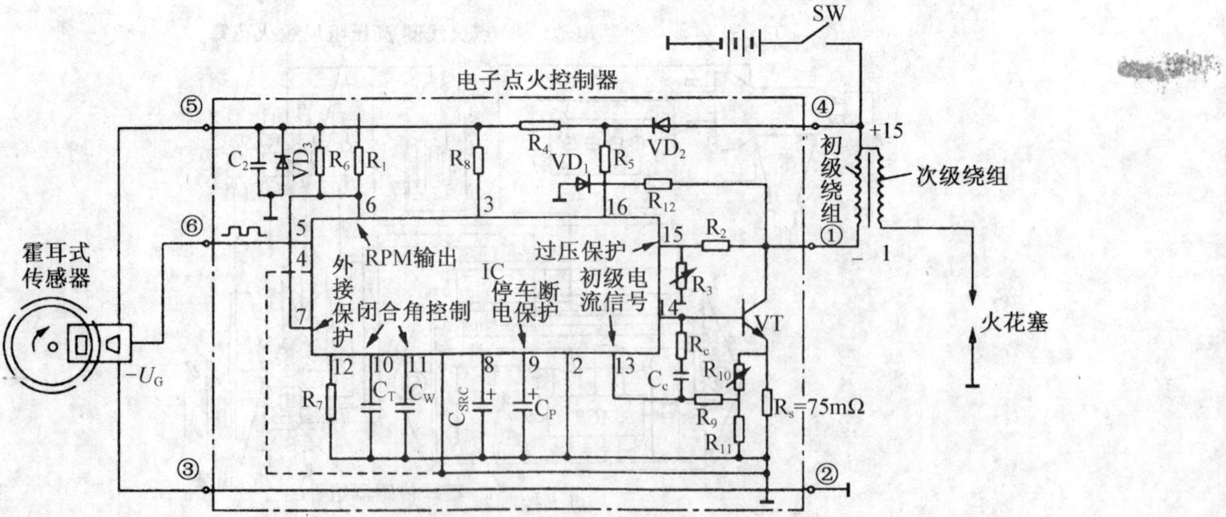

图1-2-10 桑塔纳轿车点火ECU及系统电路

图中R_S为点火线圈初级电流的采样电阻。调整电阻R_{10}、R_{11}的比值，可以精确调整线圈的限流值（或叫峰值电流）。线圈限流值在选定时既不能太大，也不能太小。太大会增加点火线圈的功耗，浪费电能；过小则不利于高能点火。通常取限流值I_P为6～8 A，桑塔纳系列轿车的限流值通常选取7.5 A。

该电路能进行闭合角（导通角）控制。闭合角的名词来源于传统点火系统，是指断电器触点在闭合期间，分电器轴所转过的角度；而在电子点火系统中，闭合角则是指点火ECU的大功率开关管（即达林顿管）导通期间，分电器轴所转过的角度，应称为导通角。

霍耳传感器主要由触发叶轮、霍耳集成块和带导板的永久磁铁等组成。触发叶轮与分火头一起随分电器轴转动，其叶片数等于发动机气缸数。霍耳集成块与永久磁铁对置安装，两者间有一定气隙，如图1-2-11和图1-2-12所示。

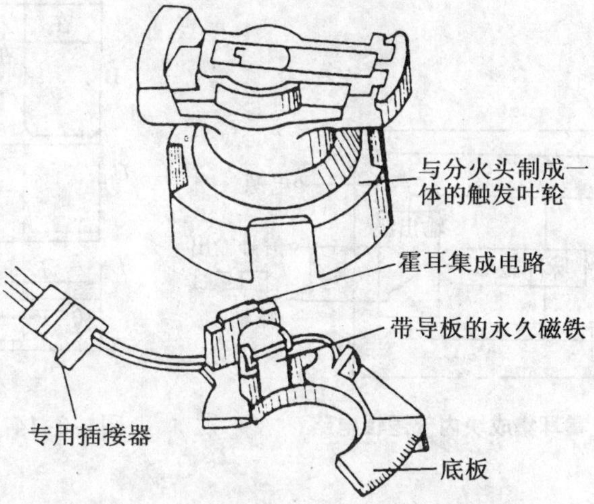

图1-2-11　霍耳传感器结构

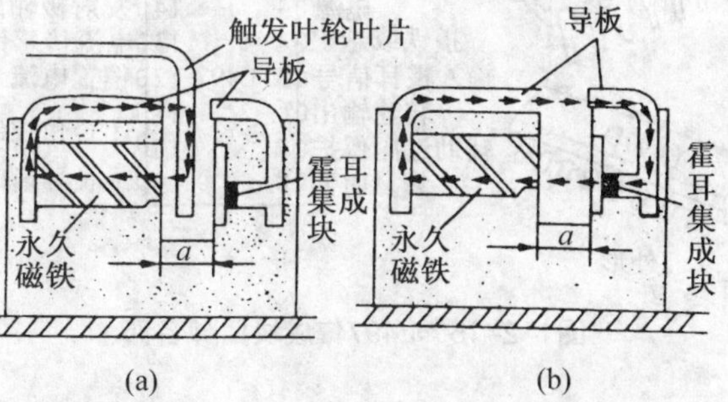

图1-2-12　霍耳传感器工作原理

霍耳集成块由霍耳元件和霍耳集成电路组成，其主要任务是将霍耳元件产生的微弱的毫伏级电压放大、整形、转换成规则的矩形方波电压信号输出。

1）霍耳传感器工作原理。如图1-2-12所示，当触发叶轮叶片进入气隙a时，磁场被旁路（隔磁），霍耳元件不产生霍耳电压，集成块输出级三极管截止（见图

1-2-13），霍耳传感器输出高电平（见图1-2-14）；触发叶轮叶片转离气隙*a*时，磁通经导板、霍耳集成块、气隙构成回路，霍耳元件产生霍耳电压，集成块输出级三极管导通，霍耳传感器输出低电平。高、低电平时间比取决于叶片宽度与缺口宽度之比，其值一般为7∶3。

霍耳传感器输出的高低电平与车型有关，桑塔纳轿车高电平约11.1～11.4 V；低电平约0.3～0.4 V。触发叶轮每转1圈，信号发生器输出方波电压信号数等于发动机气缸数。点火器内部采用先进的混合集成电路结构，除具有接通和切断初级电路以实现发动机点火的基本功能外，还具有恒流控制、闭合角控制、停车断电保护、初级电流上升率控制、发动机转速信号输出以及过电压保护等功能。

桑塔纳轿车采用的点火霍耳集成块L497如图1-2-15所示。

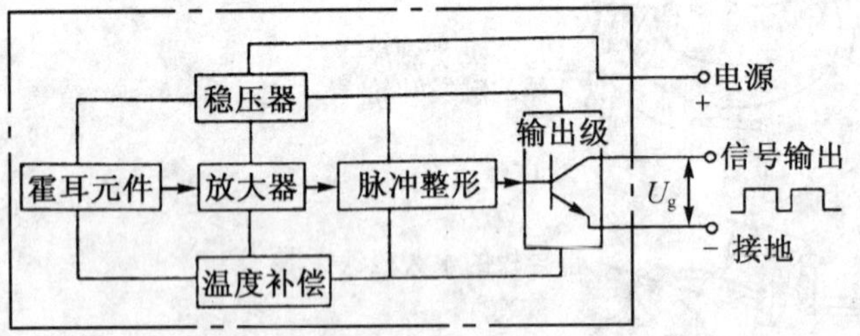

图1-2-13　霍耳集成块内部逻辑电路

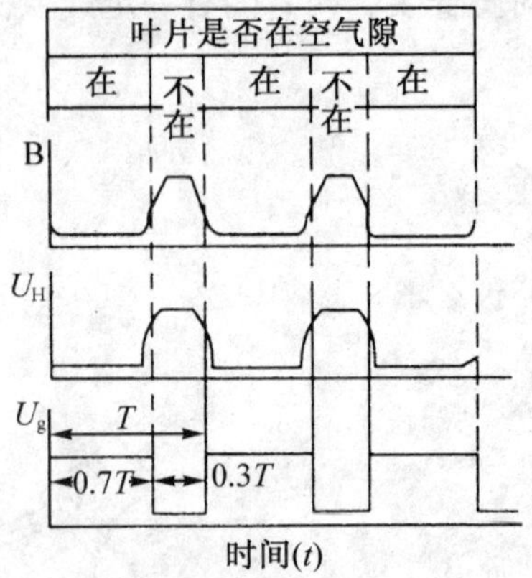

图1-2-14　霍耳传感器输出电压

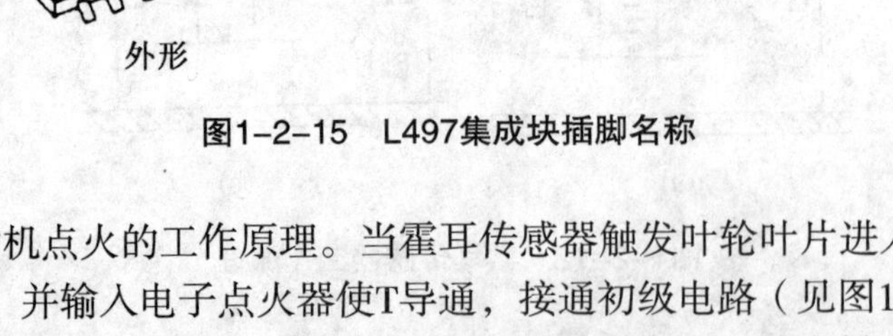

图1-2-15　L497集成块插脚名称

2）实现发动机点火的工作原理。当霍耳传感器触发叶轮叶片进入气隙时，霍耳传感器输出高电平，并输入电子点火器使T导通，接通初级电路（见图1-2-10）；霍耳传感器触发叶轮叶片转离气隙时，点火信号发生器输出信号下跳为低电平，电子点火器中T截止，切断初级电路，次级绕组中感应出高电压经配电器、火花塞等实现点火。

3）恒（限）流控制。将初级电流限制在一定值（6～8 A），保证点火能量和点火电压在各种工况下基本不变。

4）闭合角控制。电路可根据发动机转速、电源电压及点火线圈性能，对闭合角进行不断调节，使初级电路接通时间基本保持不变，以防低速时点火线圈和点火器过热而损坏，并保证高速时有足够的点火能量和次级电压以防发生断火现象。

5）停车慢断电保护。在发动机失速时，自动缓慢地使VT截止，切断初级电路。

6）初级电流上升率控制。当初级断开电流小于额定值的94%时，自动调整并加大初级电流上升到额定值的速率。

（3）光电式分电器电子点火系统

光电式电子点火系统是利用光敏元件的光电效应原理制成的，它借助于光束进行触发产生点火电信号，然后输送给点火器以达到控制点火的目的。该系统主要由光电式分电器、点火器、点火线圈和火花塞等组成，如图1–2–16所示。

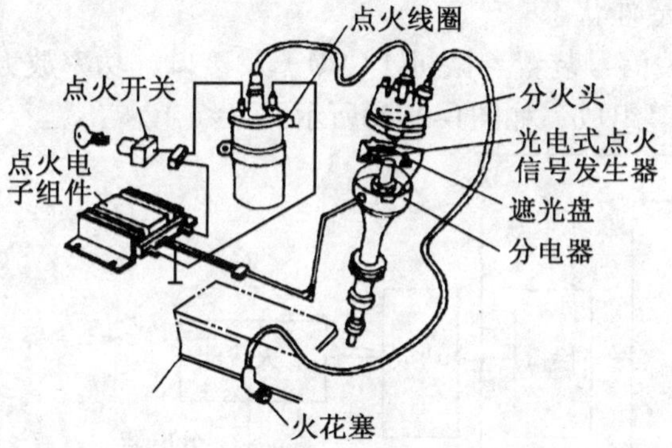

图1–2–16　光电式电子点火系组成

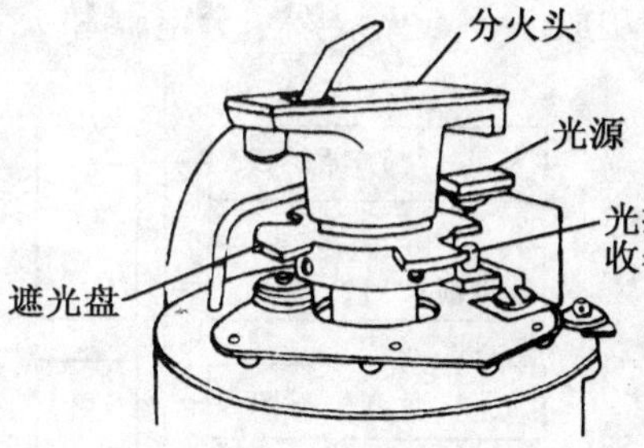

图1–2–17　光电式传感器结构

光电式传感器的结构如图1–2–17所示。光源采用砷化镓发光二极管，当其中有电流流过时，则发出红外光束，并用一只半球形透镜聚焦。光接收器采用硅光敏三极管，其基极电流是由光产生的，当红外光束照射到其基极时，三极管导通；否则，三极管截止。遮光盘用不透光材料制成，其缺口数等于发动机气缸数，如图1–2–18所示。

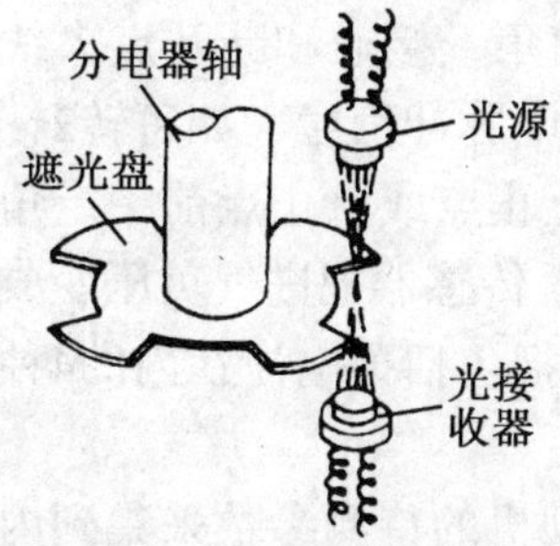

图1–2–18　光电式传感器工作原理

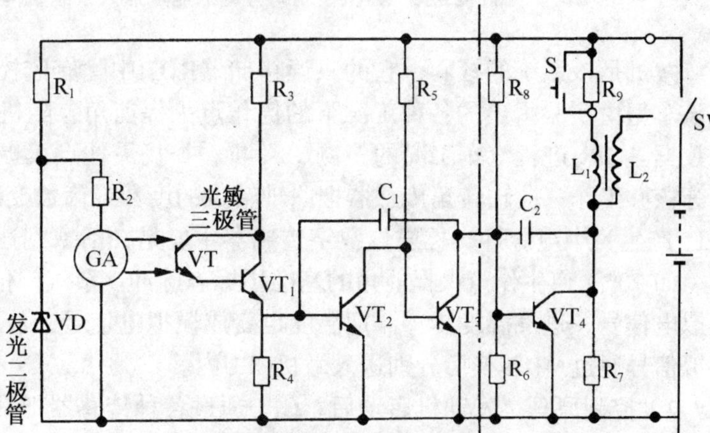

图1–2–19　光电式点火系电路

电子点火控制器的作用是把光接收器的信号电流放大，控制功率三极管接通和切断初级电路，如图1–2–19所示。

（4）微机控制分电器电子点火系统

汽油机的点火控制，最重要的是对点火提前角的控制，因为汽油发动机电火花点火后，混合气需要先经诱导期，然后才进入猛烈的明显燃烧期，即混合气在发动机气缸内的燃烧不是瞬时，而是需要一定的时间，所以要使发动机发出最大功率，混合气不应在压缩行程上止点处点火，而应适当地提前一些点火，即发动机应在最有利的时刻——最佳点火提前角点火。通常把发动机发出功率最大和油耗最少的点火提前角称为最佳点火提前角。影响最佳点火提前角的因素有发动机转速、负荷、启动及怠速、水温、汽油的辛烷值、压缩比等。一般点火装置是无法达到最优控制的，只有用微机及自动控制技术才能使点火提前角控制在最佳状态。

1）系统组成。它主要由传感器及开关信号装置、微机（CPU）及接口、功率放大器（功放）、点火线圈、分电器和火花塞等组成，如图1–2–20所示。

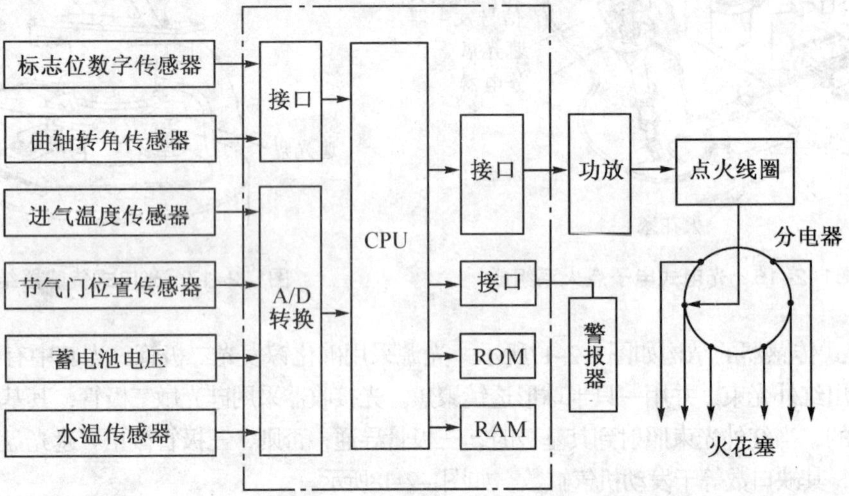

图1–2–20　微机控制有分电器电子点火系统结构原理框图

微机是该系统的核心，它的只读存储器ROM中除有监控、自查等程序外，还存储了该车型由实验得出的各种工况下的优化点火提前角，随机存储器RAM存放随机存放的数据。CPU进行汽车工况的检测、判断、查找最佳点火提前角，接通和断开点火线圈等核心工作。曲轴转角传感器把曲轴转过的度数或齿数变成电脉冲信号，如每转2°或1°产生一个电脉冲，标志位数字传感器主要是在活塞到达上止点或上止点前一定角度（如 70°）产生作点火提前角的基准用标志脉冲。节气门位置传感器把进气负压变成模拟电信号，进气温度传感器把温度也变成模拟电信号，最后把包括蓄电池在内的4种模拟信号通过A/D转换后分别送入微机CPU内。

2）控制原理。发动机启动后，CPU通过各种传感器把发动机的待测参数采集到内存RAM中去。然后微机不断检测标志位脉冲，当微机接收到标志信号后，立刻开始对曲轴转角脉冲进行计数——即对点火提前角计数，同时检测此时的发动机转速和负荷

（真空度），并修正到标准工况（即做最优提前角试验时的工况）。根据此标准工况对存储器进行二维查询，找出对应此时刻发动机工况的最佳点火提前角。此后，微机一直在判断点火时刻是否到来，如查出的优化点火提前角等于计算机正在检测的曲轴转角，立即向功率放大器发出断开点火线圈一次侧电流的指令，配电器将点火线圈产生的高压，按发动机点火顺序分配到各缸火花塞进行点火。

有时可以采用双点火线圈，如图1-2-21所示。采用双点火线圈方式时，在通电时间控制方面还可以发挥出其优越性。虽然说在高转速时可以增大闭合角，但其值是有一定限度的，这是因为要使火花塞放电，绝对需要一定时间，若把这段时间也用来闭合通电，将是本末倒置——火花塞就不能放电点火，因此，闭合角与点火间隔、放电时间应符合下列的规定：

闭合角的最大值=点火间隔的凸轮旋转角度-放电过程中的凸轮旋转角度

无论双点火线圈方式还是单点火线圈方式，它们所需要的放电时间是一样的，因此，点火间隔较大的双点火线圈方式（点火间隔为单点火线圈方式的两倍）的闭合角可以更加增大。如果设所需要的放电时间为2 ms，那么最高转速为6 000 r/min时的情况是：单点火线圈方式的点火间隔为90° 凸轮角，双点火线圈方式的点火间隔为180° 凸轮角，6 000 r/min时的2 ms相当于36° 凸轮角。因此，单点火线圈方式可能达到的闭合角等于90° -36° =54°；双点火线圈方式可能达到的闭合角等于180° -36° =144°，由此可以看出双点火线圈方式有很大的优越性。

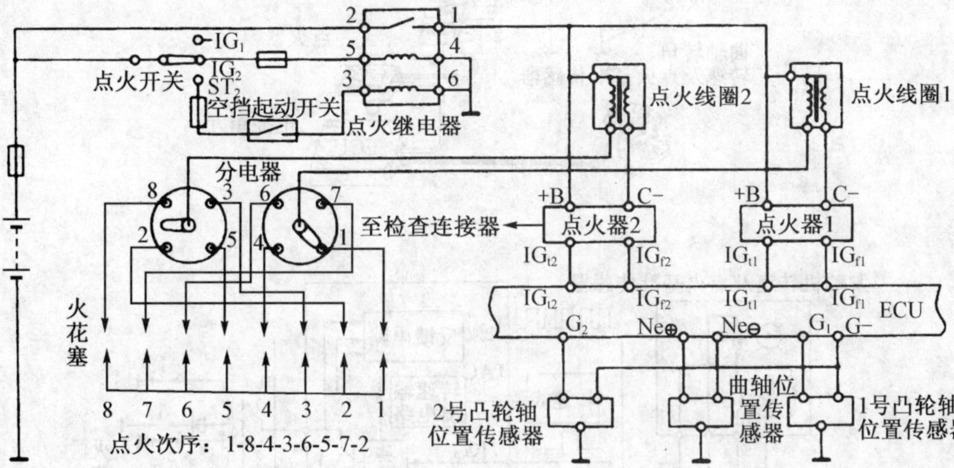

图1-2-21　雷克萨斯LS400轿车TCCS控制点火系统

2. 无分电器电子点火系统

无分电器电子点火（DLI——distributor less ignition）系统又称直接点火系统，它取消了传统点火系统或常规电子点火系统中的分电器总成（包括分火头和分电器盖等），直接将点火线圈二次侧（次级）绕组两端与火花塞相连，把点火线圈产生的高压电直接送给火花塞进行点火。

无分电器电子点火系统有二极管分配式和点火线圈分配式两种类型，如图1-2-22

所示。二极管分配式是利用二极管的单向导电性，将点火线圈所产生的高压电分配给所需点火的气缸，是无分电器/有高压线电子点火系统；而点火线圈分配式则是将点火线圈所产生的高压电直接加到各缸火花塞上，属于无分电器/无高压线电子点火系统。

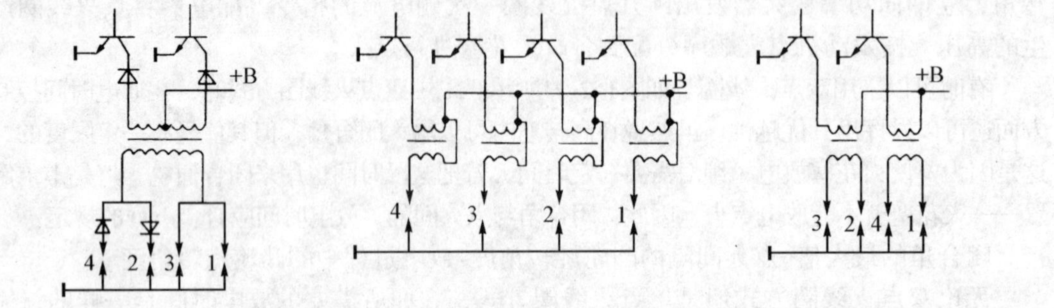

(a) 二极管分配式（同时点火）　(b) 点火线圈分配式（单独点火）　(c) 点火线圈分配式（同时点火）

图1-2-22　无分电器电子点火系统的类型

（1）无分电器/有高压线电子点火系统

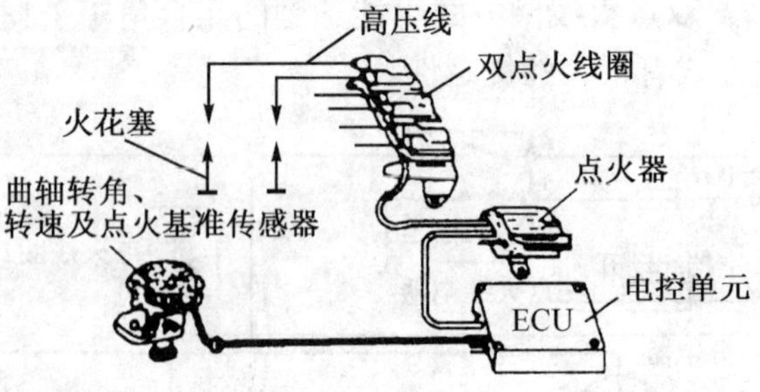

（a）

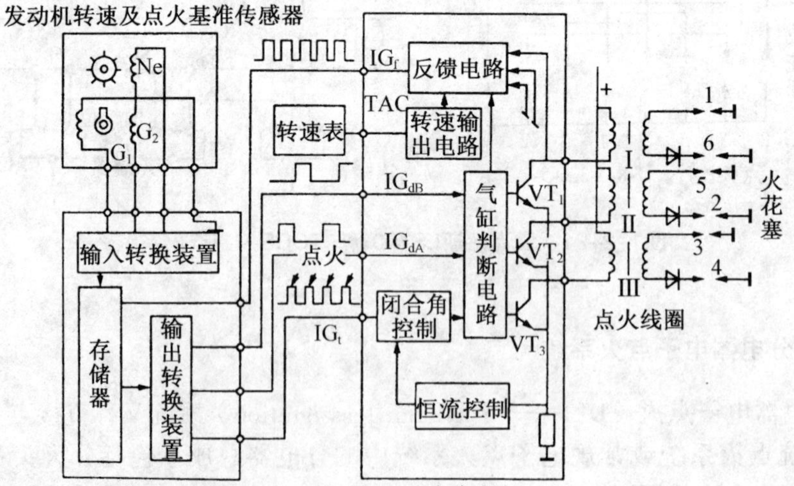

（b）

图1-2-23　无分电器/有高压线电子点火系统结构

1）系统组成。该系统主要包括凸轮轴位置传感器、ECU、电子点火器、点火线圈、火花塞及高压导线等。3个点火线圈供6个缸点火，即每2个缸共用1个点火线圈；只有高压分线（6根）而无高压总线，如图1–2–23所示。

丰田·皇冠轿车（6缸）DLI系统所采用的点火线圈（见图1–2–24）和美国福特（Ford）汽车（4缸）所采用的无分电器点火（DLI）系统及其点火线圈均为双端输出，所不同的是前者输出端仅为2个火花塞供电，而后者则给4个火花塞提供高压电，如图1–2–25所示。

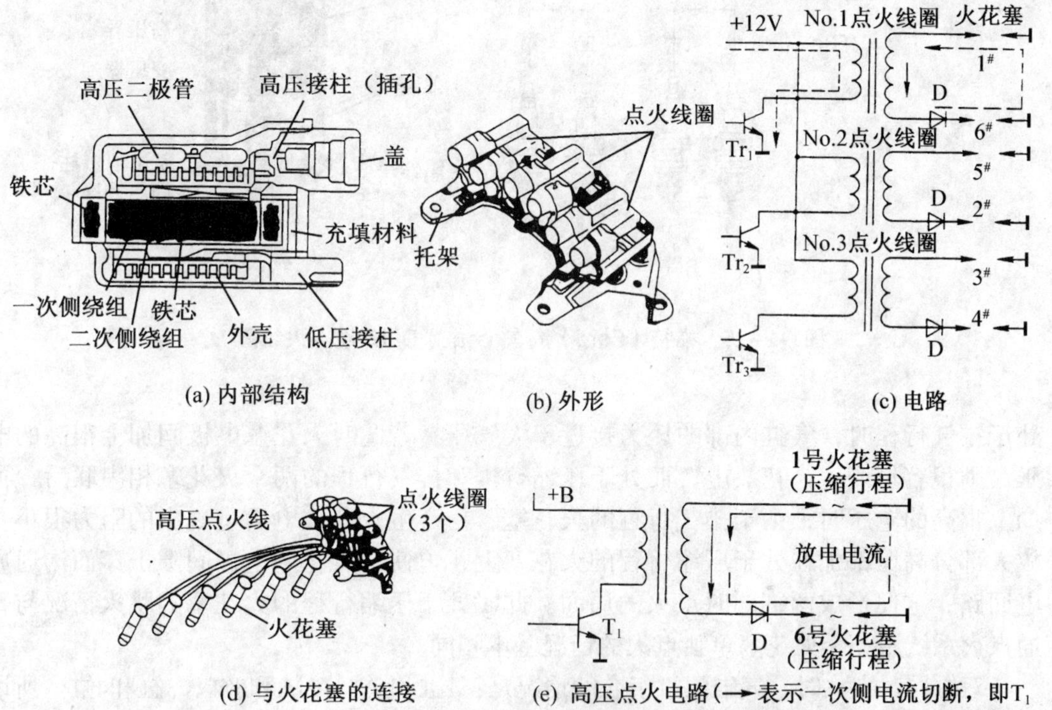

(a) 内部结构　(b) 外形　(c) 电路

(d) 与火花塞的连接　(e) 高压点火电路（—▸ 表示一次侧电流切断，即T_1管截止时的感应电动势方向；--▸ 表示一次侧电流流通，即T_1导通时的感应电动势方向）

图1–2–24　皇冠轿车（6缸）DLI系统的点火线圈（3个）

现以日本丰田·皇冠轿车（6缸）DLI系统为例来说明无分电器/有高压线电子点火系统的工作原理。

2）点火的基本情况。在DLI系统中，由电控装置（ECU）控制，预先适时地使点火线圈一次侧绕组有电流通过，使其一次侧绕组N_1周围产生磁通，当ECU使N_1中的一次侧电流突然切断时，其磁通急剧变化，以便在二次侧绕组N_2中产生互感而形成高压电动势，将此高电压直接加到火花塞上。若当发动机气缸内活塞接近上止点（压缩行程）处于排气行程时，便通过火花塞电极间隙构成高压通路，在其电极间产生高压电火花而给发动机点火。

一般情况下，当发动机处于压缩行程时，气缸内部的压力很高，即便此时在火花塞电极两端加上很高的电压，也难以将此间隙击穿而产生火花放电；可是，当发动机

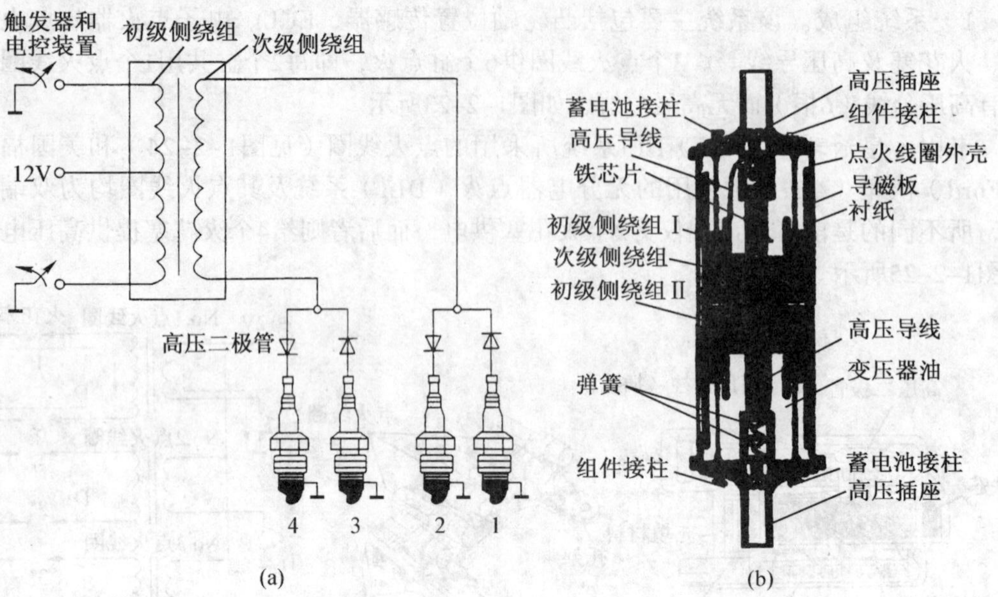

图1–2–25　福特（Ford）汽车（4缸）DLI系统点火线圈

处于排气行程时，气缸内部的压力接近于大气压，若此时火花塞电极间加上很高的电压，则很容易产生火花放电；而处于压缩行程和排气行程的两个火花塞相串联后，再加上很高的电压时，由于排气行程的火花塞容易产生火花放电而呈现出的阻力很小，故大部分高压都加在处于压缩行程的火花塞上，迫使该火花塞电极间隙击穿而沟通放电回路，这便形成两缸同时点火的局面。此时处于压缩行程的火花塞的跳火情况与普通点火系统用一个火花塞单独点火的情况基本相同。

双缸同时点火时，气缸两缸组合的情况是：1缸和6缸、2缸和5缸、3缸和4缸。所谓两缸同时点火，是指这三组当中的任何一组，点火时必有一缸处于压缩（点火）行程，而另一缸则处于排气行程。由于这两缸的火花塞串联之后，与点火线圈二次侧绕组N_2构成火花放电通路，即两缸的火花塞电极间隙都被击穿而导电，故称为同时点火。

在DLI系统的高压电路中串接了一只二极管D，其目的是为了防止发动机因点火线圈一次侧电流流通（即T_1导通）而被错误点火。

3）点火正时与点火提前。①点火正时的控制。现以该发动机1缸和6缸组合为例，较详细地说明DLI系统点火正时的控制。由凸轮位置传感器的工作原理可知：其G_1信号和G_2信号是用来判断第6缸和第1缸点火时刻的，但也要看Ne信号是否发出（见图1–2–26所示）。在由凸轮位置传感器所发出的G_1信号与G_2信号之间则Ne线圈连续发出一系列Ne信号，若以4个周波为一组，则共有三组Ne信号，即当从点火的原始位置（也即 G_1信号产生之后的第一个Ne信号）开始，第 6缸点火，那么与之相对应的Ne信号就分3次给出点火信号，每隔4个Ne信号就给一次点火信号，则G_1或G_2信号总是点火的出发点或转换点。当G_2信号发出时，也恰好给出第一个Ne信号，故由第6缸点火转为第1缸点火。尔后，再隔三组Ne信号（每组4个波形），即又发出G_1信号时，第6缸再次点火……，如图1-2-27中的黑五星所示。2缸和5缸、3缸和4缸的点火也与此相似，可以此类推，见图1-2-27中的白五星。②点火提前的调节。在无分电器点火系统（DLI）中，采用了电子式点火提前调节装置。在该系统中，点火提前角由控制发动机的计算机来确定，即根据各传感器所送来的某一时刻发动机的参数或信息，如：转速、水温、真空度、凸轮及节气门位置等信号数据，从预先贮存在计算机内的数据中选定最佳点火时间（或最佳点火提前角），再由计算机向电子点火控制装置（ECU）发出指令，由ECU控制，确保发动机适时而又顺利地点火。点火提前调节所需的传感器及开关信号如图1-2-28所示。

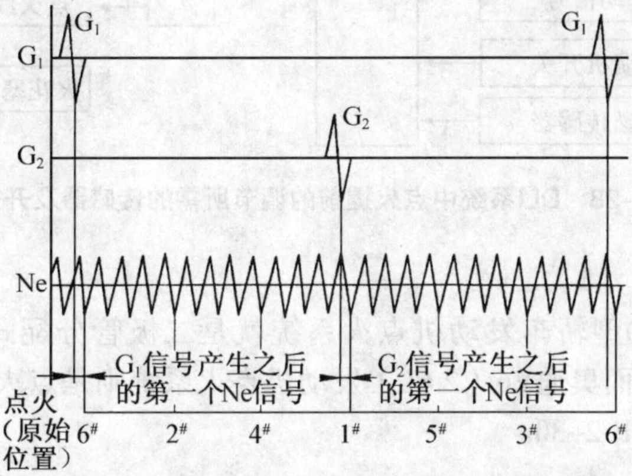

图1-2-26　凸轮轴位置传感器的信号与点火正时的关系

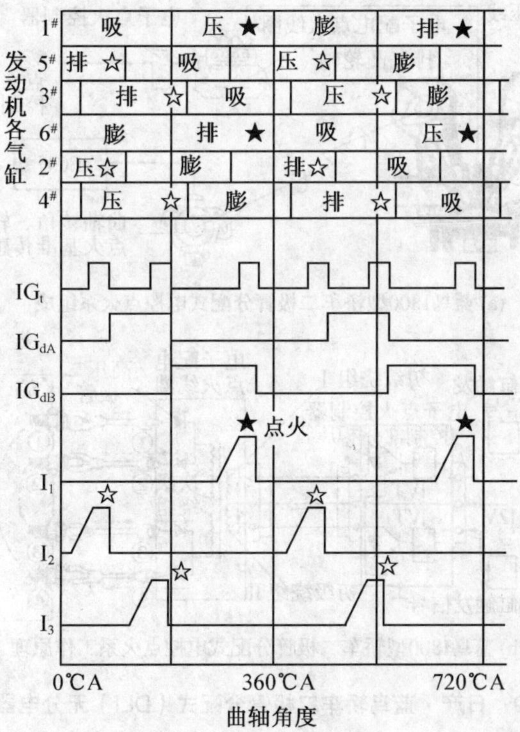

图1-2-27　DLI系统中点火正时

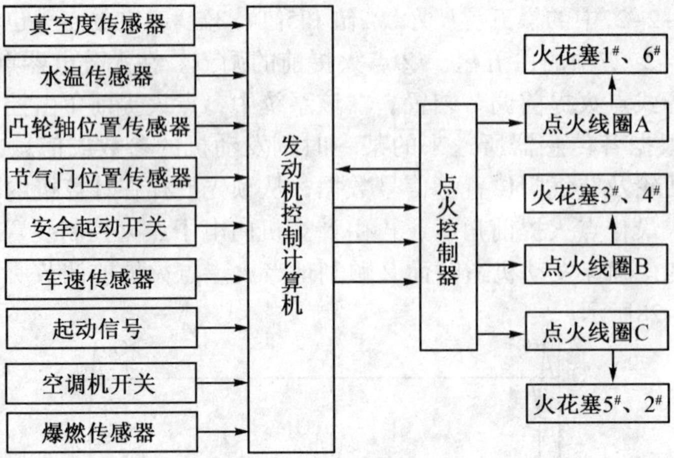

图1-2-28　DLI系统中点火提前的调节所需的传感器及开关信号

日产·蓝鸟1800型轿车发动机点火系统就是二极管分配式（无分电器/有高压线），见图1-2-29；而奥迪V6（2.6L）发动机点火系统则是点火线圈分配式（无分电器/有高压线），见图1-2-30。

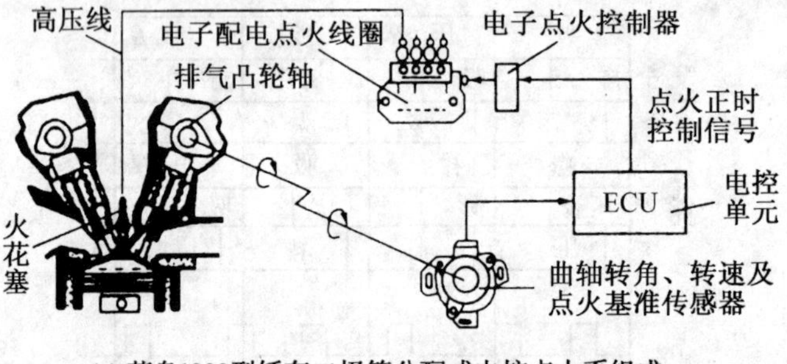

(a) 蓝鸟1800型轿车二极管分配式电控点火系组成

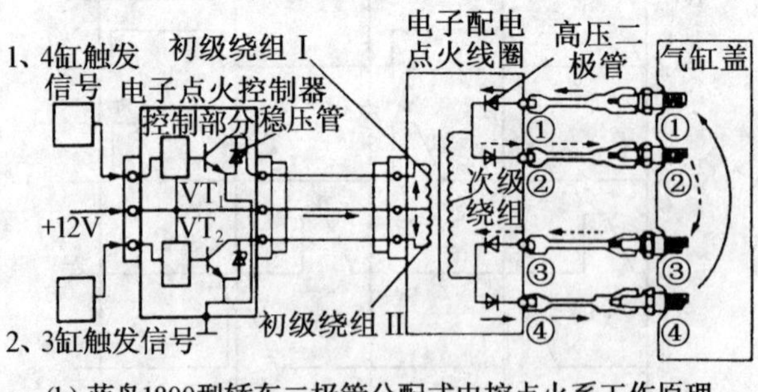

(b) 蓝鸟1800型轿车二极管分配式电控点火系工作原理

图1-2-29　日产·蓝鸟轿车二极管分配式（DLI）无分电器点火系统

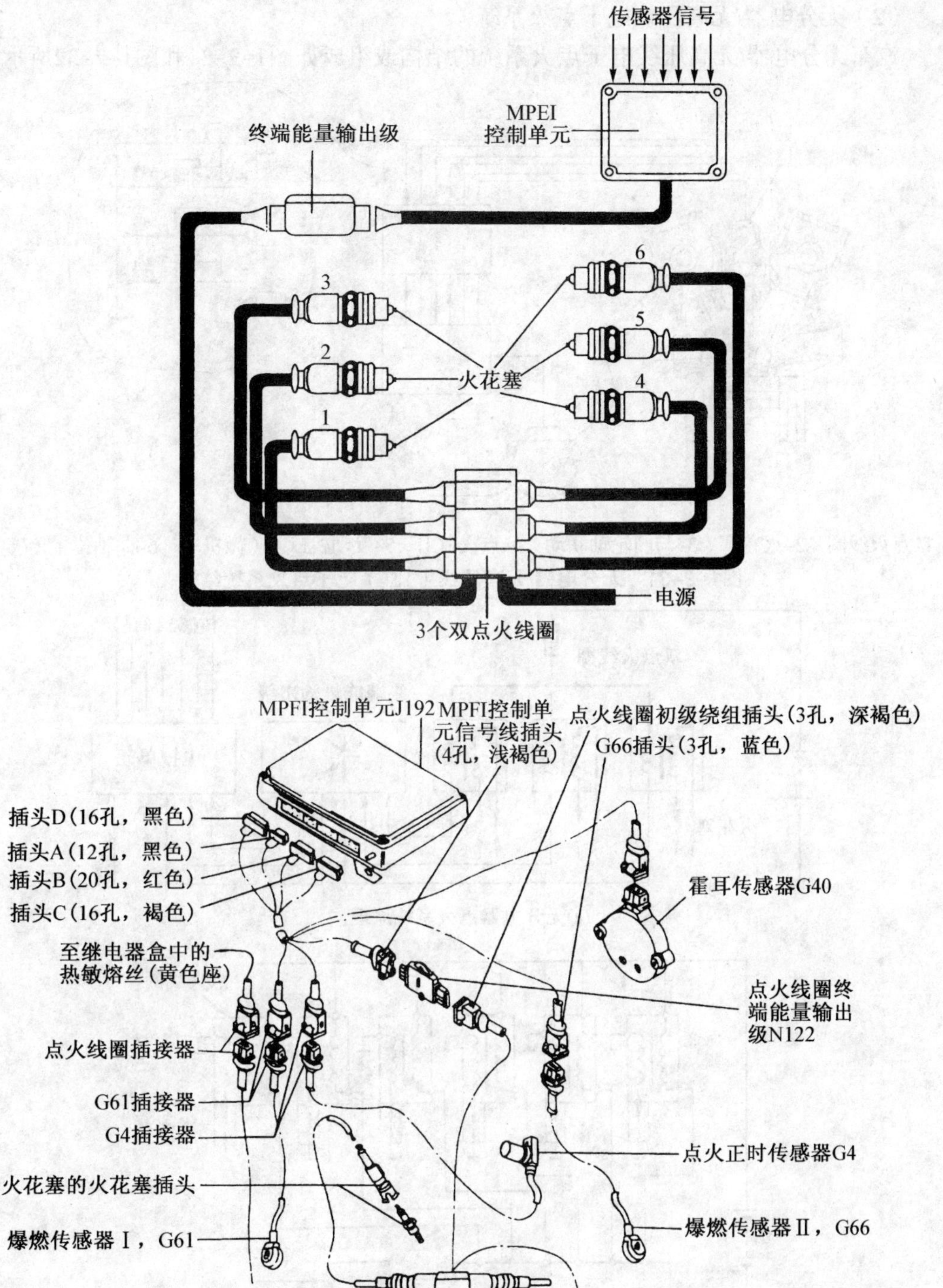

图1-2-30　奥迪V6（2.6 L）发动机点火线圈分配式无分电器点火系统

（2）无分电器/无高压线电子点火系统

汽车无分电器/无高压线电子点火系统的结构或组成如图1-2-31和图1-2-32所示。

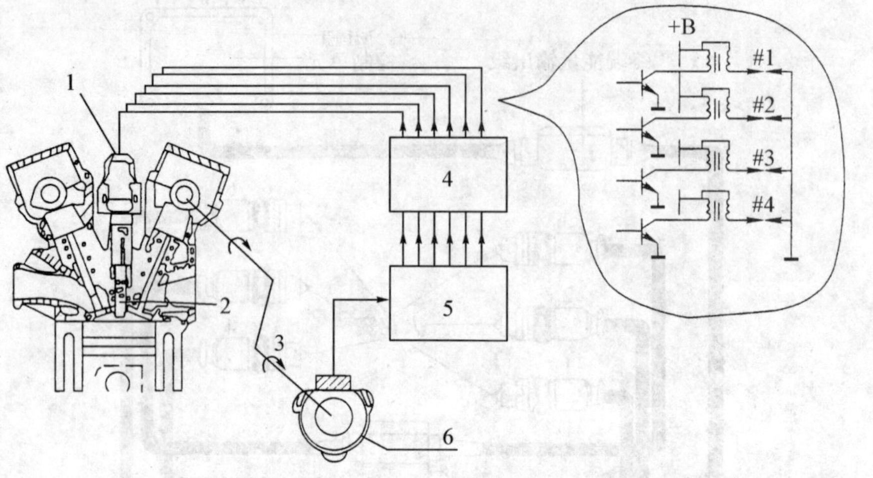

1-点火线圈　2-火花塞　3-与凸轮轴联动　4-点火ECU　5-发动机ECU（微机）　6-曲轴位置传感器

图1-2-31　无分电器/无高压线（1缸）电子点火系统结构

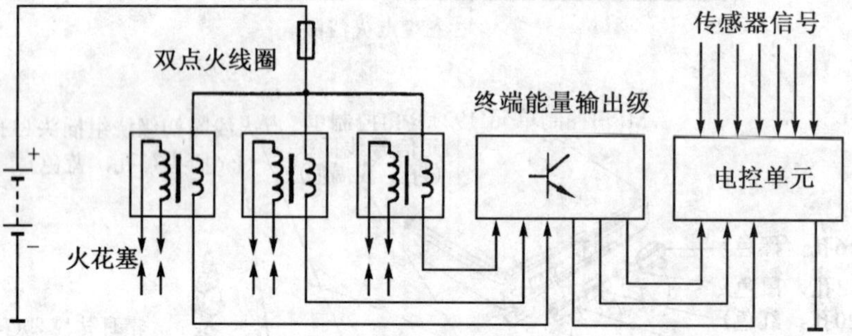

(a)无分电器点火系统原理

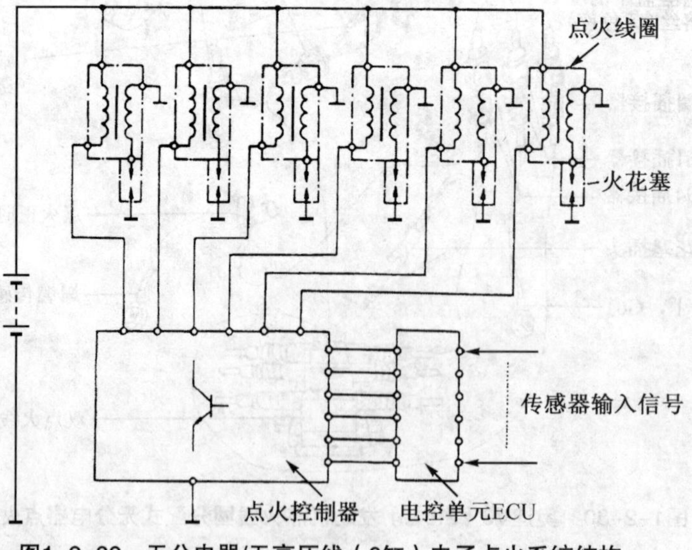

图1-2-32　无分电器/无高压线（6缸）电子点火系统结构

采用这种点火方式的点火系统，不仅取消了分电器，而且取消了与火花塞相连的高压点火线，点火线圈直接与火花塞相连。但是点火线圈、火花塞及大功率管的数目相同，而且从微机向大功率管输出通、断（ON/OFF）信号的导线数与大功率管数目也是一样的。

根据传感器输出的气缸判别信号，微机判断出应该点火的气缸，就向该缸的大功率管输出通、断信号。如果是4缸发动机，就按1–3–4–2的点火顺序，每隔180° 就发出一次点火命令。如果是6缸发动机，就按点火顺序，每隔120° 发出一次点火命令。

由于这种点火线圈的体积很小，对DOHC（double-overhead-cam，顶置双凸轮轴）发动机可装设在2个凸轮轴之间。从外观看不出有点火装置。这种点火系统，不存在火花塞高压线产生的干扰辐射及能量损耗，闭合角可选定较大的值；点火装置所占空间位置小，所以较适用于多缸发动机。

（3）微机控制的无分电器电子点火系统

1）系统组成。几乎所有微机控制的点火系统电路组成、原理基本相同，其构成主要包括传感器及开关信号装置、发动机控制用计算机（CPU）和执行器三大部分，如图1–2–33所示。

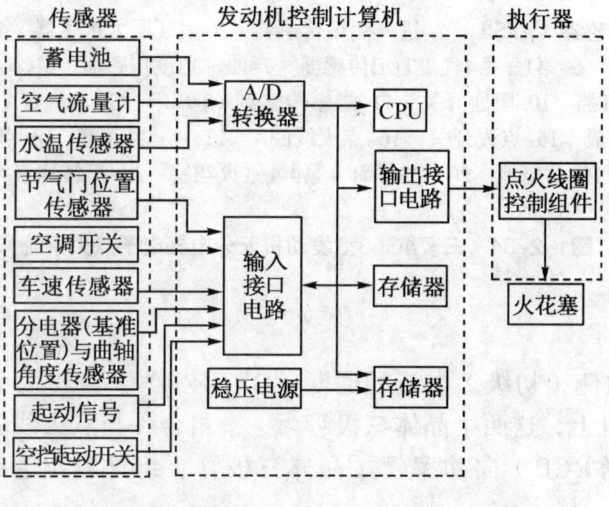

图1–2–33　微机控制的无分电器电子点火系统

现以日本三菱汽车4G63型发动机为例，说明其电子点火电路及工作原理。

2）电子点火系统电路。三菱4G63型发动机的点火系统中，没有分电器，它所采用的是利用电子计算机的电子分电系统，如图1–2–34所示。点火线圈一次侧绕组的两端分别作两个气缸的高压端子使用。点火系统为同时放电式（双缸）点火系统。共有两个闭磁路点火线圈，一个通过点火线直接向第1和第4气缸放电，另一个通过点火线直接向第2和第3气缸放电。点火线圈一次侧绕组的电阻为0.86 Ω，为低电感型。

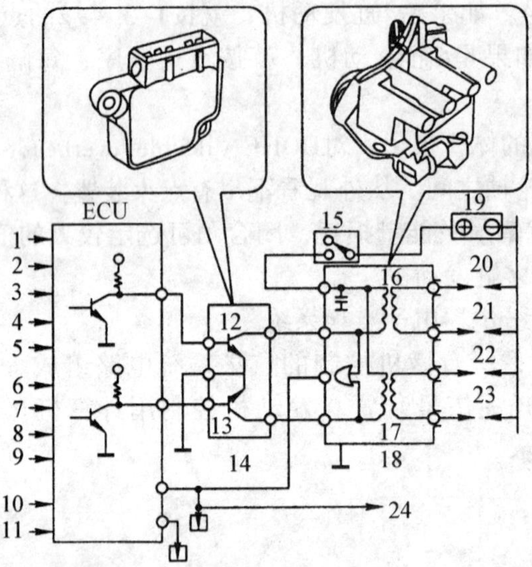

1–空气流量传感器（AFS）　2–进气温度传感器　3–大气压力传感器　4–水温传感器　5–怠速开关　6–第1、第4气缸TDC传感器　7–曲轴角度传感器　8–车速怠速开关　9–点火开关–ST挡　10–阻通开关　11–爆燃传感器（T/C）　12–功率管A　13–功率管B　14–功率管总成　15–点火开关　16–点火线圈A　17–点火线圈B　18–点火线圈总成　19–蓄电池　20～23–第1～第4气缸火花塞　24–至转速表

图1–2–34　三菱4G63型发动机无分电器电子点火系统

要想控制一次侧（初级）电流的通断（ON/OFF），需要两个晶体三极管，在三菱4G63型发动机上，这两个晶体三极管为一个组合件与点火线圈是分别安装的。电控组件（以下称ECU）向功率管（晶体三极管）组件输出通断（ON/OFF）信号。

ECU输出的点火信号。一般情况下，每当曲轴角度转过180°，功率管A、功率管B交替导通和截止一次，因而，一个功率管在发动机转1圈（360°）时只截止和导通一次。因为晶体管的驱动信号就是ECU向晶体管基极输入的信号，所以当信号为低电平Lo时晶体管截止（OFF），当信号为高电平Hi时，晶体管导通（ON）。

例如，桑塔纳2000GSi和派力奥等轿车均采用微机控制的无分电器电子点火系统，如图1–2–35和图1–2–36所示。

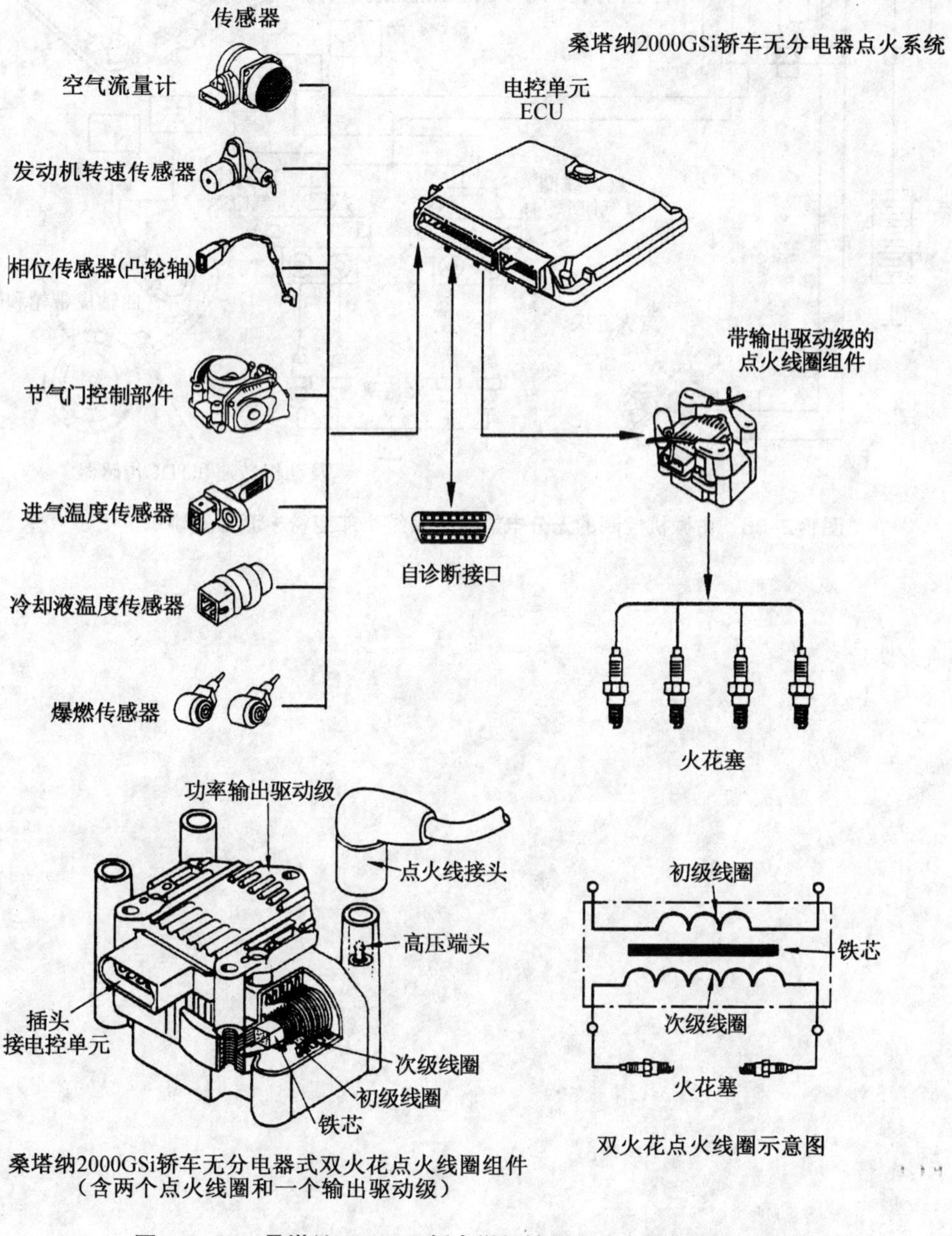

图1-2-35　桑塔纳2000GSi轿车微机控制无分电器电子点火装置

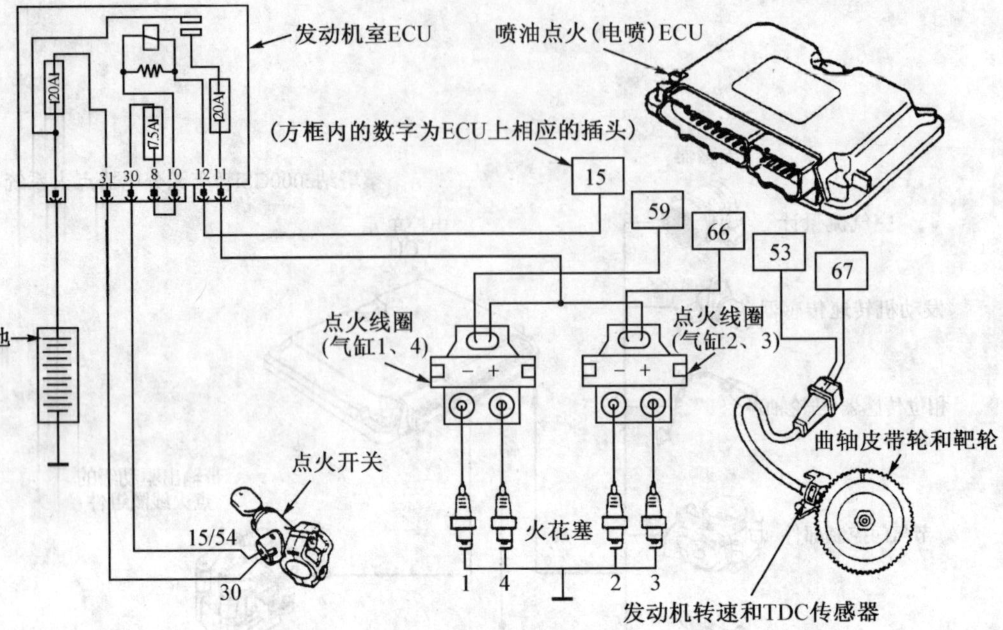

图1-2-36 由微机控制的无分电器点火系统（菲亚特·派力奥轿车）

三、燃油喷射装置

燃油喷射式发动机的汽油系统简称燃油喷射系统，它是在恒定的压力下，利用电磁喷油器将一定数量的汽油直接喷入气缸或进气管道内的汽油机燃料供给装置。

1. 电喷分类

按控制方式分，有开环控制和闭环控制，如图1-3-1所示。

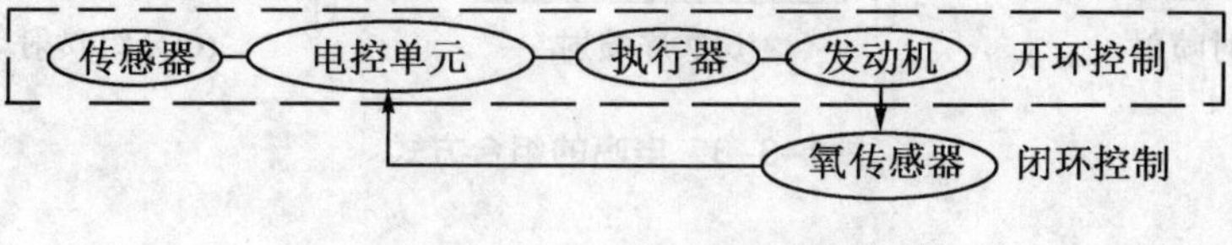

图1-3-1　开环和闭环控制

按喷射部位分，有缸内喷射和缸外喷射。缸内喷射——喷油器安装在气缸盖上，因喷射器要承受高温、高压，而且喷射压力要求较高，目前已极少应用；缸外喷射——分为多点喷射（MPI）和单点喷射（SPI）两种，多点喷射即在各缸进气道上各装一个喷油器，也就是几个缸就有几个喷油器，如图1-3-2所示。

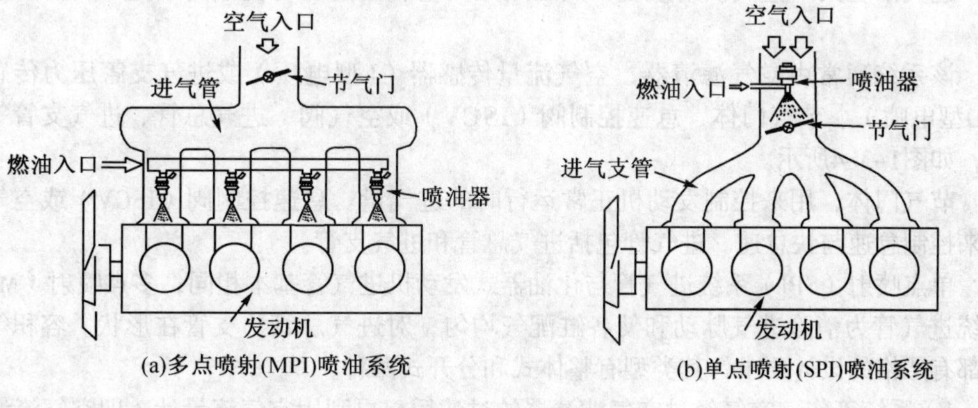

图1-3-2　单点和多点喷射

按喷射形式分，可分为连续喷射和间歇喷射。连续喷射，仅限于单点喷射，主要用在机械式和机-电结合式电喷上发动机。

按喷射的组合方式分，又可分为同时喷射、分组喷射和顺（次）序喷射，如图1-3-3所示。

电控燃油喷射系统（EFI系统）是以电控单元（ECU）为控制中心，并利用安装在发动机上的各个传感器，检测出发动机的各种运行参数，再按照ECU中预存的控制程序，精确地控制喷油器的喷油量，使发动机在各种工况下都能获得最佳空燃比的可燃混合气。

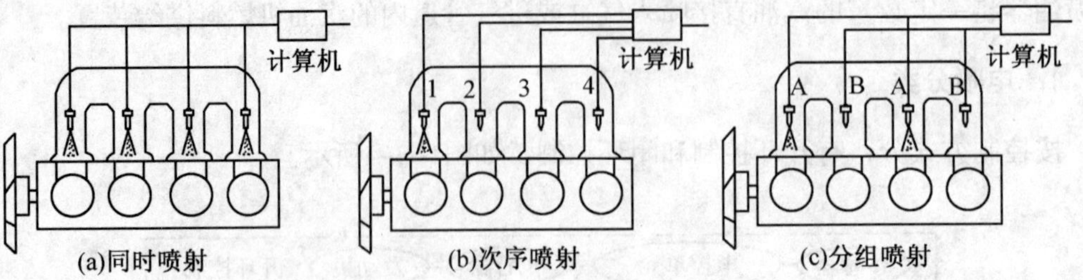

图1-3-3　电喷的组合方式

目前，各类汽车上所采用的电控燃油喷射系统在结构上都有较大的差别，在控制原理及工作过程方面也各具特点。

2. 电喷组成

电控燃油喷射系统（EFI系统）大致分为3个部分：进气系统、燃油供给系统（简称供油系统）和电控系统。

（1）进气系统

进气系统又叫空气供给系统。其功用是测量和控制发动机不同工况下所需的空气量。

该系统通常由空气滤清器、空气流量传感器（L型电喷）或进气支管压力传感器（D型电喷）、节气门体、怠速控制阀（**ISCV**）或空气阀、进气总管、进气支管等组成，如图1-3-4所示。

节气门体，用来控制发动机正常运行时的进气量。怠速控制阀（ISCV）或空气阀用来控制怠速与快怠速。进气管包括进气总管和进气支管。

单点喷射（SPI）系统进气管与化油器式发动机进气管基本相同；多点喷射（MP）系统进气管为消除进气脉动和使各缸配气均匀，对进气总管、支管在形状、容积等方面都有严格的设计要求，其类型有整体式和分开式两种。

1）系统工作。空气经过空气滤清器的过滤后，再利用空气流量计（即空气流量传感器）测量出空气的流量和温度后，经电控单元（ECU）的精确计算，来控制发动机燃烧所必需的空气量，空气流经节气门再到稳压室，由此分配到各缸的进气支管。空气在进气支管中与喷油器喷射的燃油形成混合气后再进入气缸，如图1-3-5和图1-3-6所示。

☆Idel Speed Control Valve，ISCV.

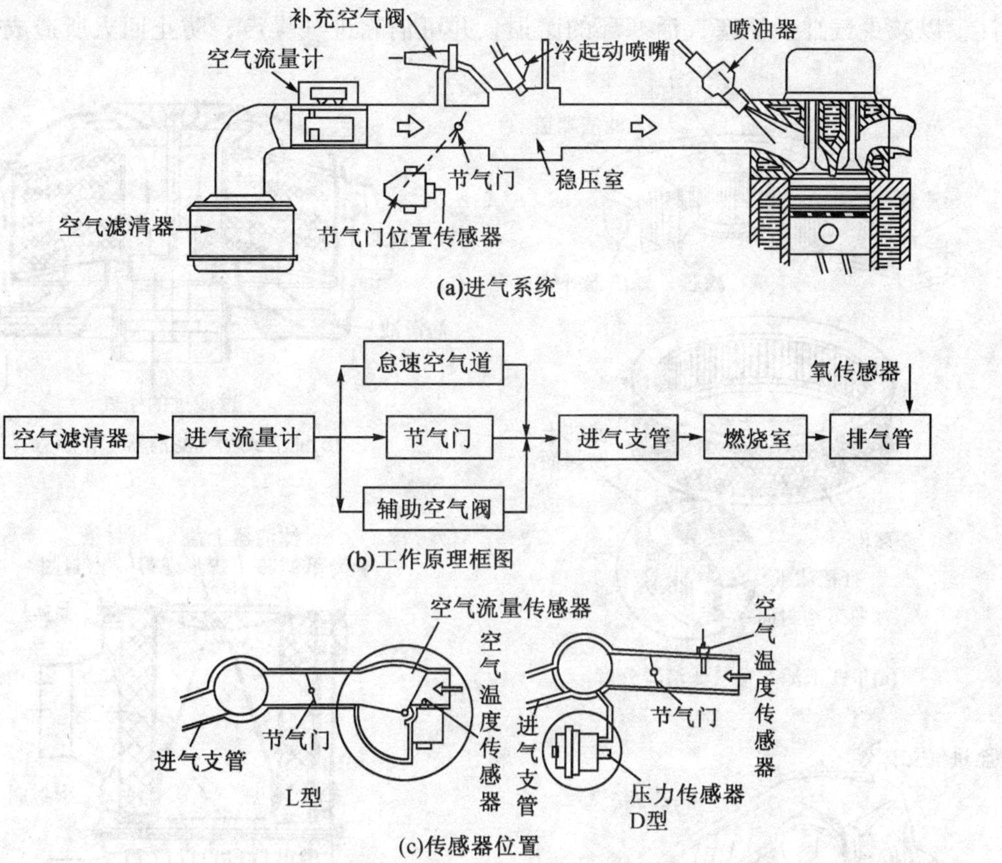

图1-3-4　进气系统

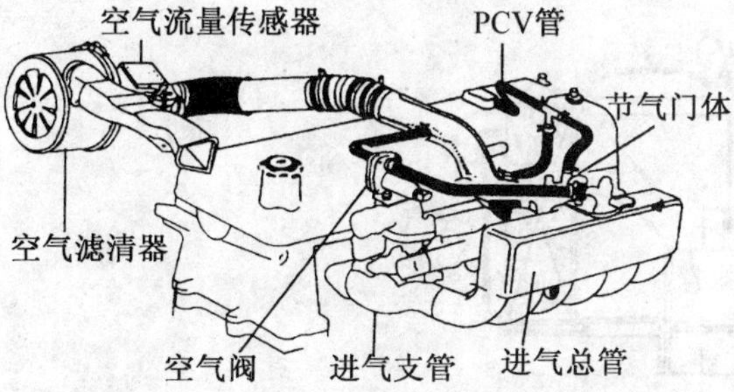

图1-3-5　空气供给系统布置

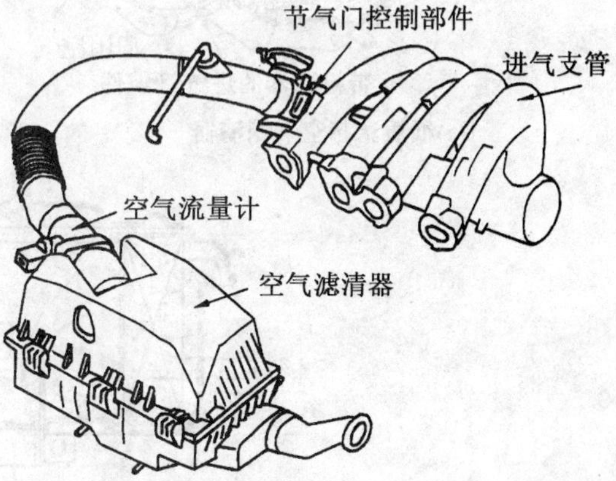

图1-3-6　桑塔纳AJR发动机进气系统

2）空气滤清器。其功用是清除空气中的尘土和沙粒，向进气系统提供清洁的空气，以减少气缸、活塞、活塞环的磨损，并可消除进气噪声，防止回火所造成的危

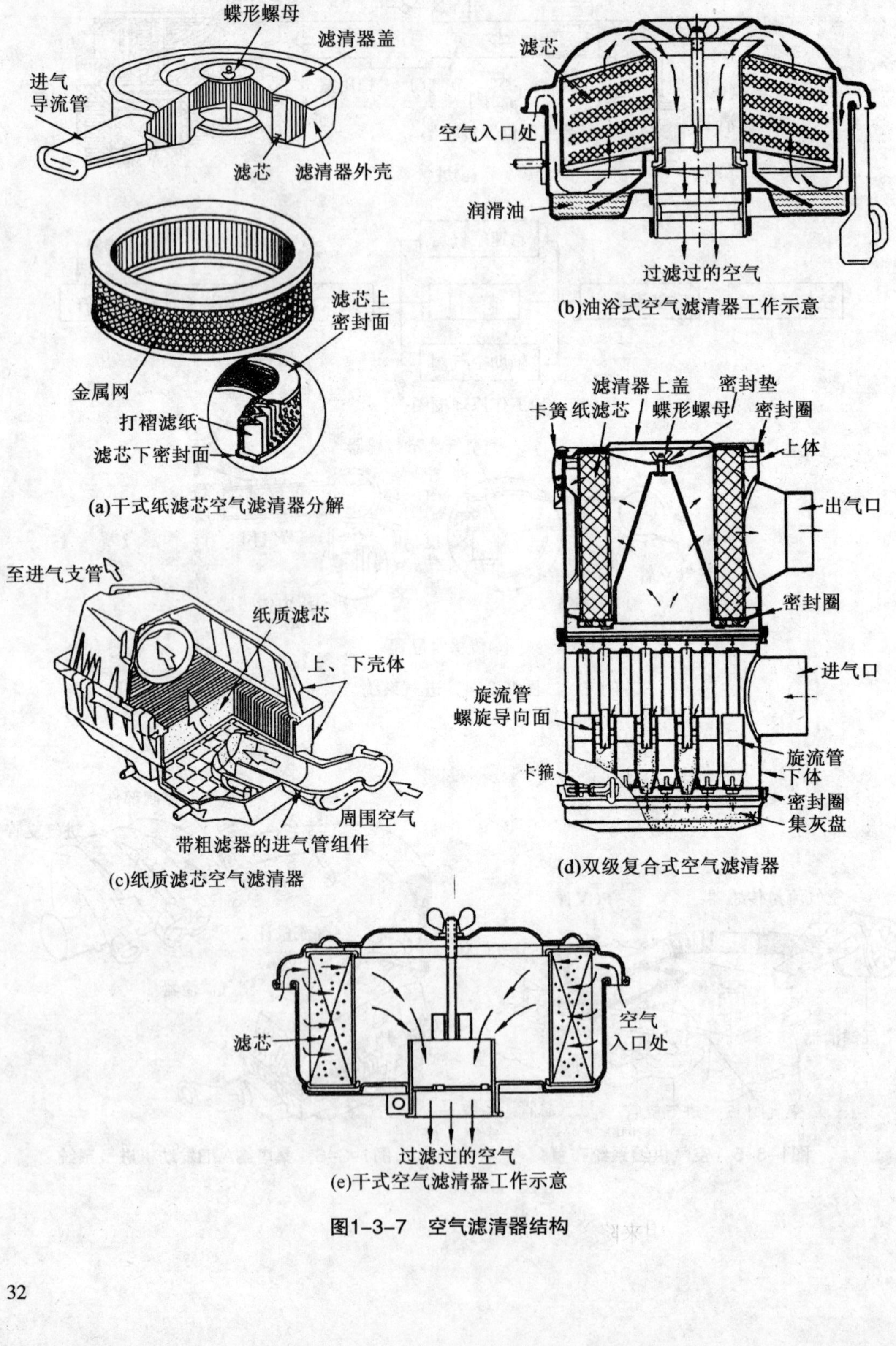

(a)干式纸滤芯空气滤清器分解

(b)油浴式空气滤清器工作示意

(c)纸质滤芯空气滤清器

(d)双级复合式空气滤清器

(e)干式空气滤清器工作示意

图1–3–7　空气滤清器结构

险。按不同的滤清方式，汽油机空气滤清器可分为干式、油浴式、半湿式（过滤材料中浸以机油）、离心式及惯性式等几种。离心式空气滤清器大多用于大型载货汽车上，如图1-3-7所示。

3）进气支管。是指节气门或节气门体（单点喷射）之后到气缸盖进气道之前的进气管道，如图1-3-8所示。它的功用是将空气/燃油混合气由节气门或节气门体分配到各缸进气道。对于燃油喷射发动机和柴油机而言，进气支管则是将洁净的空气分配到各缸进气道。

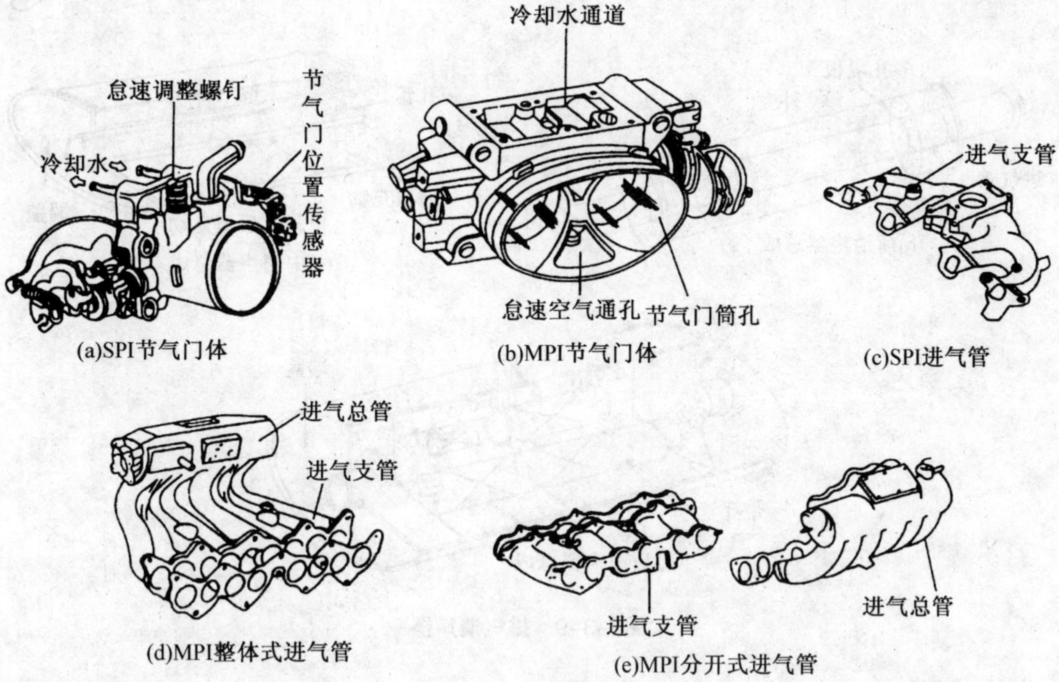

图1-3-8　进气支管

为了促进空气混合气的流通，进气支管可利用发动机排气或循环冷却液进行加热。

谐振进气系统是利用进气系统的进气压力波与进气周期调谐，使进气支管内的压力增强，从而增加进气量。

4）排气管。一般用铸铁或球墨铸铁制造。不锈钢的排气支管质量轻、内壁光滑，排气流畅，目前高级轿车应用较多。最理想的设计是每缸单独采用一个排气支管，长度尽可能长些，形状尽可能做成圆滑过度，这样排气顺畅，互不干扰。

5）排气消声器。用来降低从排气管排出废气的压力和温度，消除噪声和火星。为了消除有害气体，现代汽车消声器还装有三元催化转换器，如图1-3-9所示。

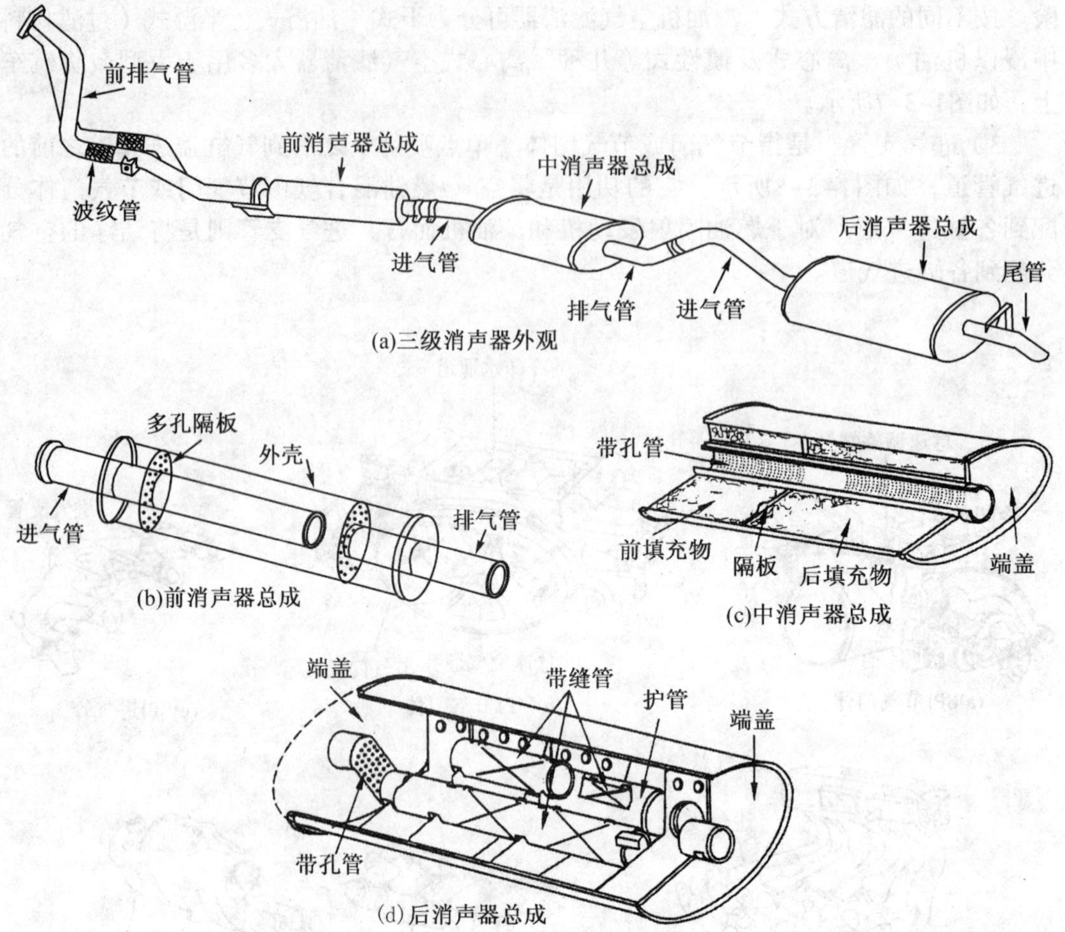

图1–3–9　排气消声器

消声器外壳用薄钢板焊接而成，为延长使用寿命，大多采用渗铝处理。消声器有吸收式、干涉式、扩张式和共震式4种基本结构形式，实际应用的消声器多为这些基本形式的组合，如图1–3–11所示。

红旗轿车的消声器为多级排气消声器的结构形式。典型消声器的结构如图1–3–10所示。

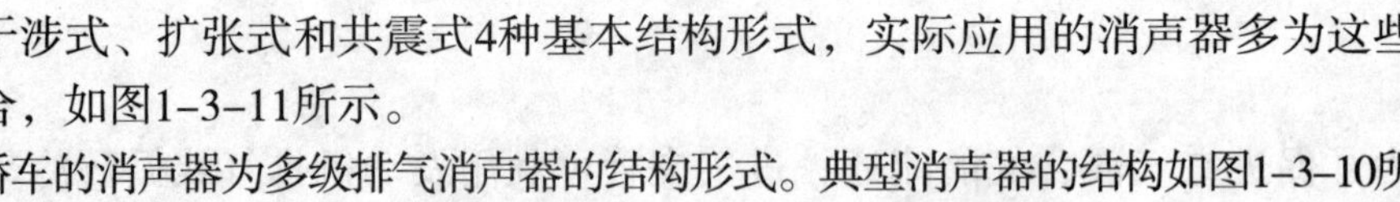

图1–3–10　典型消声器结构

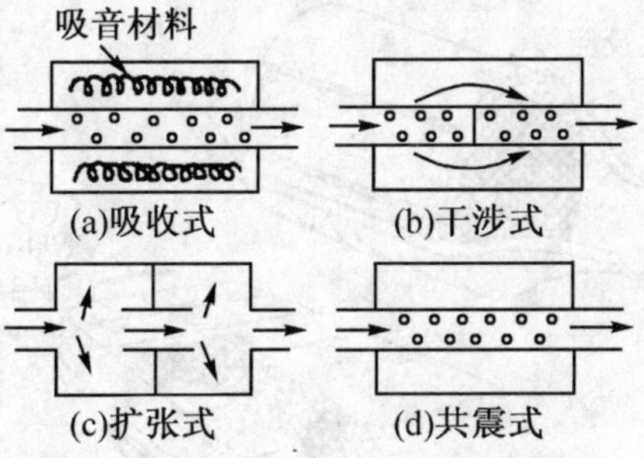

图1-3-11 消声器的4种基本形式

6）三元催化转换器。如图1-3-12所示是一种使CO（一氧化碳）、HC（碳氢化合物）和NO_X（氮氧化合物）3种有害成分同时得到净化的排气净化装置。催化剂除了可以起到氧化作用外，还可起到还原和分解作用，即把 NO_X还原成N_2，使CO和HC变成 CO_2和H_2O，把有害气体变成无害气体。三元催化转换器构造如图1-3-13所示。

三元催化转换器所用的催化剂是铂、铹和钯等贵金属。上述3种混合物喷镀到金属网条或陶瓷做的蜂巢体上，然后再包上不锈钢金属外壳。催化转换器前装一个氧传感器，工作温度300 ℃以上，才能使铂、钯有效地发挥催化作用。为了保证三元催化转换器工作正常，必须加注无铅汽油，否则转换器将丧失工作能力。

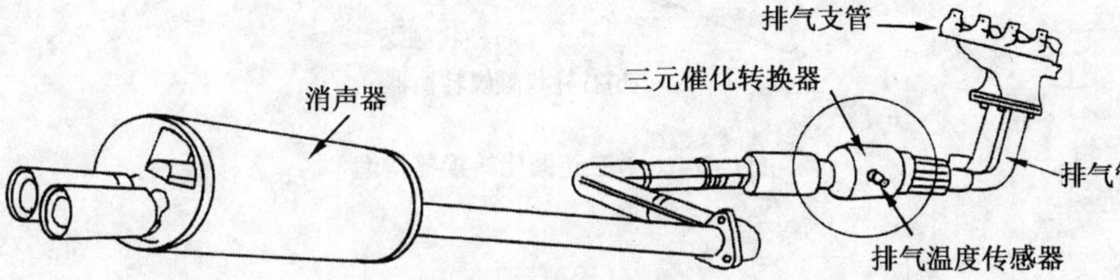

图1-3-12 三元催化转换器安装位置

7）废气再循环装置。废气再循环装置由废气再循环阀、废气真空调节阀、开关和相应管道等组成。电控废气再循环装置可根据发动机工况来控制废气以达到减少污染的目的，如图1-3-14所示。

当节气门开度小时，节气门四周的空气流速加快，作用于膜片室真空度愈大，阀门开启愈大，再循环废气量也愈大；反之再循环的废气量就小。

8）真空开关阀。真空开关阀是由电控单元控制的，它是根据空气流量计（或压力传感器）、转速、水温传感器的信号，来控制废气再循环，如图1-3-15所示。

当水温低于55 ℃、怠速或小负荷运转、突然加速或减速时，真空开关阀关闭，停止废气再循环。当发动机处于其他工况时，真空开关阀均开启，废气再循环起作用。

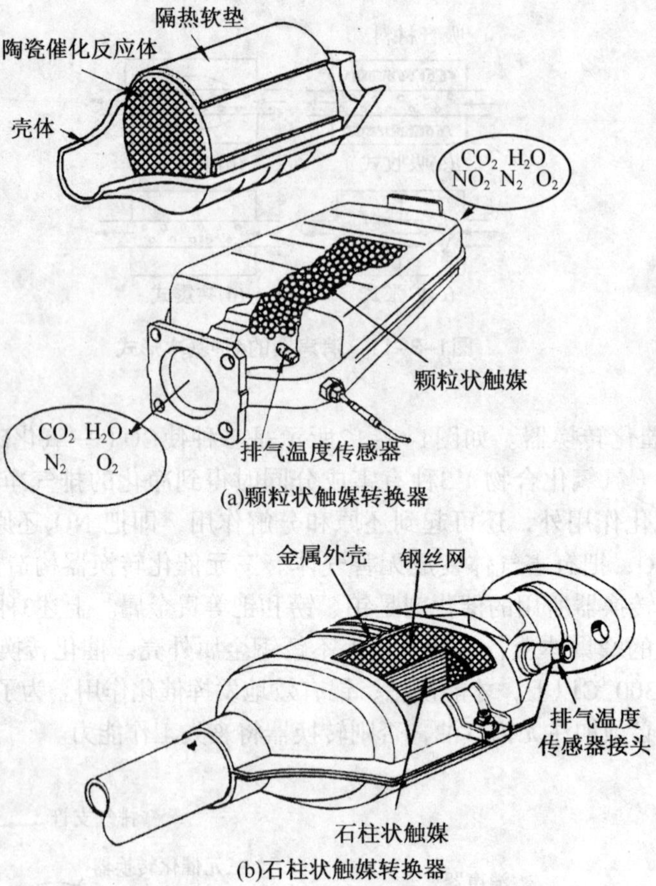

图1–3–13　三元催化转换器构造

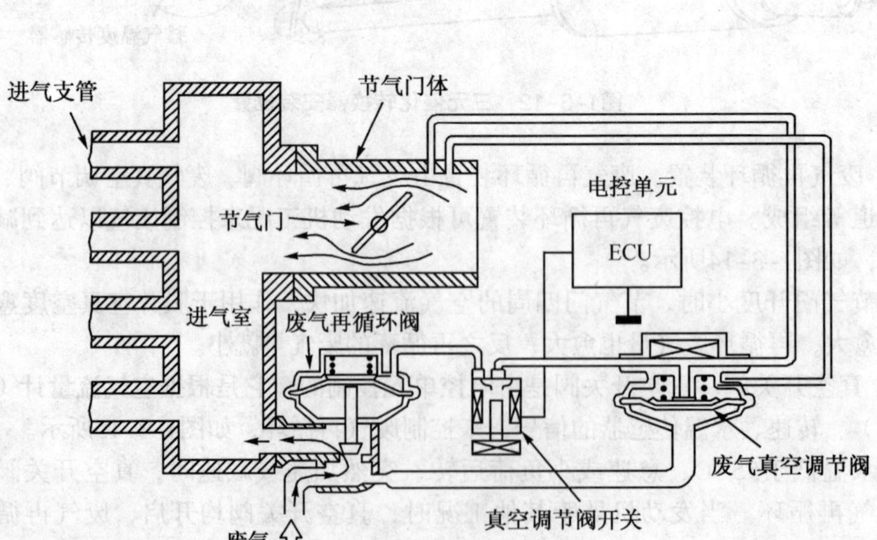

图1–3–14　废气再循环装置

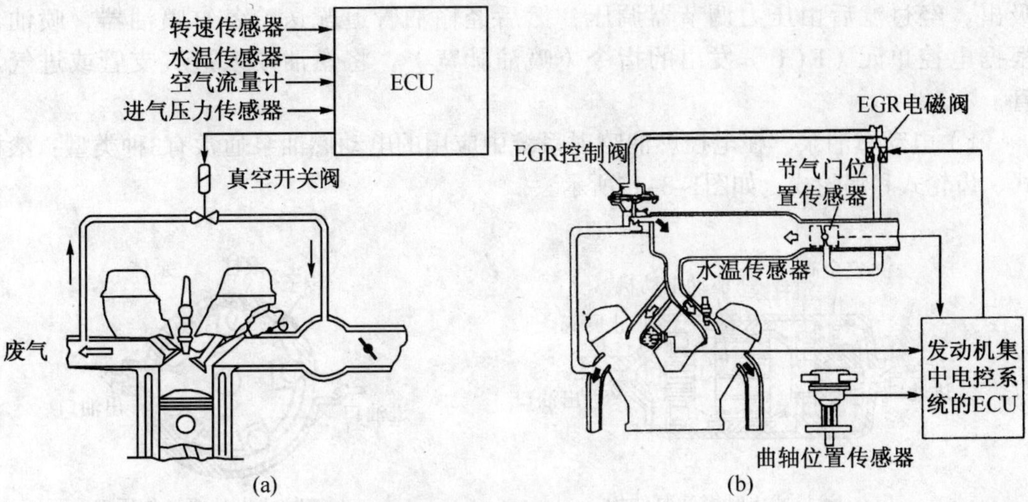

图1-3-15 真空开关阀的控制

（2）供油系统

供油系统包括电动燃油泵、燃油滤清器、燃油压力调节器、燃油分配油管总成和喷油器，如图1-3-16所示。

燃油供给系统的作用是向气缸内供给燃烧所需的燃油。电动油泵将油从油箱

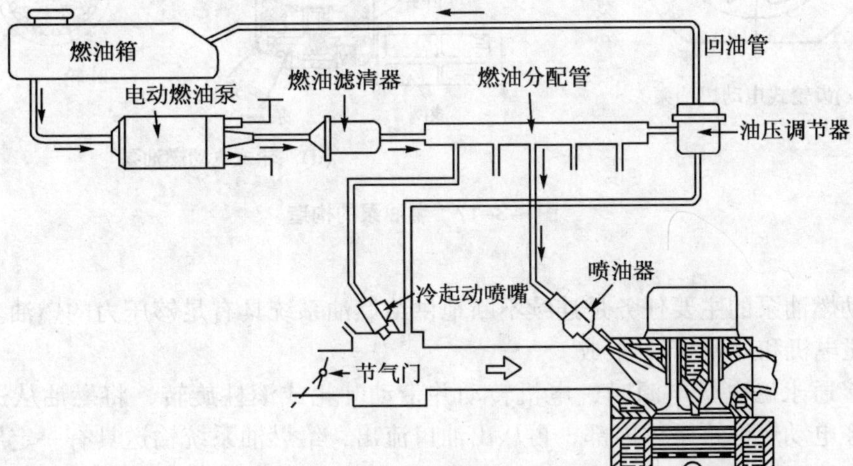

图1-3-16 供油系统

吸出，经过滤后由压力调节器调压，然后经输油管道配送给各缸喷油器，喷油器根据电控单元（ECU）发出的指令（喷油脉宽），将燃油喷入进气支管或进气总管。

1）电动燃油泵。在电控燃油喷射系统中应用的电动燃油泵通常有3种类型：滚柱式、齿轮式和涡轮式，如图1–3–17所示。

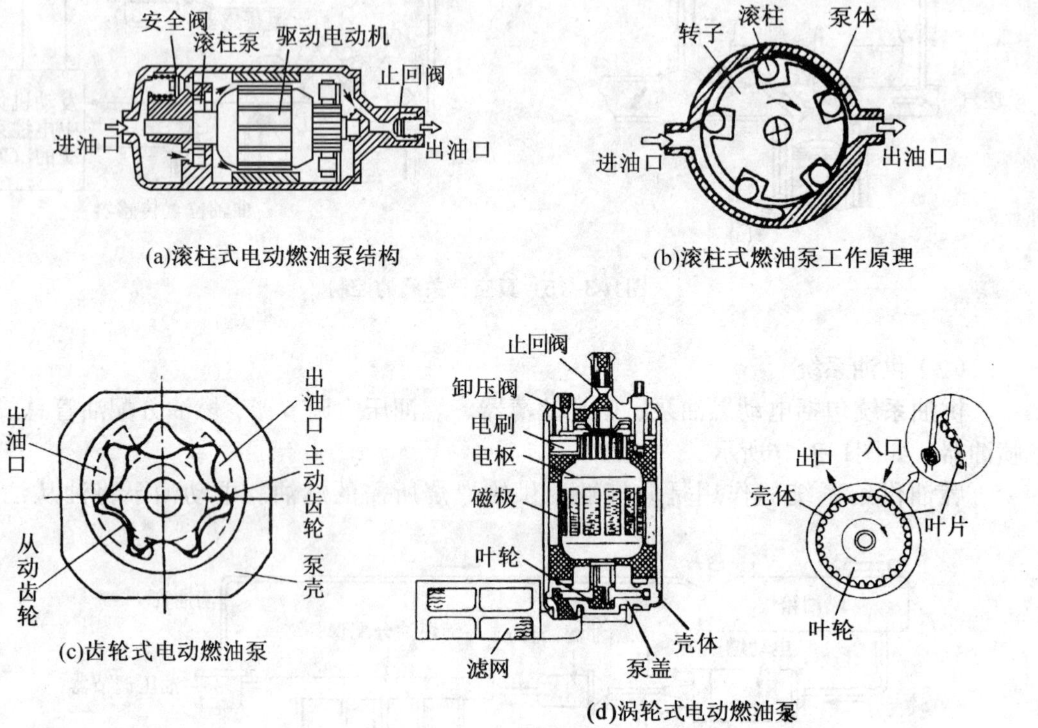

(a)滚柱式电动燃油泵结构　(b)滚柱式燃油泵工作原理

(c)齿轮式电动燃油泵　(d)涡轮式电动燃油泵

图1–3–17　燃油泵的构造

电动燃油泵的主要任务是连续不断地供给燃油系统具有足够压力的燃油。它由泵体、永磁电机和外壳3部分组成。

当接通永磁电机电源时，电机转动并带动叶轮或滚柱旋转，将燃油从进油口吸入，流经电动燃油泵泵体内部，再从出油口流出，给燃油系统输送具有一定压力的燃油。

由于电机浸泡在燃油中，电枢冷却靠燃油流动。工作时燃油泵内充满燃油，也称湿式燃油泵。所以，燃油箱存油量短缺时，会烧损燃油泵。虽然电机浸泡在燃油中，由于没有空气，不可能着火。

2）燃油滤清器。采用全密封式，滤芯元件一般采用滤纸折叠成菊花形或盘簧形结构，如图1–3–18所示。其作用是将燃油中氧化铁、粉尘等杂质滤去，防止燃油系统堵塞，确保发动机工作稳定，减少机件磨损，提高工作可靠性。目前采用的一次性滤芯，一般行驶40 000 km后更换。

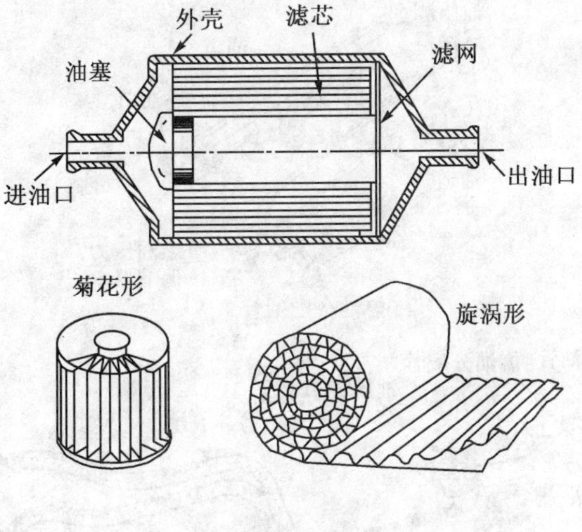

图1-3-18 燃油滤清器结构及滤芯形状

3）燃油压力调节器。如图1-3-19所示，燃油压力调节器的作用是保证燃油压力与进气管压力差恒定。当进气管压力减小时，膜片克服弹簧压力向上弯曲，使膜片控制阀的阀门打开，油室内的部分燃油通过回油管回流到燃油箱中，油管中燃油压力下降，从而保证两者的压差不变。反之，进气管压力大时，膜片向下弯曲，阀门关闭，回油终止，油管中燃油压力增大，使两者的压差仍保持不变。通常使供油总管内油压与进气支管压力差保持为250 kPa。

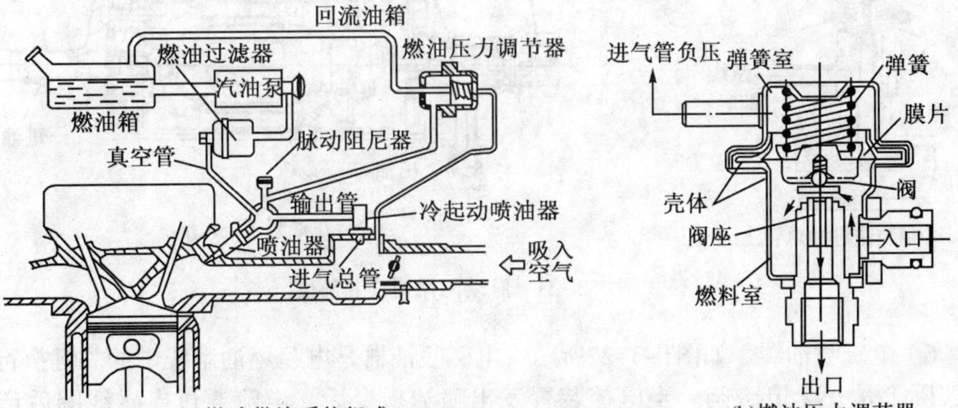

图1-3-19 燃油供给系统和压力调节器

4）燃油分配管。燃油分配油管总成包括：喷油器安装座及管接头、供油管和燃油压力调节器等，如图1-3-20所示。燃油分配管的功用是将汽油均匀、等压地输送给各缸喷油器。同时具有储油储压、减缓油压脉动的作用。

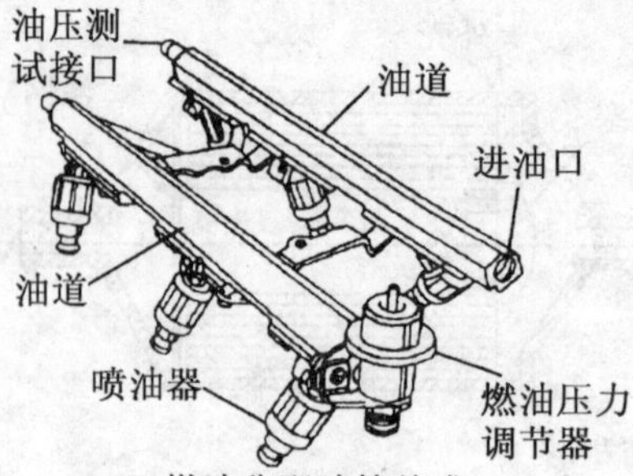

(a)燃油分配油管总成

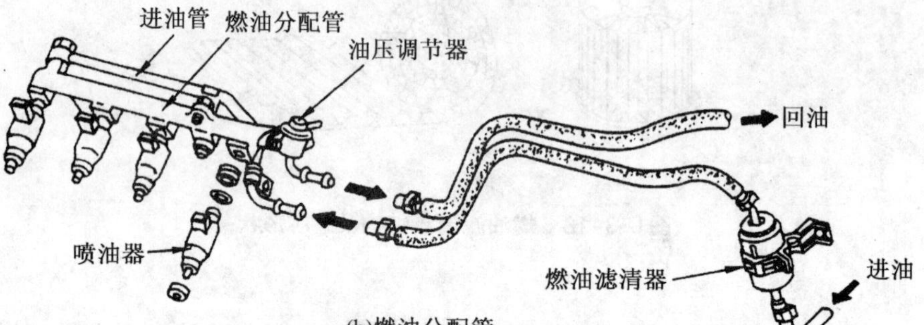

(b)燃油分配管

图1–3–20　燃油分配管总成组成

5）脉动阻尼器。如图1–3–21所示，脉动阻尼器又称压力波缓冲器，作用是减弱输油管道中油压脉动传递，降低噪声。

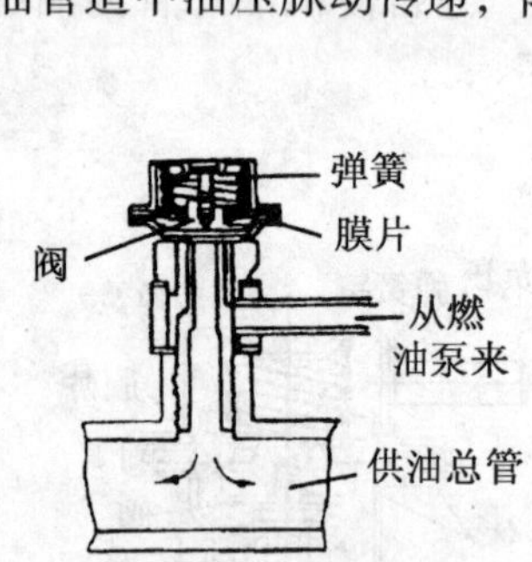

(a)装在进油总管上

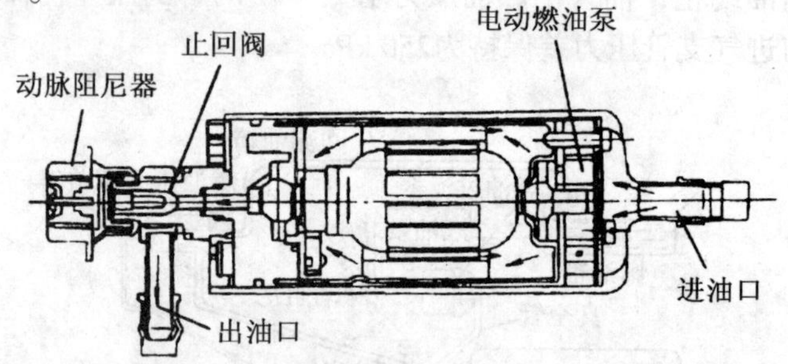

(b)装在油泵上

图1–3–21　脉动阻尼器安装部位

6）电磁喷油器。如图1–3–22所示，电磁喷油器是电喷燃油系统中的关键执行器，它实际上是一个电磁阀。当电控装置发出喷油指令后，电流通过电磁线圈后产生磁场，把衔铁吸起，由于衔铁和针阀是连接在一起的，使针阀向后收缩，燃油从针阀与喷孔的环形间隙中喷出。当指令为停止喷油时，电磁线圈失去电流，也就失去吸力，针阀在复位弹簧的作用下向前顶住喷孔，喷油器立即停止喷油。

7）燃油蒸发装置。为了防止燃油系统中燃油的蒸发，现代汽车发动机都配有封闭蒸发装置，它可将燃油蒸气贮存在活性炭容器内的活性炭中。装置组成如图1–3–23所示。当发动机运转且水温大于70 ℃时，活性炭罐电磁阀开启，使活性炭容器与节气门导通，在负压作用下，贮存在活性炭容器中的燃油蒸气流入发动机燃烧，活性炭容器几乎恢复原状，还可以继续贮存蒸发的燃油。图1–3–24所示是菲亚特·派力奥轿车发动机燃油蒸发系统。

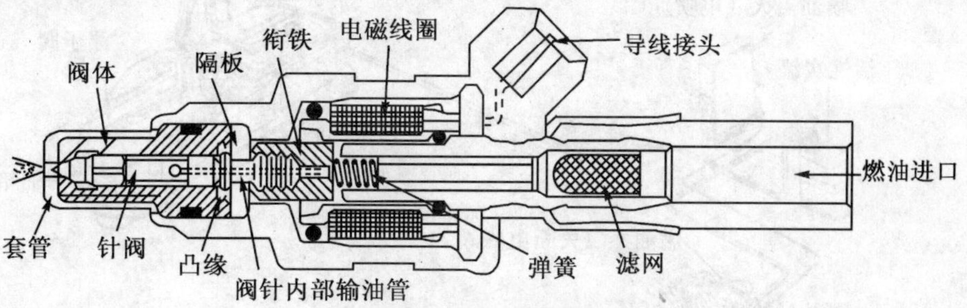

图1–3–22　电磁喷油器结构

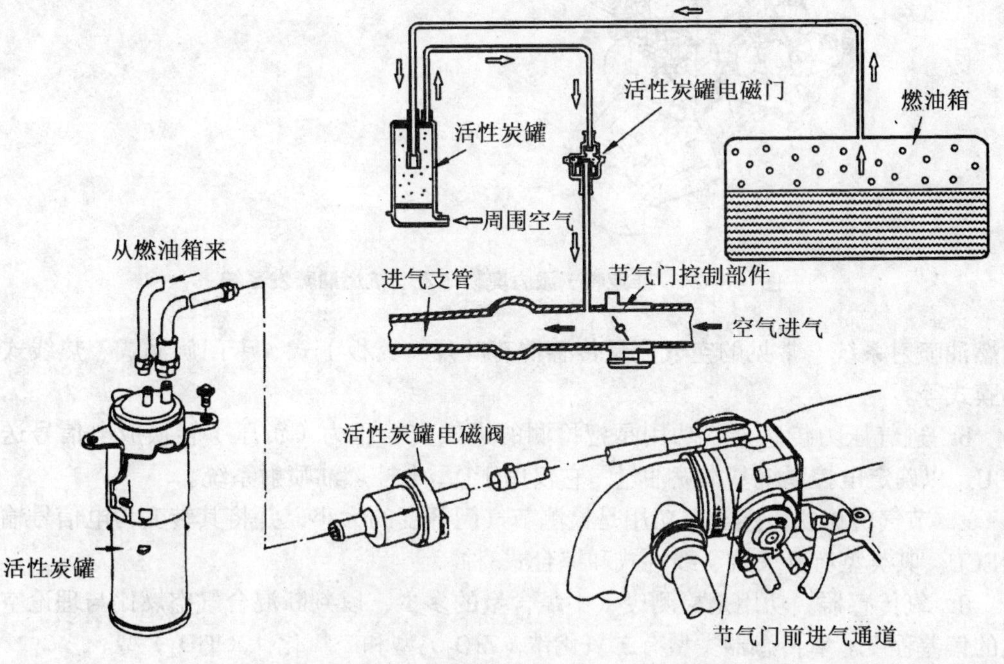

图1–3–23　桑塔纳轿车AJR型发动机燃油箱蒸发排放控制系统

（3）电控系统

电控燃油喷射系统的作用是根据发动机的运行工况和车辆的运行情况确定燃油的最佳喷射量。该系统由各种传感器、电控单元（ECU）和执行器组成。

1）传感器。该电控系统的传感器主要包括：空气流量传感器、进气压力传感器、节气门位置传感器、氧传感器、发动机转速及曲轴转角传感器、温度传感器和爆燃传感器等。

a．空气流量传感器。即空气流量计，其功用是测量吸入发动机气缸的空气量并将其转变成电信号送给ECU，作为ECU确定基本喷油量的重要依据之一。它适用于L型电

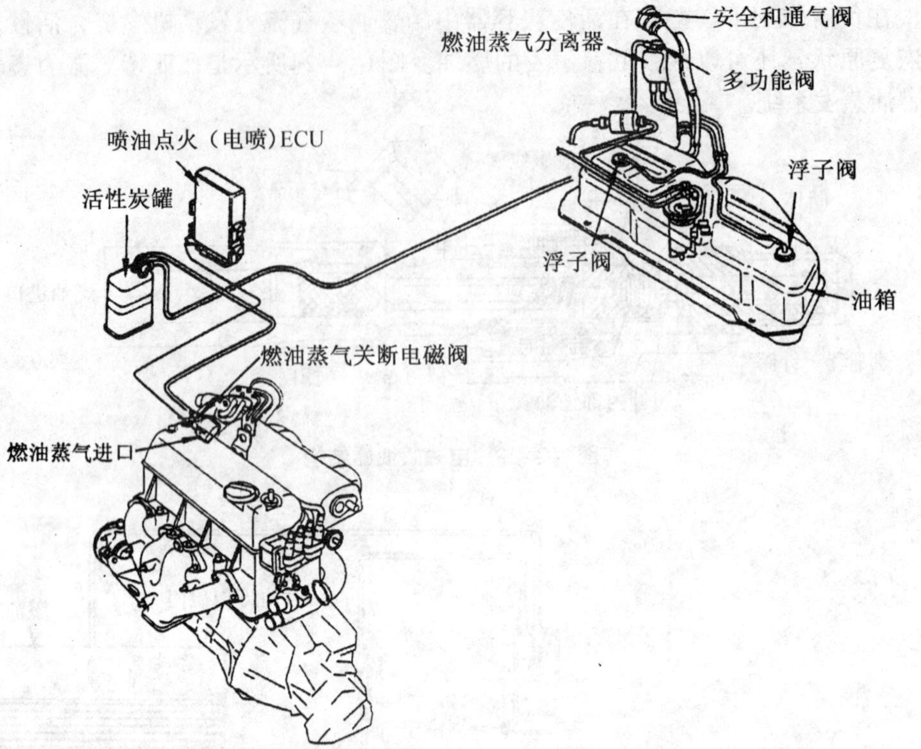

图1-3-24　菲亚特·派力奥轿车发动机燃油蒸发系统

控燃油喷射系统。常见的空气流量传感器有叶片（翼板）式、卡门旋涡式、热线式和热膜式等。

b．进气压力传感器。功用是把检测的进气支管压力（负压）转换成电信号送到ECU，以确定电控系统基本喷油量。它仅用于D型电控燃油喷射系统。

c．节气门位置传感器。功用是检测节气门开度的大小，并将其转变为电信号输送给ECU。其类型有开关式、线性式和综合式3种。

d．氧传感器。功用是检测废气中氧含量的多少，以判断混合气空燃比与理论空燃比的偏差程度。氧传感器类型有二氧化锆（ZrO_2）型和二氧化钛（TiO_2）型。

e．发动机转速及曲轴转角传感器。功用是检测发动机转速及曲轴转角，并将其转变为电信号输入ECU。该传感器类型主要有电磁感应式、霍耳效应式、光电效应式等多种，工作原理与电子点火系点火传感器（信号发生器）原理相同。

f．温度传感器。用于检测发动机冷却水温度、进气温度、排气温度等，并将其转变为电信号输送给ECU，以判定发动机热状况、计算进气质量流量及排气净化处理等。温度传感器主要有热敏电阻式和热敏铁氧体式两种。

g．爆燃传感器。功用是检测发动机是否发生爆燃及爆燃强度，并将其转变为电信号输入给ECU，以便ECU对点火提前角进行校正，实现点火系统的闭环控制。常见爆燃传感器有压电晶体式和磁致伸缩式两种。

2）执行器。燃油喷射电控系统的执行器主要有电动燃油泵和电磁喷油器。

电动燃油泵。按安装位置电动燃油泵可分为内装式（安装在油箱内，故又称湿式）和外装式（安装在油箱与燃油滤清器间的输油管路中，故又称干式）；按结构可分为：滚柱式、齿轮式、侧槽式和涡轮式等（参见图1-3-17）。

滚柱式电动燃油泵主要由永磁直流电机和滚柱式油泵组成。凹槽中装有滚柱，转子与泵体偏心安装。转子转动使油腔容积不断发生变化，转向进油口时容积增大而吸入燃油；转向出油口时，容积减小，油压升高并泵出燃油。安全阀的作用是当油泵工作压力达到400 kPa时自动打开，使进、出油腔相通，以防供油压力过高。止回阀的作用是防止停机时燃油倒流回油箱，保证系统压力不会下降太多，使下次启动较容易。

齿轮式燃油泵是利用内、外齿啮合过程中腔室容积大小的变化，将燃油吸入、并加压到一定压力后泵出。

涡轮式燃油泵的叶轮转动时，叶轮边缘的叶片将燃油从进油口压向出油口。

用油泵开关控制的油泵控制电路。如图1-3-25所示，其油泵开关位于叶片式空气流量传感器内，只要发动机运转，开关就处于闭合状态，油泵就工作。

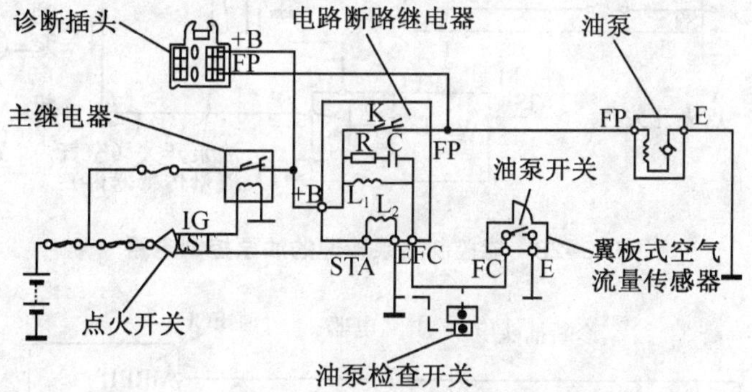

图1-3-25　用油泵开关控制的油泵控制电路

用ECU控制的油泵控制电路。如图1-3-26所示，油泵工作与否取决于转速传感器是否向ECU输入转速信号Ne。

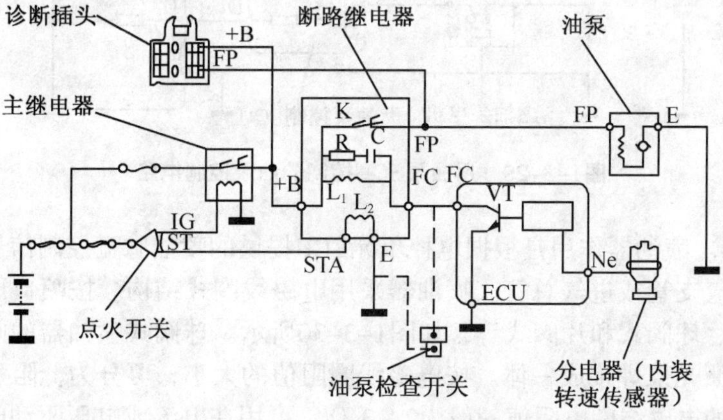

图1-3-26　用ECU控制的油泵控制电路

在主ECU直接控制的油泵控制电路中，主ECU通过集成电路（IC）控制A点平均电位，使油泵工作电压与发动机负荷成正比例变化。

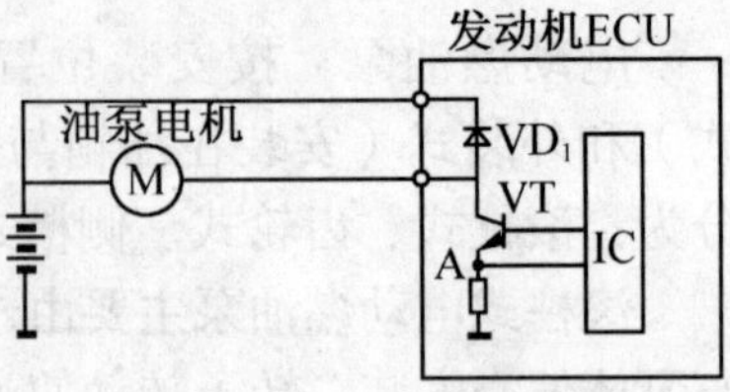

图1-3-27　用主ECU直接控制的油泵控制电路

在能控制油泵转速的油泵控制电路中，如图1-3-28所示，增设了1个油泵控制继电器，它可使油泵随发动机负荷的大小，以高、低两种不同转速泵油。

在油泵ECU控制的油泵控制电路中，如图1-3-29所示，专设了1个控制油泵工作的ECU，该ECU受电控系统的主ECU控制，通过改变施加于油泵电机的工作电压，调节油泵转速，以达到根据发动机耗油量来控制泵油量的目的。

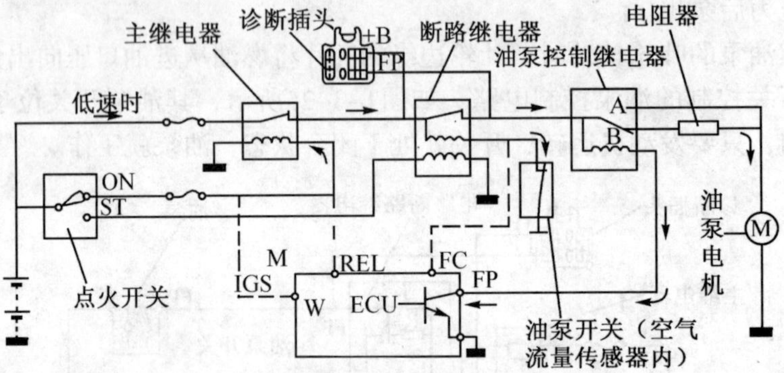

图1-3-28　能控制油泵转速的油泵控制电路

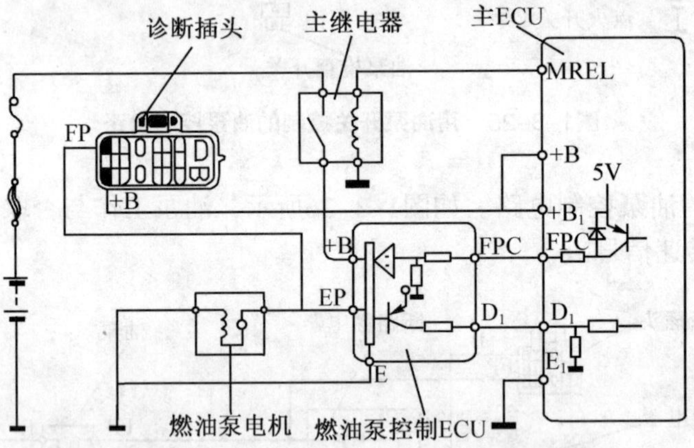

图1-3-29　用油泵ECU控制的油泵控制电路

3）喷油器。喷油器作用是根据电控单元ECU提供的喷油脉宽控制信号，将适量的燃油喷射到进气支管或进气总管。喷油器采用电磁线圈式结构。按喷口形式可分为：孔式、轴针式、球阀式和片阀式等，如图1-3-30所示。球阀式喷油器的阀针由钢球、导杆和衔铁用激光束焊接成一体。按电磁线圈阻值的大小，可分为低阻型和高阻型。低阻型喷油器的电磁线圈电阻值一般为2 ~ 3 Ω，可用在电流或电压驱动电路中；高阻型喷油器电磁线圈的电阻值一般为12 ~ 16 Ω，只能用在电压驱动的电路中。

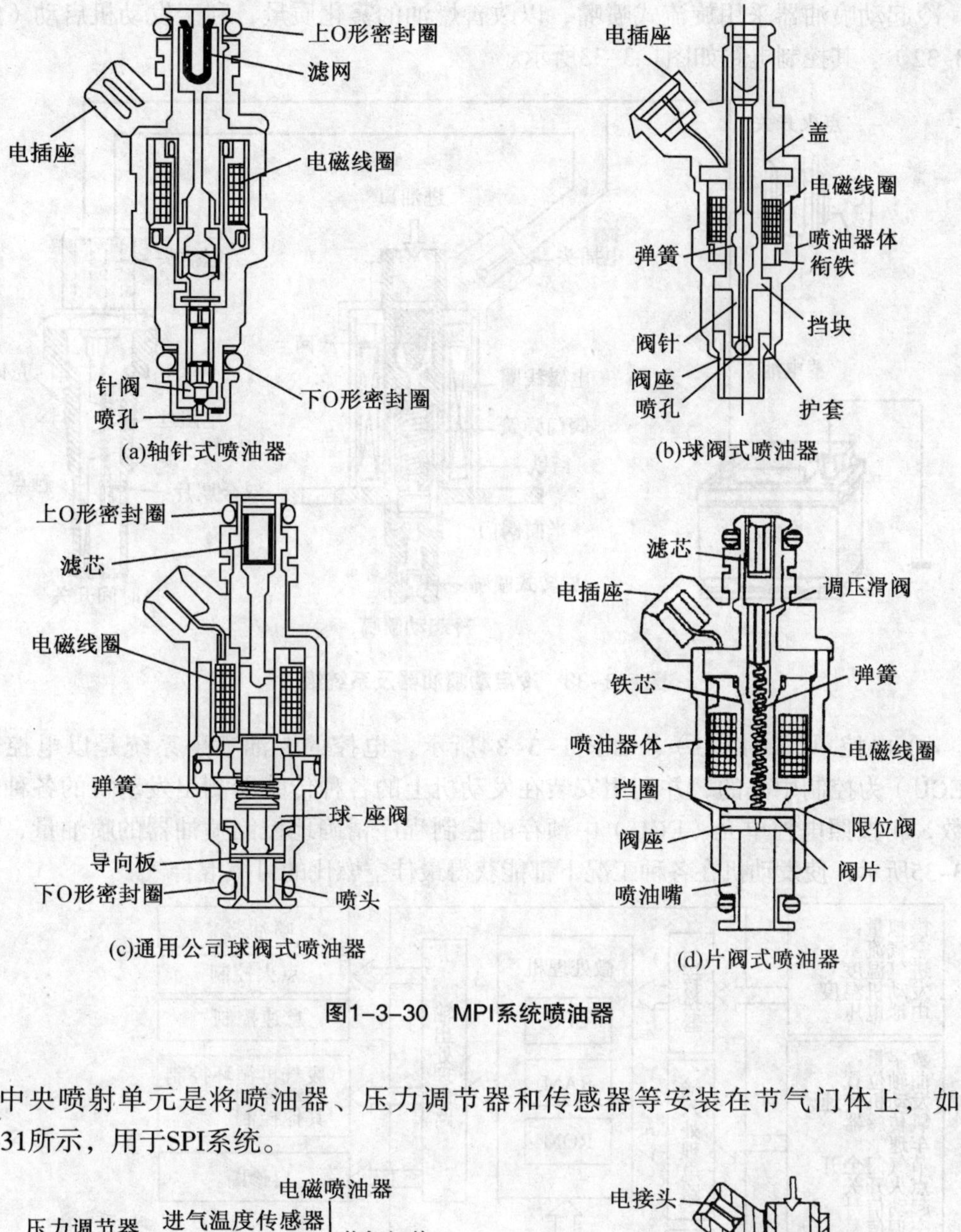

图1-3-30 MPI系统喷油器

中央喷射单元是将喷油器、压力调节器和传感器等安装在节气门体上，如图1-3-31所示，用于SPI系统。

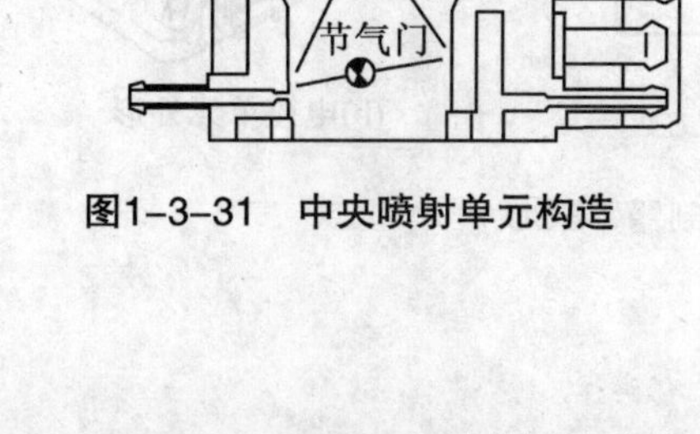

图1-3-31 中央喷射单元构造

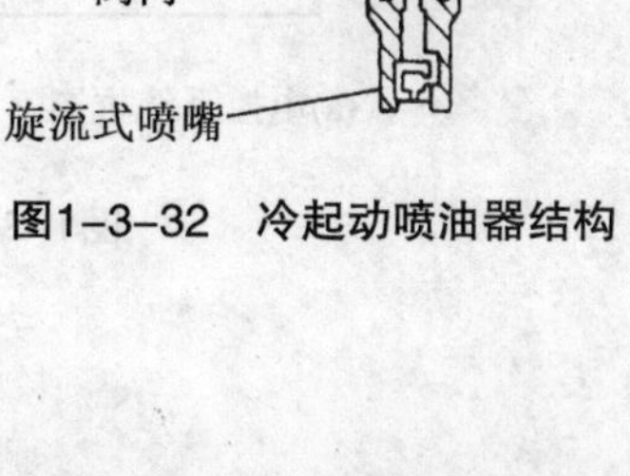

图1-3-32 冷起动喷油器结构

冷起动喷油器采用旋流式喷嘴，以改善燃油的雾化质量，利于发动机启动（见图1-3-32）。其控制电路如图1-3-33所示。

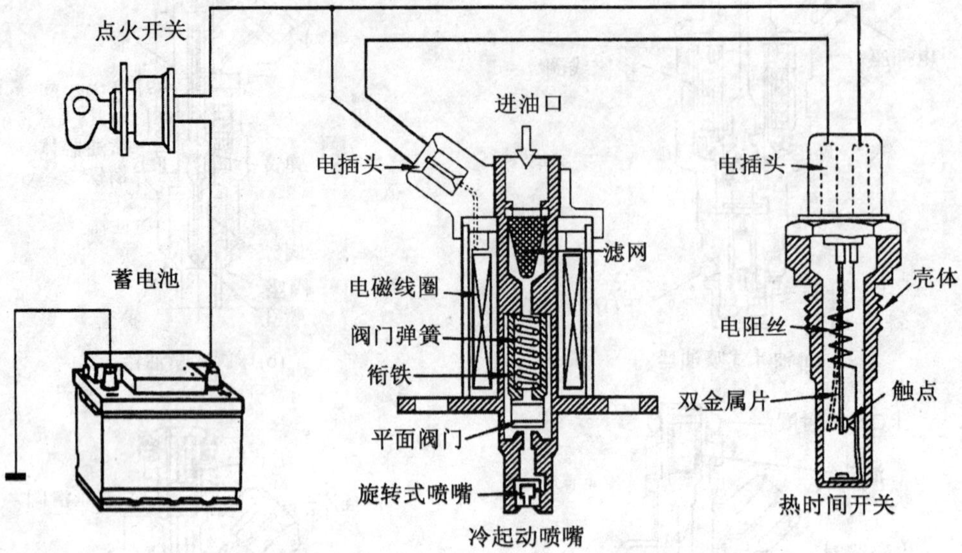

图1-3-33　冷启动喷油器及系统组成

4）电控单元（ECU）。如图1-3-34所示，电控的燃油喷射系统是以电控单元（ECU）为控制中心的，并利用安装在发动机上的各种传感器测出发动机的各种运行参数，再按照电控单元（ECU）中预存的控制程序精确地控制喷油器的喷油量，如图1-3-35所示，使发动机在各种工况下都能获得最佳空燃比的可燃混合气。

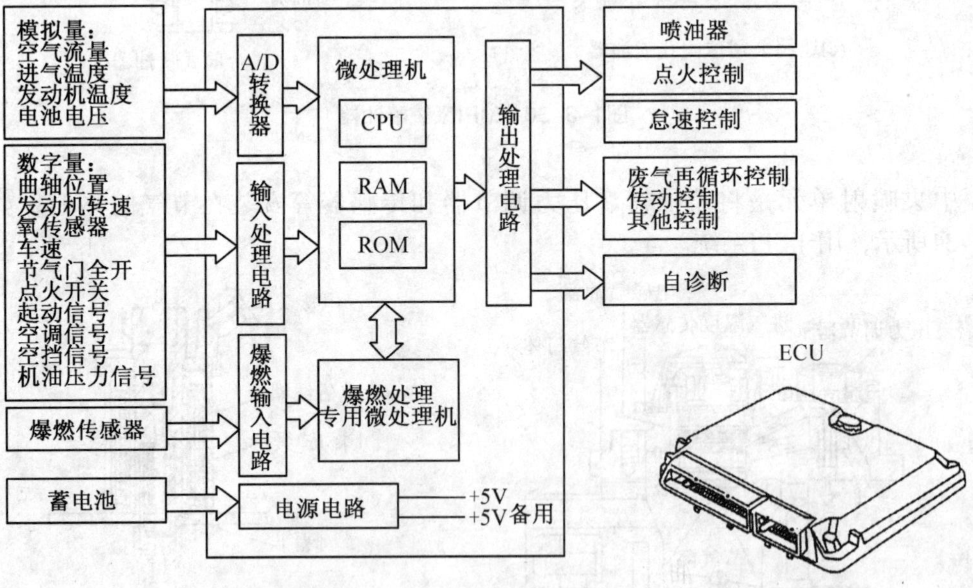

(a)电控系统框图　　(b)电控单元外形

图1-3-34　电子控制器（ECU）

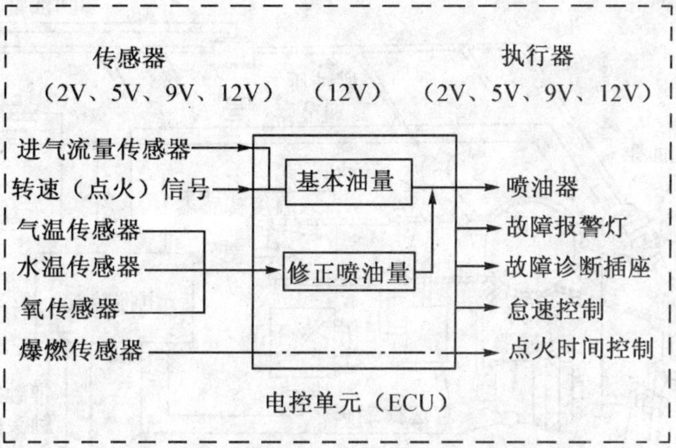

图1-3-35　基本喷油量和修正喷油量示意

目前，各类汽车上所采用的电控燃油喷射系统在结构上往往有较大的差别，在控制原理及工作过程方面也各具特点。本书只介绍最有代表性的、典型的电控燃油喷射系统。

3. 典型电喷系统

汽油发动机电喷系统大致分为D型、L型、LH型和M型，这些均为多点喷射系统（MPI），而节气门体喷射则为单点喷射系统（SPI）。

（1）D型电喷系统

D型电喷，即进气压力型燃油喷射系统，是最早应用在汽车发动机上的电控多点间歇式燃油喷射系统，如图1-3-36所示。该系统是利用进气管内的压力和温度数据来测定发动机吸入的空气量。进气压力和温度传感器位于节气门后方的进气支管内，测得的数据作为发动机各工况进气量的信号，它和转速传感器信号一起输入电控单元（ECU），供ECU计算基本供油量，ECU再根据水温、节气门位置、氧传感器等各种传感器检测出发动机工况后传来的信号，计算出修正喷油量。保持发动机在各种工况下，均获得最佳的可燃混合气，发出最佳匹配的动力。

早期的D型（压力型）燃油喷射系统因受大气状态变化的影响，有时汽车加速会有反应不良。现代汽车发动机上所使用的压力型燃油喷射系统都经过了改进的，采用运算速度快、内存容量大的微机，完善了控制功能。德国大众公司的1600型、奔驰250CE、奔驰280SE、日本丰田公司的HIACE（海狮）、CROWN（皇冠）以及雪铁龙·毕加索、菲亚特·派力奥等轿车均采用压力型燃油喷射系统。

菲亚特·派力奥轿车电喷系统是典型压力式电控燃油喷射系统，其进气系统和燃油供给系统都具有代表性。进气温度和压力传感器位于节气门的后方，而LH型电喷发动机的空气流量计在节气门的前面。

沉没于油箱中的电动油泵泵出的油通过供油管道输送至喷油器。燃油系统是“半回路”式，即在油箱与发动机之间只有一根连接管。再循环管连接至燃油滤清器下游的压力调节器，使送至喷油器的输油管内的压力保持恒定。

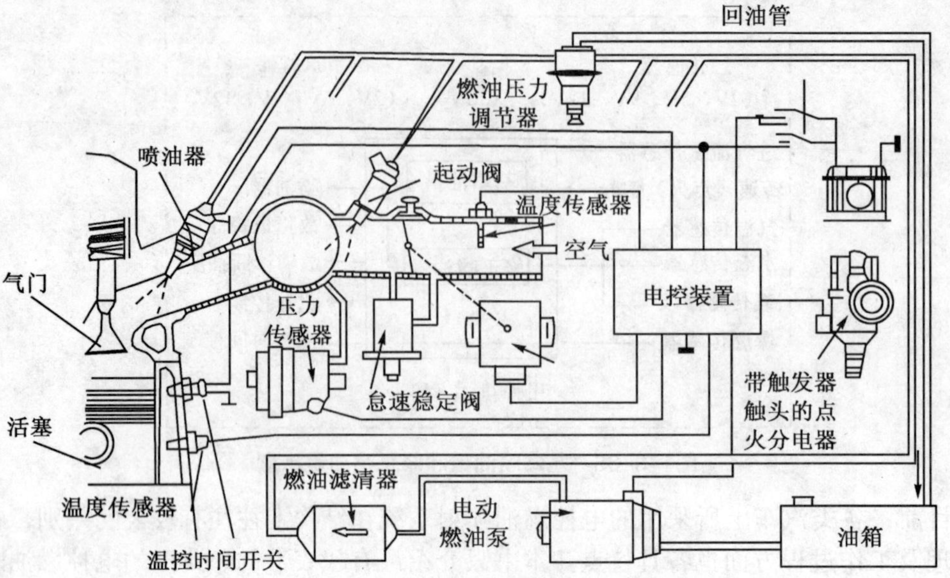

(a) D型喷射系统结构

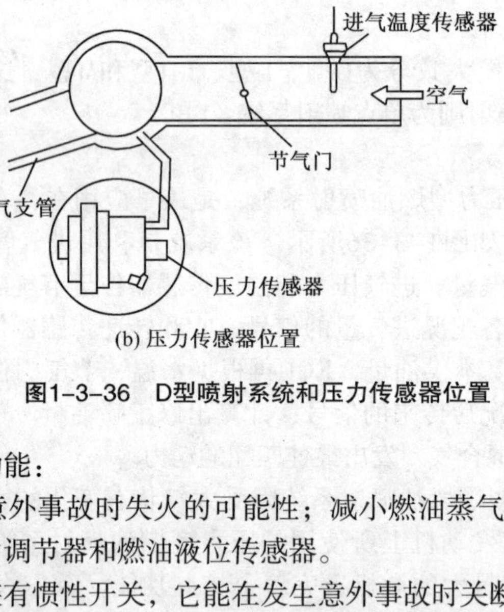

(b) 压力传感器位置

图1–3–36　D型喷射系统和压力传感器位置

此系统确保以下功能：

减小车辆在发生意外事故时失火的可能性；减小燃油蒸气对大气的排气污染。燃油泵周围还有燃油压力调节器和燃油液位传感器。

此外，本系统还装有惯性开关，它能在发生意外事故时关断燃油泵电源。

国产桑塔纳2000GLi型轿车（AFE发动机）就是典型的D型电控燃油喷射系统，如图1–3–37所示。采用的是闭环电控多点燃油顺序喷射系统，其增加了爆燃传感器，采用了喷油/点火一体化及数字化方式控制。该系统是采用进气压力传感器（位于节气门后方）来检测进气支管的绝对压力，作为发动机各工况进气量信号，它和转速传感器信号一起输入电控单元（ECU或电脑），供ECU计算基本供油量，ECU再根据水温、节气门位置等各种传感器检测发动机工况后传来的信号，计算出修正喷油量。保持发动机在各种工况下，获最佳可燃混合气，发出最佳匹配的动力。桑塔纳2000GLi型轿车AFE发动机电控装置在车上的布置如图1–3–38所示。

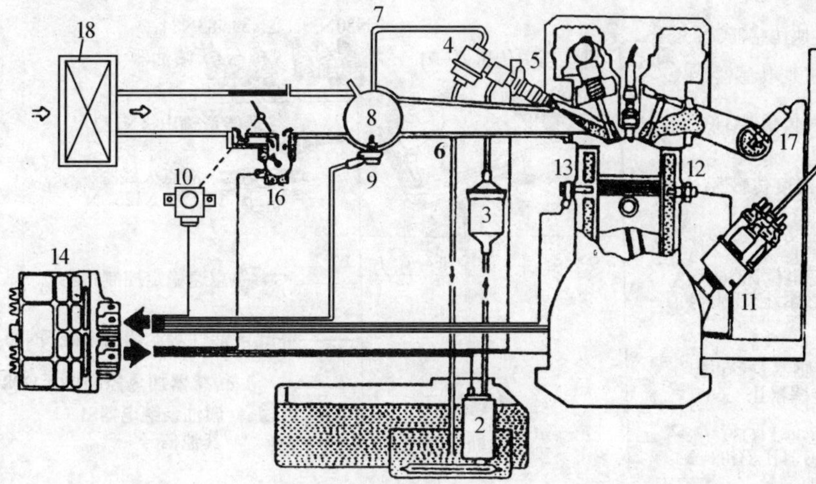

1–燃油箱　2–燃油泵　3–燃油滤清器　4–燃油压力调节器　5–喷油器　6–回流管
7–真空管　8–动力腔（稳压箱）　9–进气压力与进气温度传感器
10–节气门位置传感器　11–霍耳式曲轴位置传感器CPS
12–冷却液温度传感器CTS　13–爆燃传感器　14–电控单元ECU
15–点火线圈　16–怠速控制阀ISC　17–氧传感器　18–空气滤清器

图1–3–37　桑塔纳2000GLi型轿车AFE发动机

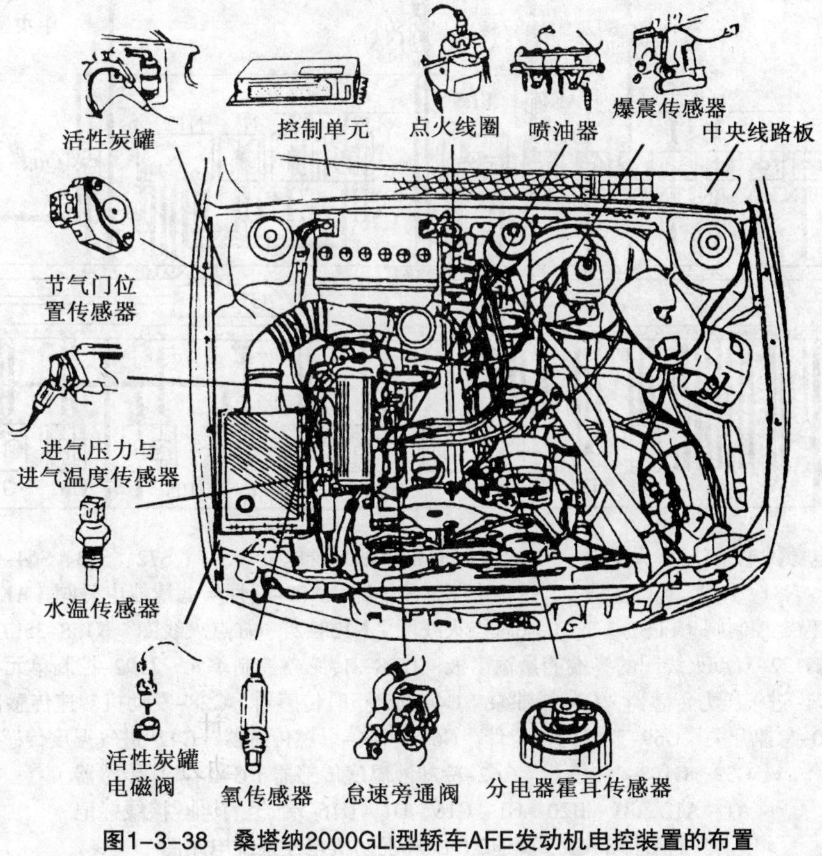

图1–3–38　桑塔纳2000GLi型轿车AFE发动机电控装置的布置

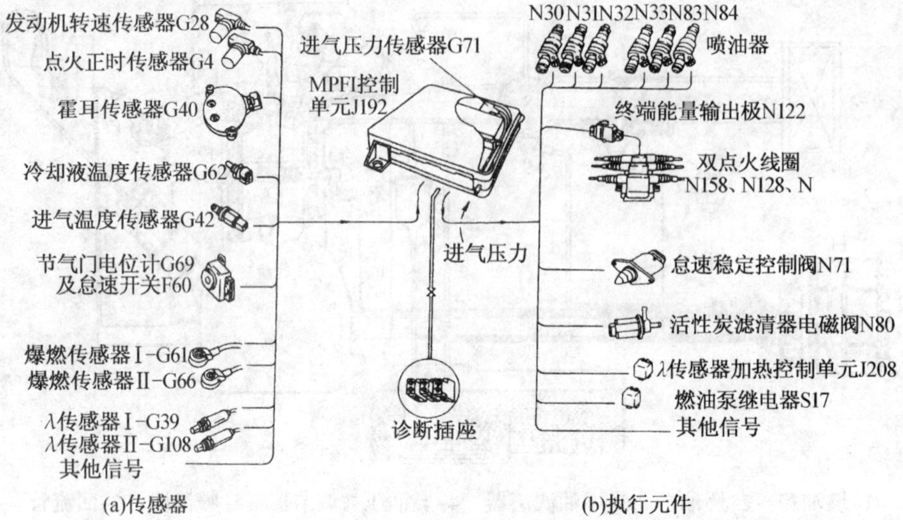

图1-3-39　MPFI控制单元、传感器和执行元件

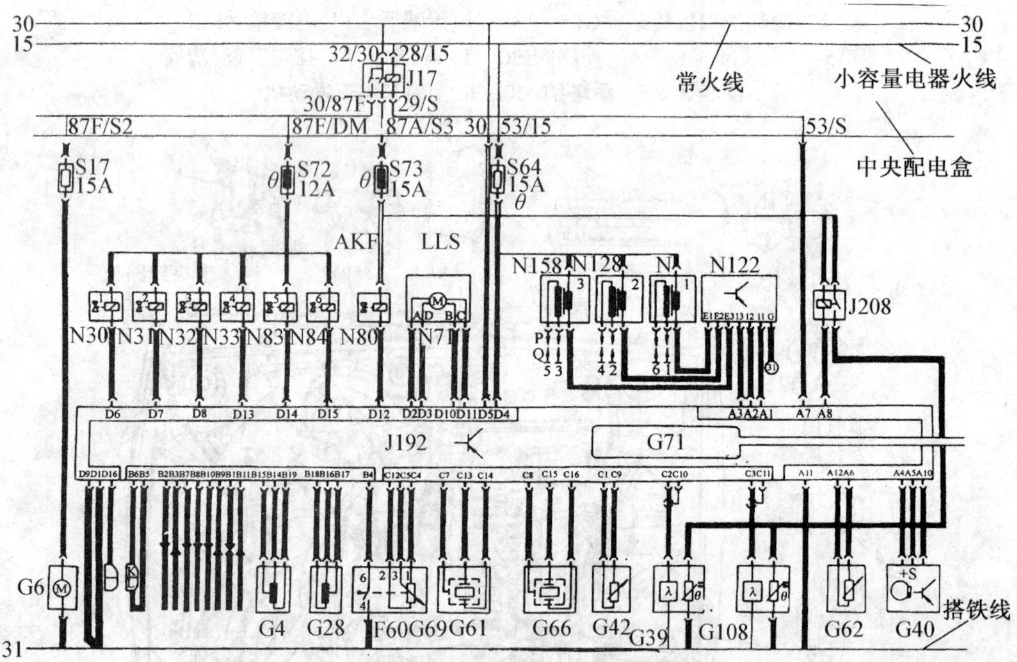

30-电源供电　15-点火供电　31-搭铁　J17-燃油泵继电器　S17、S72、S73、S64-熔丝
N30、N31、N32、N33、N83、N84-1～6缸喷油器　N80-活性炭滤清器电磁阀（AKF）
N71-怠速稳定控制阀（LLS）　N-1、6缸点火线圈　N128-2、4缸点火线圈　N158-35缸点火线圈
N122-双点火线圈的终端能量输出极　J208-λ传感器控制单元　J192-控制单元
G71-进气压力传感器　G6-燃油泵　G4-点火正时传感器　G28-发动机转速传感器
F60-怠速开关　G69-节气门电位计　G61、G66-爆燃传感器　G42-进气温度传感器
G39、G108-λ传感器　G62-冷却液温度传感器　G40-霍耳传感器
A1～A12、B1～B20、C1～C16、D1～D16-端子　其他-接线标记

图1-3-40　奥迪2.6 L V6发动机电控系统电路图

奥迪2.6 L V6发动机电控系统采用的是德国HELLA公司与奥迪公司联合研制的D型多点顺序电喷系统（PMFI）。其控制单元、传感器和执行元件如图1-3-39所示。该车发动机电控系统电路如图1-3-40所示。

菲亚特·派力奥1461/8V发动机采用的也是D型电喷系统，如图1-3-41所示。该车发动机电控装置如图1-3-42所示。

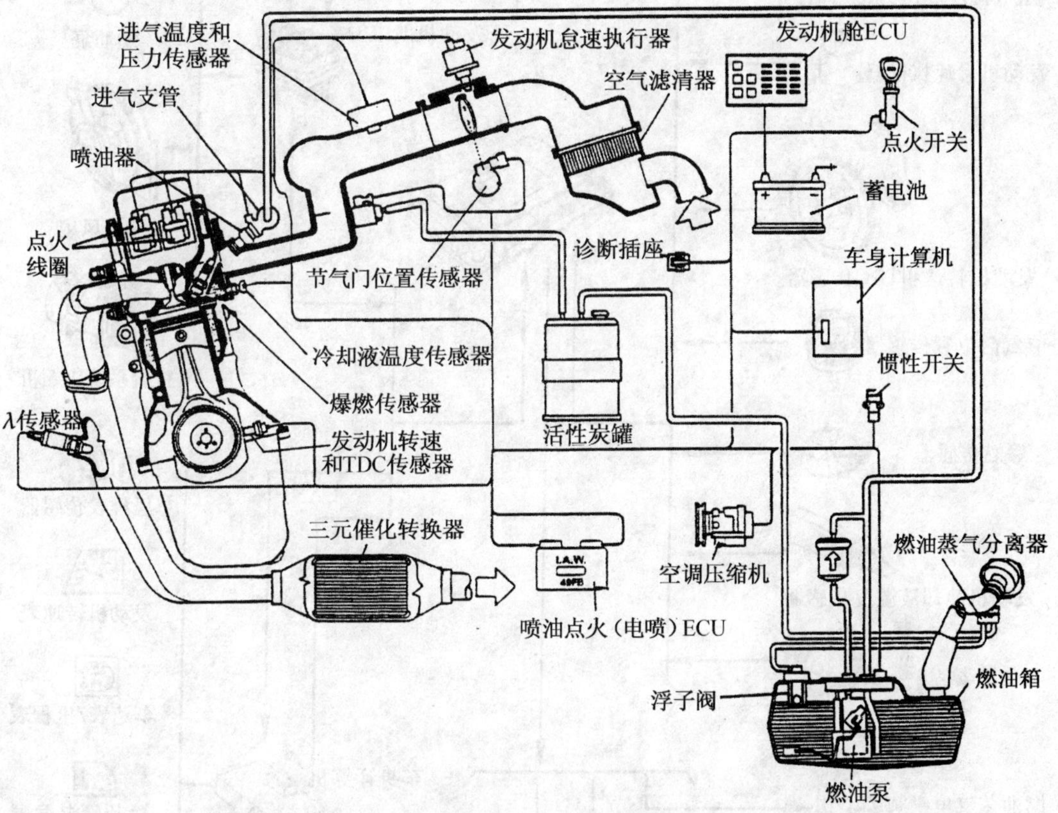

图1-3-41　菲亚特·派力奥1461/8 V 发动机燃油喷射系统

（2）L型电喷系统

L型燃油喷射系统，即流量型电喷系统，是在D型燃油喷射系统的基础上，于20世纪70年代发展起来的多点、间歇式燃油喷射系统，目前应用最为广泛。它以发动机的进气量和发动机转速作为基本控制参数，从而提高了喷油量的控制精度。

L型燃油喷射系统的组成如图1-3-43所示，构造和工作原理与D型基本相同，其控制过程如图1-3-44所示。

日本丰田2TZ-FE发动机电控系统装用丰田计算机控制系统（TCCS），该系统主要由电控燃油喷射系统、电控电子点火系统等组成，如图1-3-45所示。电控燃油喷射系统采用L型，空气流量传感器为叶片（翼板）式。

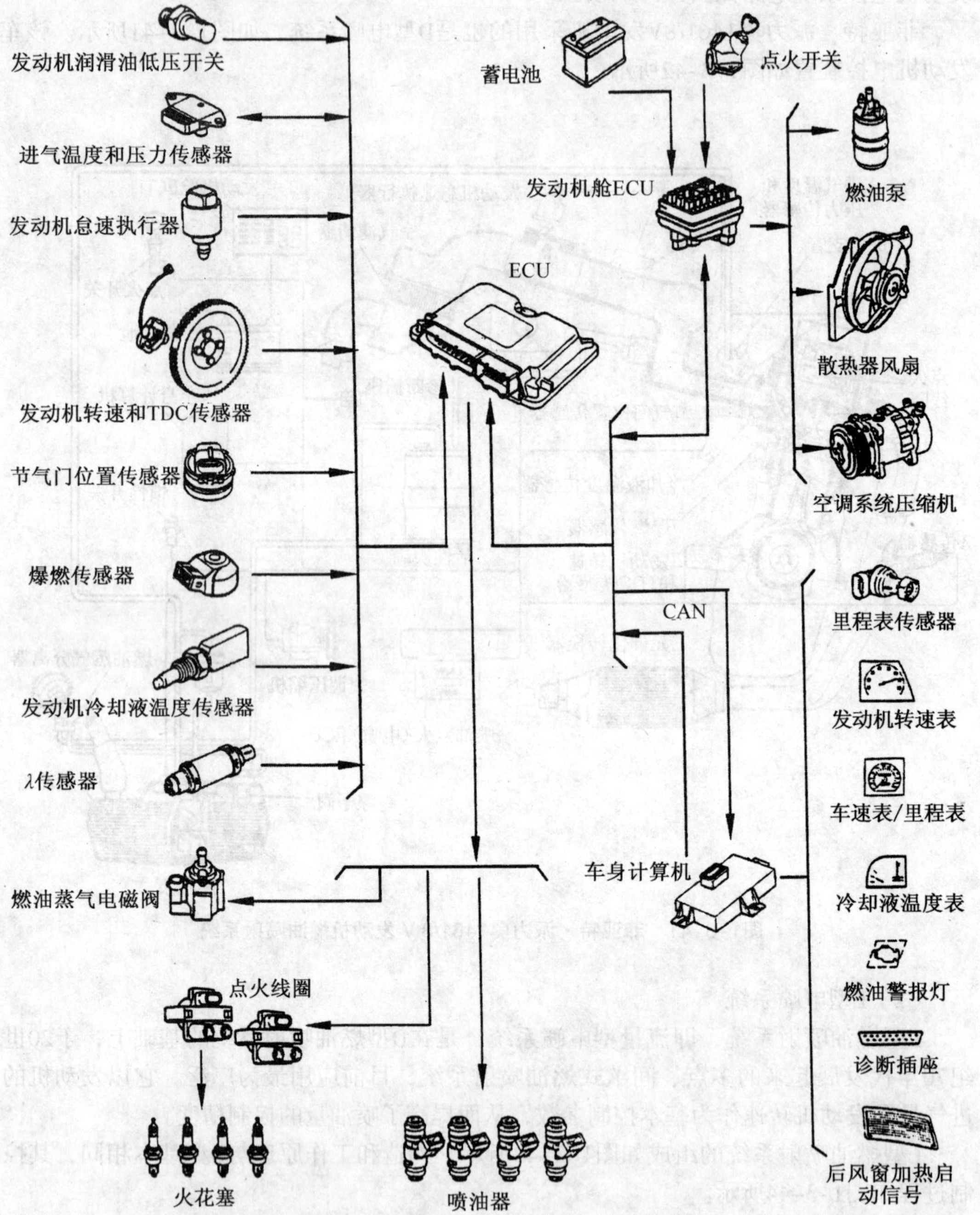

图1–3–42　菲亚特 · 派力奥轿车（1461/8 V发动机）电控装置

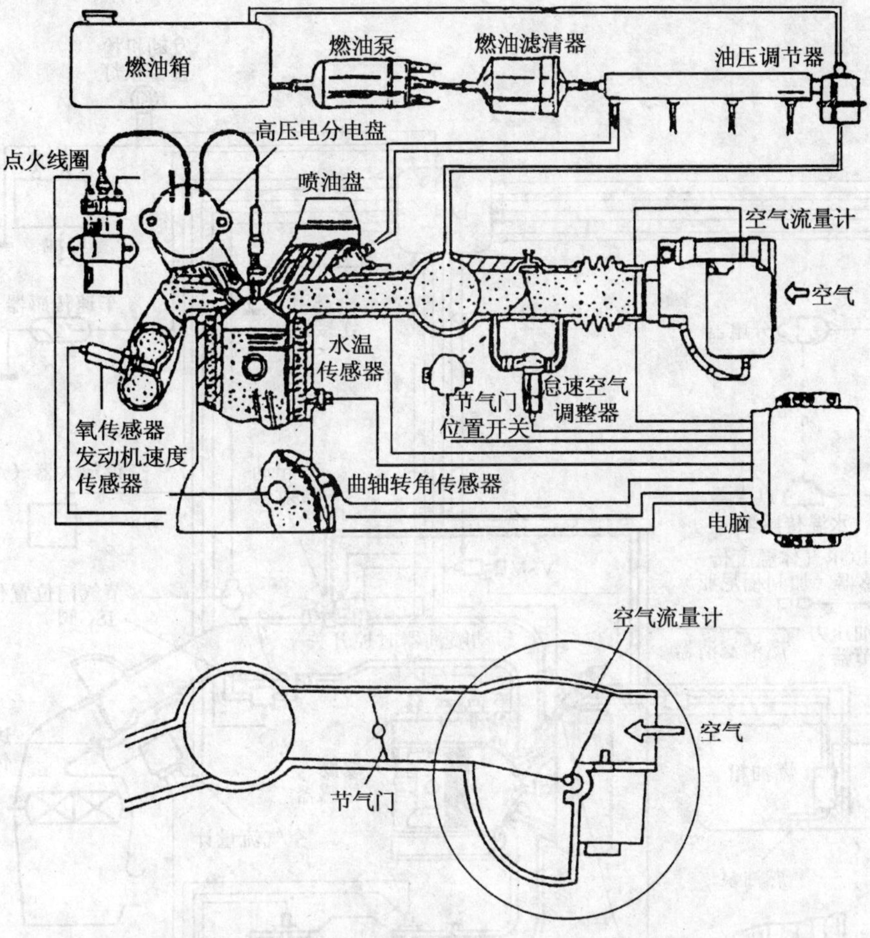

图1-3-43 L型喷射系统结构（电控喷射系统）

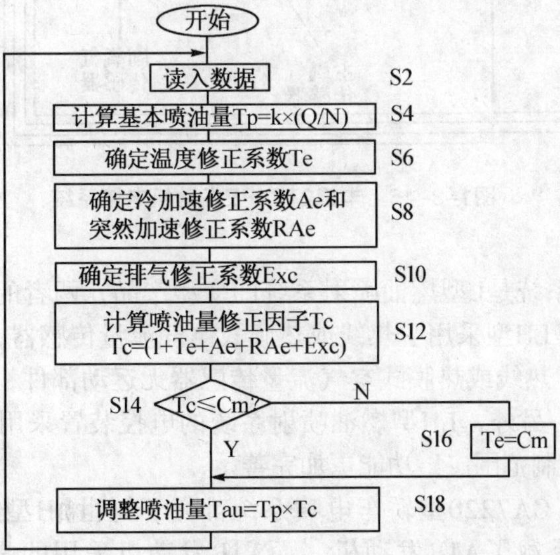

图1-3-44 L型燃油喷射系统的控制过程

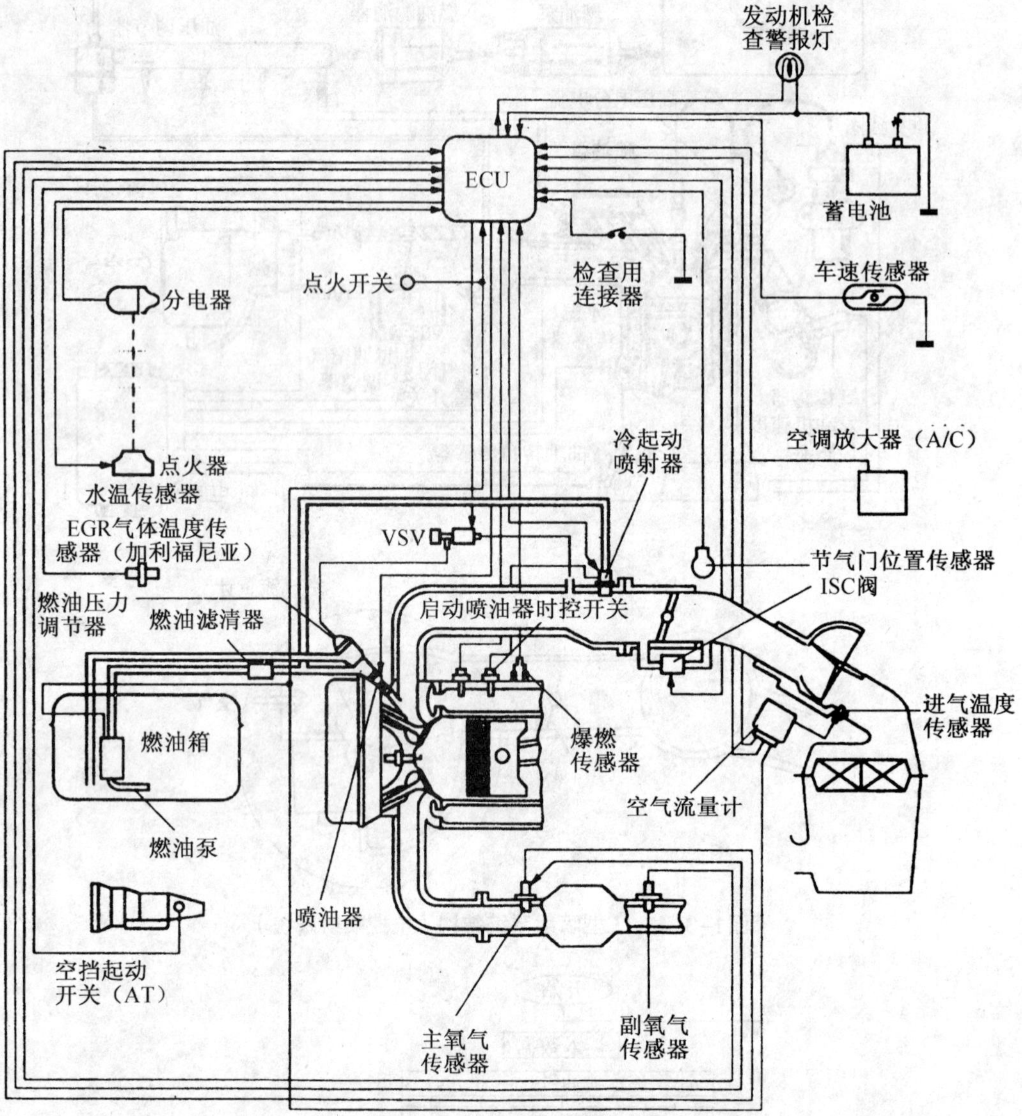

图1-3-45 丰田2TZ-FE发动机电控系统

LH型燃油喷射系统是L型燃油喷射系统的变型产品，两者的结构和基本原理基本相同，其不同之处是LH型采用了热线或热膜式空气流量传感器，而L型采用的是叶片式空气流量传感器。热线或热膜式空气流量传感器无运动部件，进气阻力小，信号反应快，测量精度高。另外，LH型燃油喷射系统的电控装置采用了大规模数字集成电路，运算速度快，控制范围广，功能更加完善。

AJR型发动机、CA7220型轿车电喷系统都属于博世LH型电喷系列。上海桑塔纳2000GSi型轿车搭载了AJR发动机，而AJR发动机采用的是LH型电喷系统，如图1-3-46所示，即装用的是热膜式空气流量传感器，它可以直接检测发动机进气

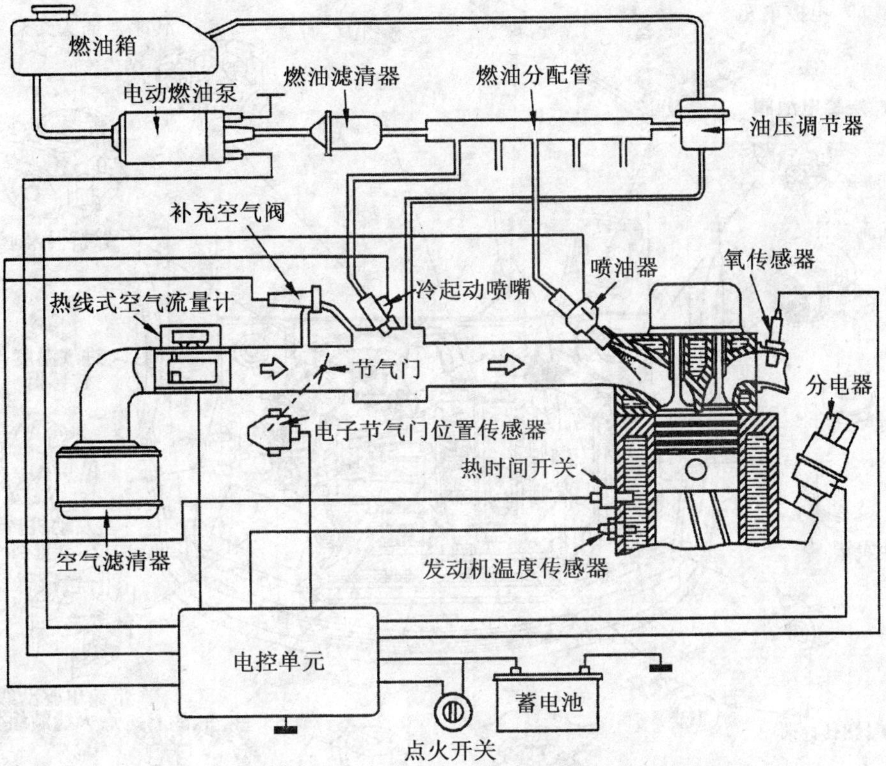

图1-3-46　博世LH型（LH-Jetronic）燃油喷射系统

量，并将该信号传输到发动机ECU，作为计算点火和喷油量的基本参数。这种空气流量传感器，采用固定在薄树脂上的发热的金属铂膜，具有结构简单、可靠耐用和测量精度高。整个电喷系统又可分进气系统、供油系统、电控系统3个子系统。

桑塔纳2000GSi型轿车采用M3.8.2顺序多点燃油喷射系统，取消原怠速稳定阀及节流阀位置传感器，改用节气门控制部件，采用热膜式空气流量传感器后，使其测量精度更高。

无分电器直接点火系统具有双火花点火线圈。这种点火系统无旋转部件，无机械磨损，高压导线数少。采用两个点火线圈，每一个点火线圈在一个工作循环中同时在两个气缸跳火。配两只爆燃传感器分别检测1、2缸和3、4缸，取消了分电器，用转速传感器取代原AFE型发动机的霍耳信号发生器，兼作转速信号的作用。

该系统电控装置在车上位置如图1-3-47所示。

电控系统的执行器主要有喷油器、燃油泵继电器、氧传感器加热器、节气门控制器、活性炭罐电磁阀和点火线圈及点火终端能量输出极。这些执行器都是由ECU发生指令控制执行元件。

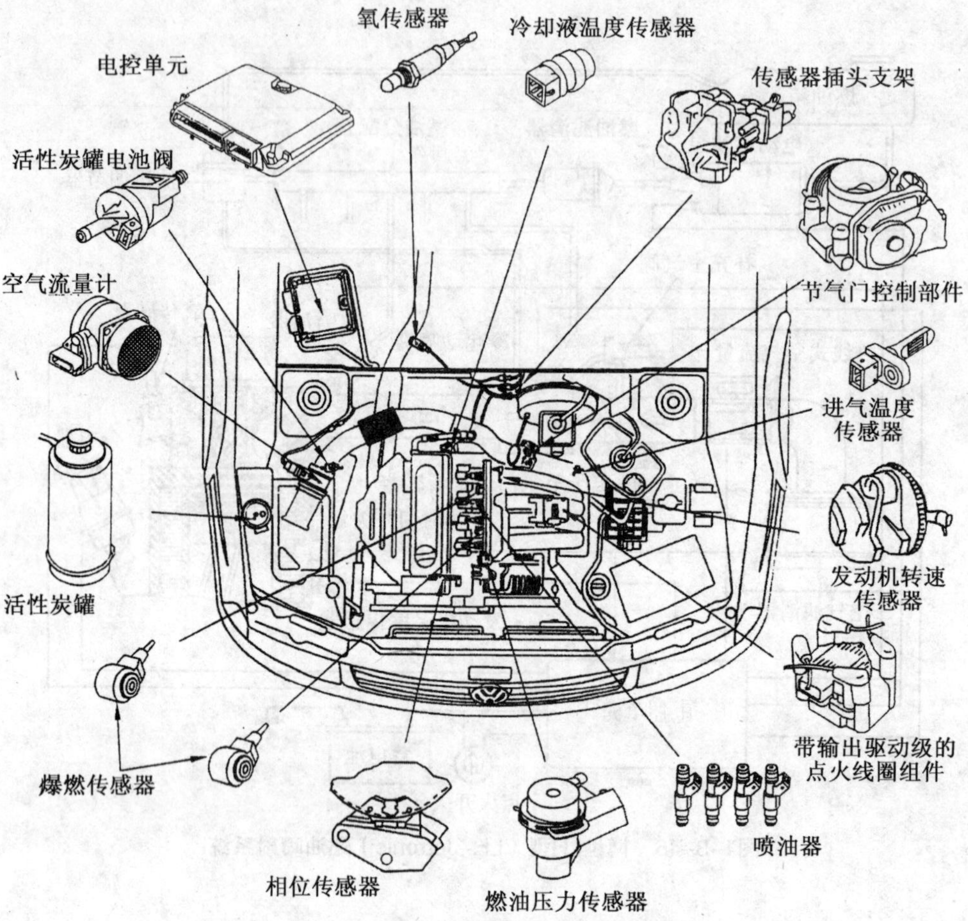

图1-3-47　AJR发动机电喷系统电控装置位置

表1-3-1　桑塔纳2000型轿车与"普桑"的区分

项目与参数	"普桑"型轿车 JV型发动机	上海桑塔纳2000型轿车		
		AFE型		AJR型
		化油器式	电喷式	电喷式
整车型号	LX	GLS	GLi	GSi
开始生产年份	1985年8月	1995年1月	1996年1月	1998年3月
发动机代号	JV	AFE	AFE	AJR
发动机形式	水冷直列4缸进、排气同侧汽油机			水冷直列4缸进、排气分置两侧汽油机
压缩比	8.5：1	8.5：1	9.0：1	9.3：1

发动机上各传感器将采集到的信号，由输入装置传输到电控单元ECU，随后由模拟数字转换器将这些模拟信号转换成计算机能识别的数字信号，这些信号被暂时存储于随机存储器内。

当发动机启动后，这些信号通过计算机转换成控制指令，指令通过数字模拟转换器变成模拟量，再由输出装置传送到执行器——喷油器、分电器等MJR型机上取消分电器，传到点火控制部分，以控制喷油器的喷油时刻及喷油持续时间，控制点火正时及点火能量，从而保证发动机在最佳状态下工作。

AJR型发动机电控部分有2个爆燃传感器，如图1-3-48所示。相位传感器（又称霍耳传感器或凸轮轴位置传感器）用于判别凸轮轴的位置，即判断第1缸上止点的位置，并根据点火顺序，确定相应的喷油顺序，同时对各缸进行爆燃控制。

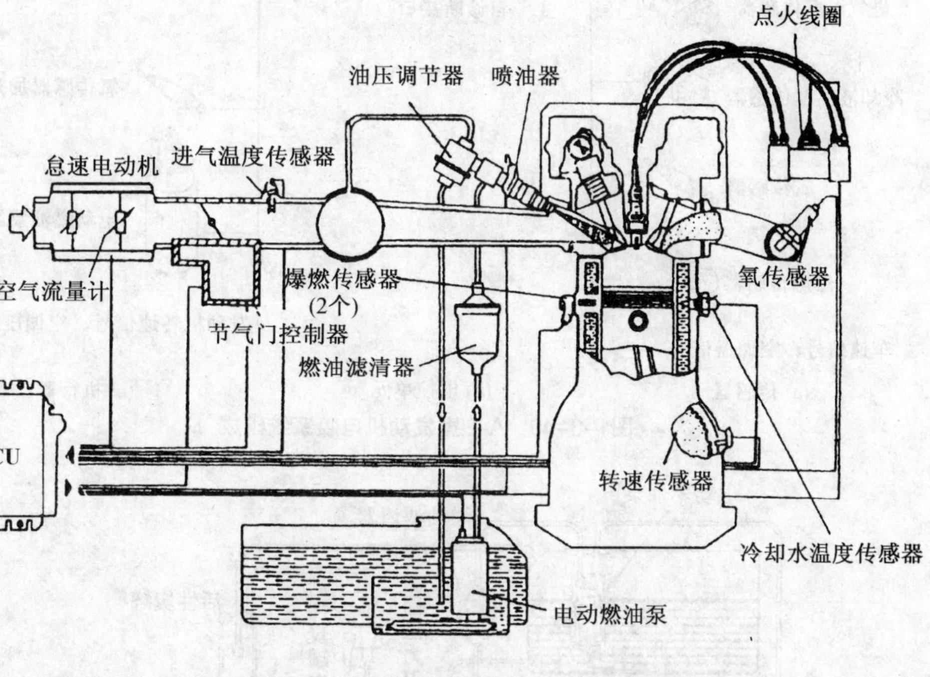

图1-3-48　AJR型发动机电子喷射系统结构（上海桑塔纳2000GSi型）

桑塔纳2000GSi轿车的AJR型发动机电喷系统各部件安装位置，因各种轿车的设计不同，电喷系统各部件的安装位置也不相同，但原理基本相同，如图1-3-49所示。

图1-3-50所示为所有Motronic M3.8.2电喷系统原理图。

红旗轿车搭载的CA488、CA4GE系列发动机电控系统是采用德国西门子公司LH型电控多点燃油顺序喷射系统，空气流量传感器为热膜式，电控单元安装在右前脚窝侧护板内，采用68端子插接器，如图1-3-51、图1-3-52和图1-3-53、图1-3-54所示。

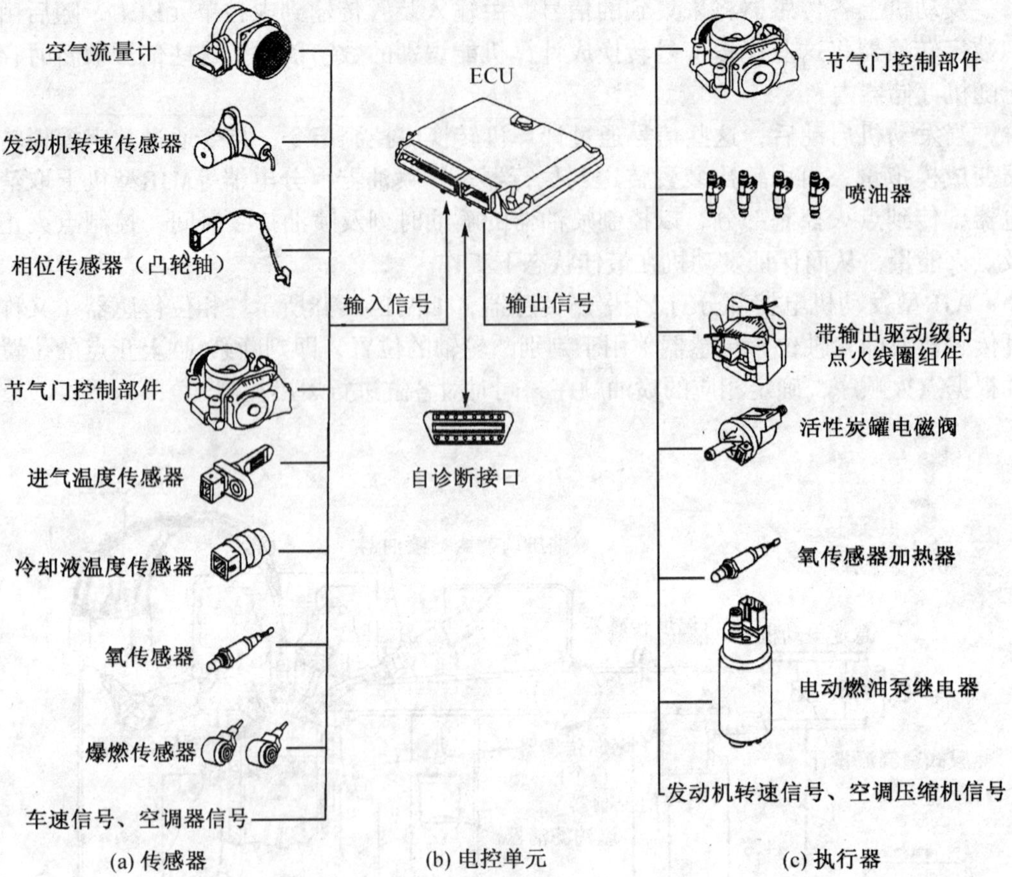

图1-3-49　AJR型发动机电喷系统组成

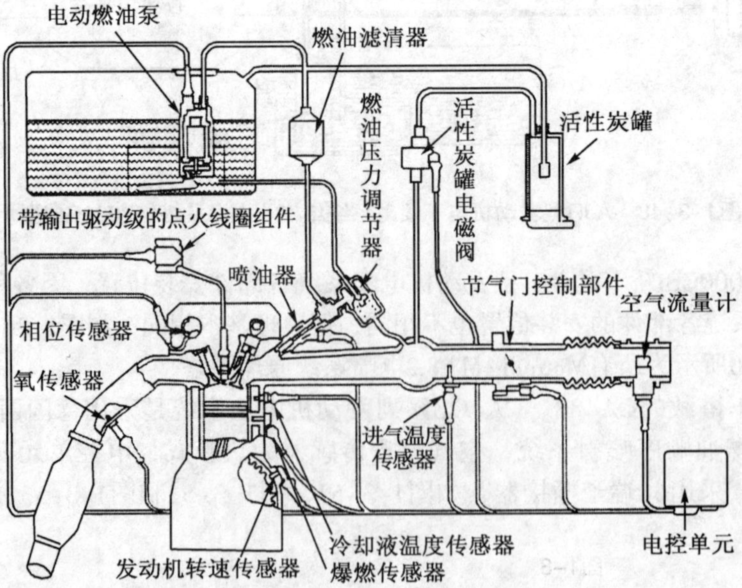

图1-3-50　Motronic M3.8.2（AJR型）电喷系统原理

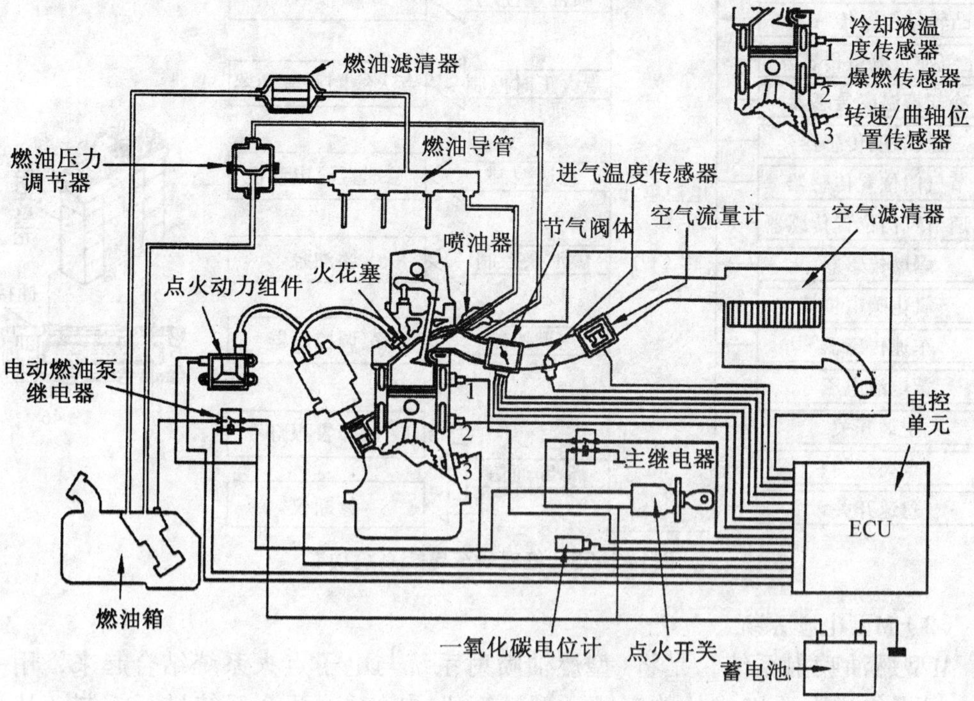

图1-3-51　红旗CA7220型发动机电喷系统原理

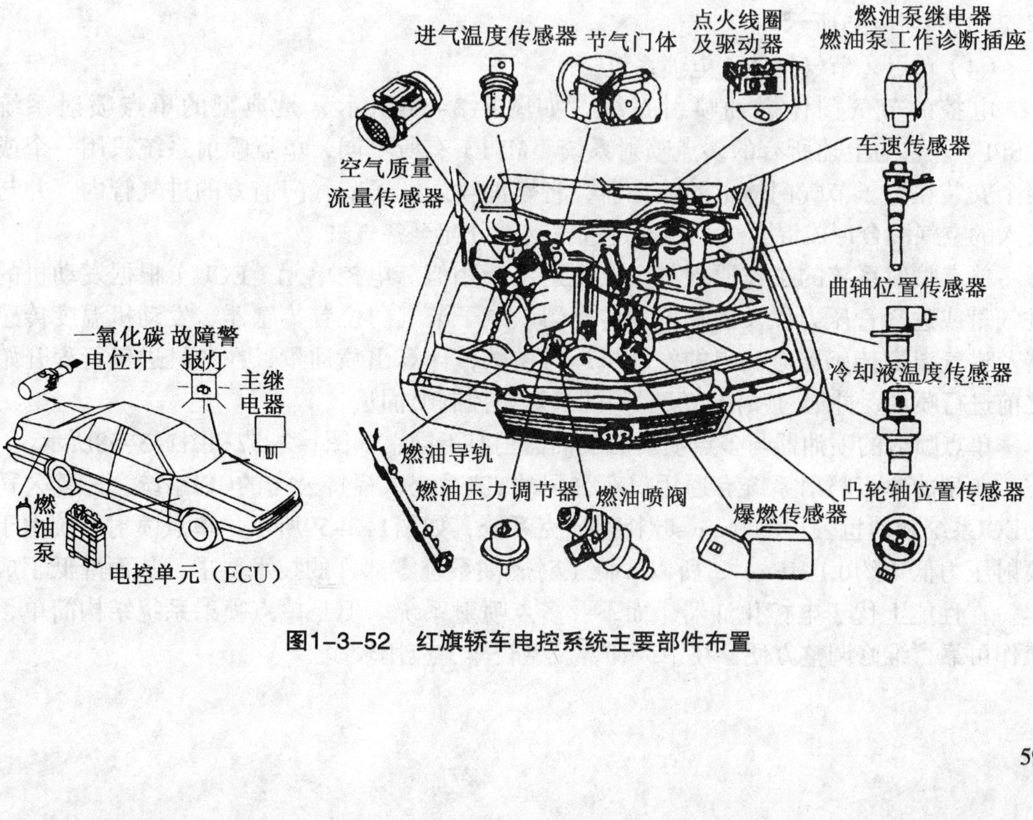

图1-3-52　红旗轿车电控系统主要部件布置

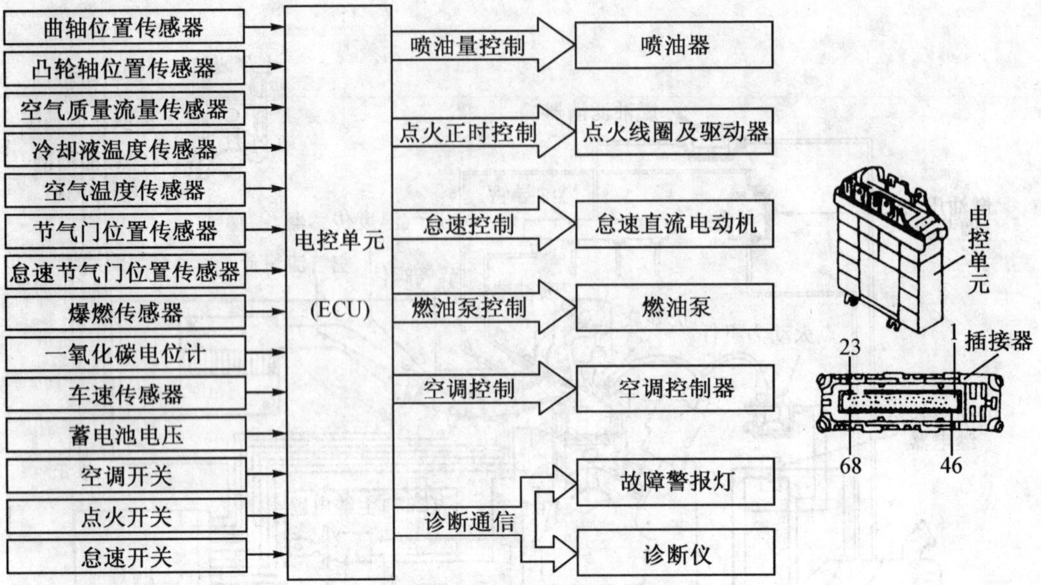

图1-3-53　红旗轿车电控系统功能

（3）M型电喷系统

M型燃油喷射系统，是将L型燃油喷射系统与电子点火系统结合起来，用一个由大规模集成电路组成的数字式微型计算机同时对这两个系统进行控制，从而实现了燃油喷射与点火的最佳配合，进一步改善了发动机的启动性、怠速稳定性、加速性、经济性和排放性。广泛地用于轿车发动机上，如宝马535i、奥迪V8等轿车，如图1-3-55所示。

（4）单点（节气门体）电喷系统

电控的节气门体燃油喷射系统，如图1-3-56所示，是典型的单点喷射系统（SPI）。它与上述所有的多点喷射系统（MPI）有所不同，单点喷射系统只用一个或两个安装在电子节气门体上的喷油器，将燃油喷入电子节气门前方的进气管内，并与吸入的空气混合形成混合气，再通过进气支管分配至各气缸。

单点喷射系统的工作原理与多点喷射系统相似。电控单元（ECU）根据发动机的进气量或进气管压力以及曲轴位置传感器、电子节气门位置传感器、发动机温度传感器及进气温度传感器等测得的发动机运行参数，计算出喷油量，在各缸进气行程开始之前进行喷油，并通过喷油持续时间的长短来控制喷油量。

单点喷射的喷油器与多点喷射的喷油器稍有不同，如图1-3-57和图1-3-58所示。

典型的单点喷射系统有通用汽车公司的TBI系统，福特公司的CFI系统，三菱公司的ECI系统和博世公司的Mono-叶特朗尼克系统，如图1-3-59所示。单点喷射系统由于喷射压力低（约0.1 MPa），所以降低了对燃油系统零部件的技术要求，从而降低了成本。在性能上优于电控化油器，而不及多点喷射系统。但是单点喷射系统结构简单，工作可靠，维修调整方便，在中级和普及型轿车上应用较多。

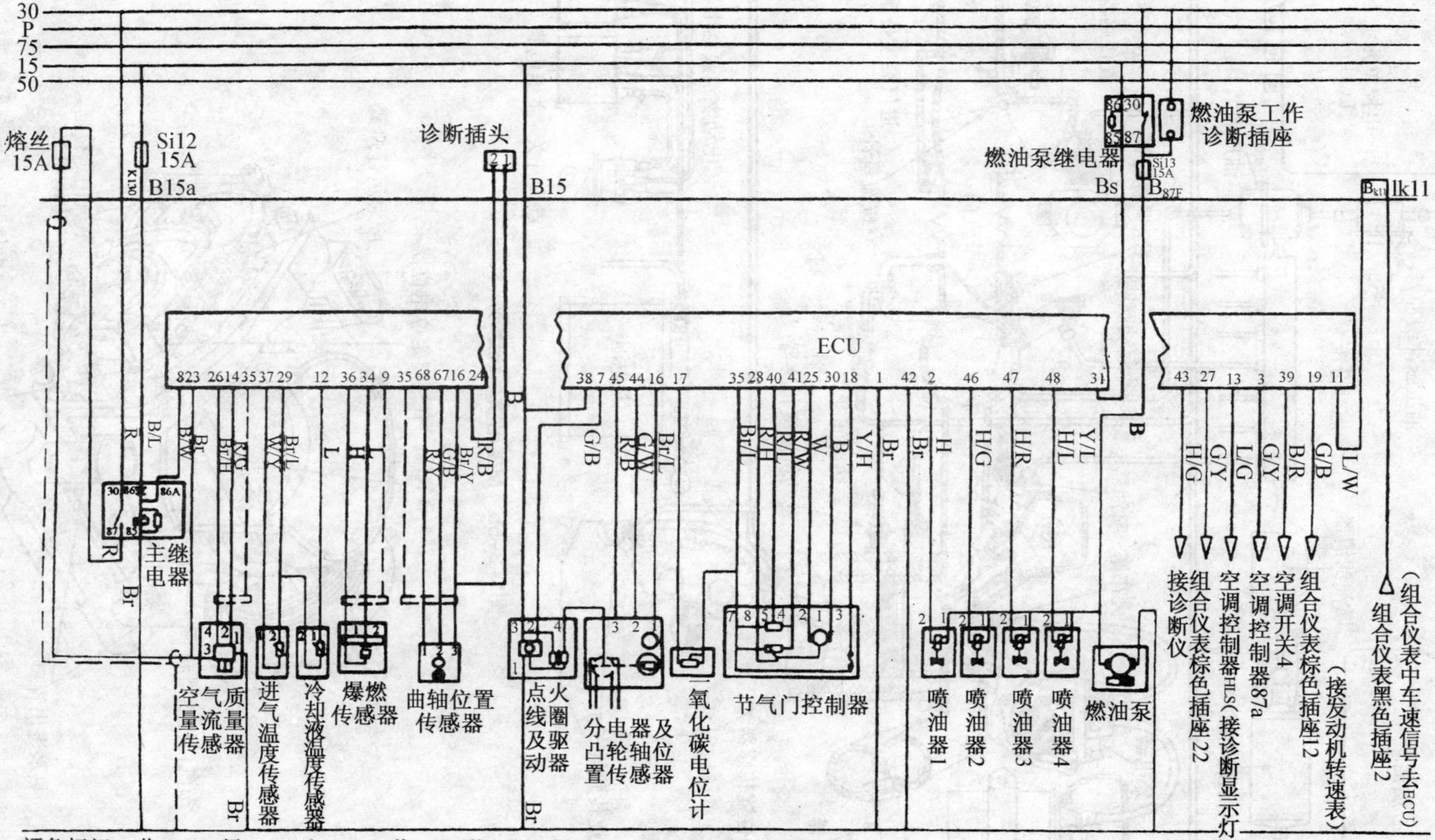

颜色标记—黄：Y 绿：G 红：R 紫：Z 蓝：L 灰：H 棕：Br 黑：B 白：W

图1–3–54 红旗轿车搭载CA488、CA4GE系列发动机电控系统电路

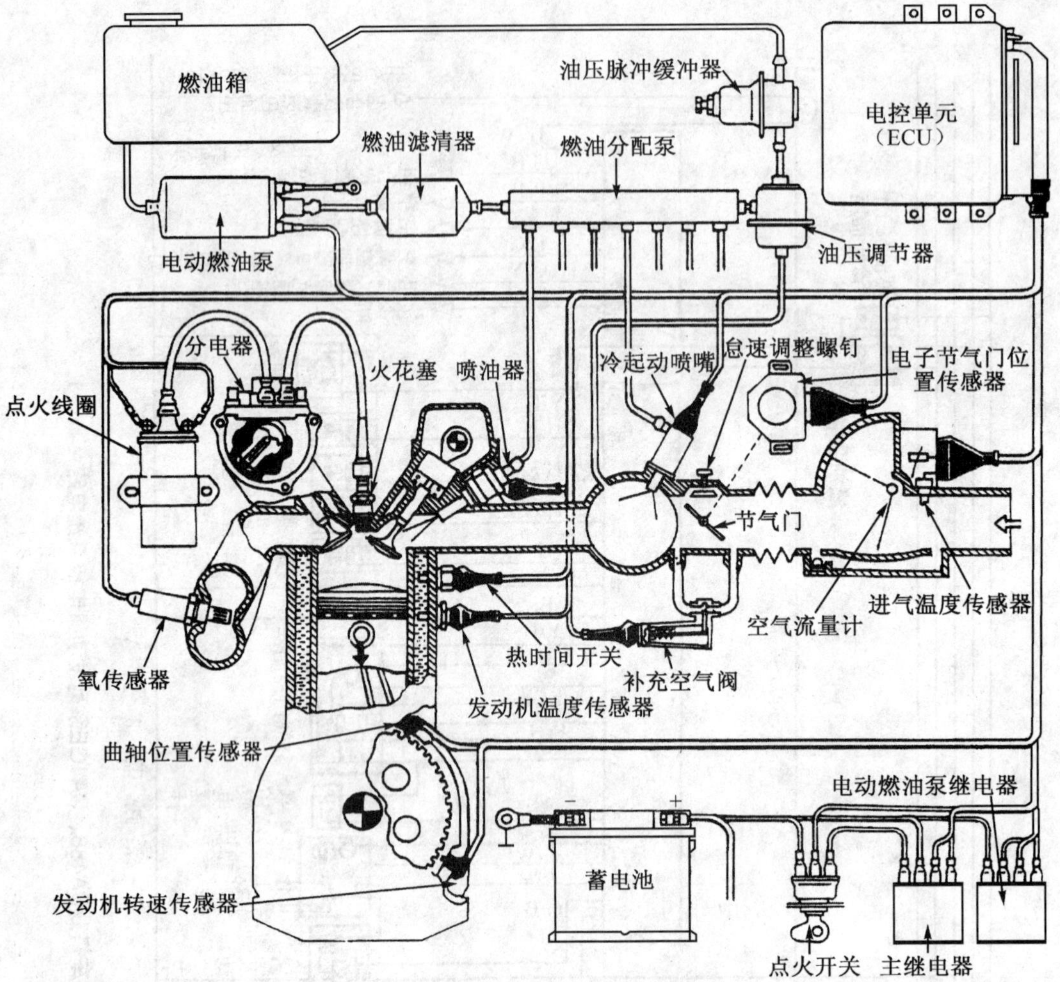

图1-3-55　M型电喷系统组成

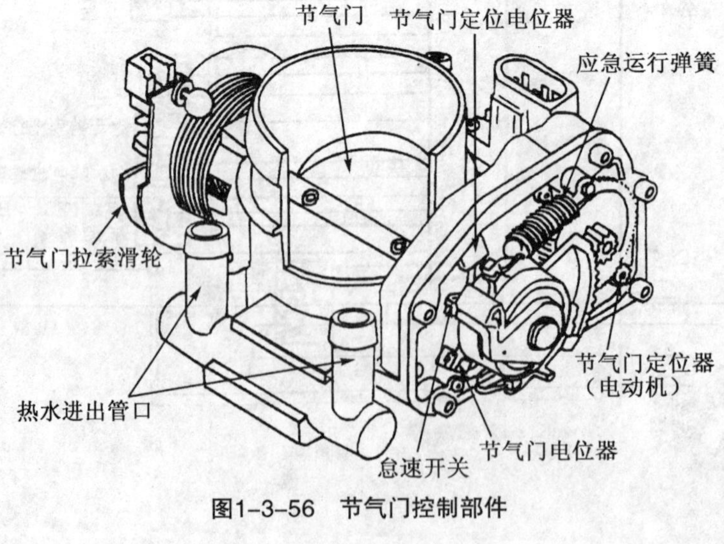

图1-3-56　节气门控制部件

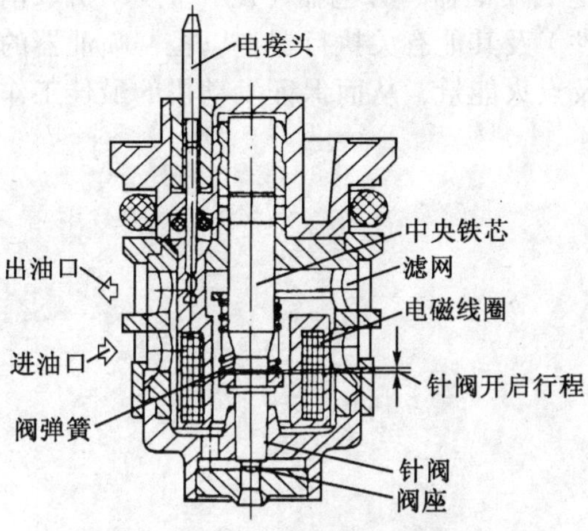

图1-3-57 Pierburg型SPI喷油器

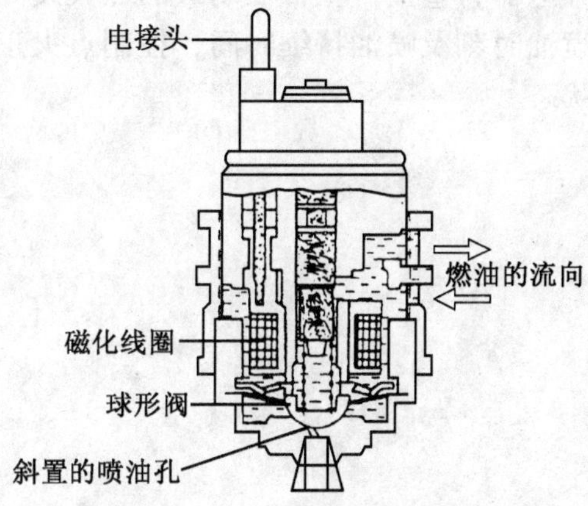

图1-3-58 博世SPI喷油器

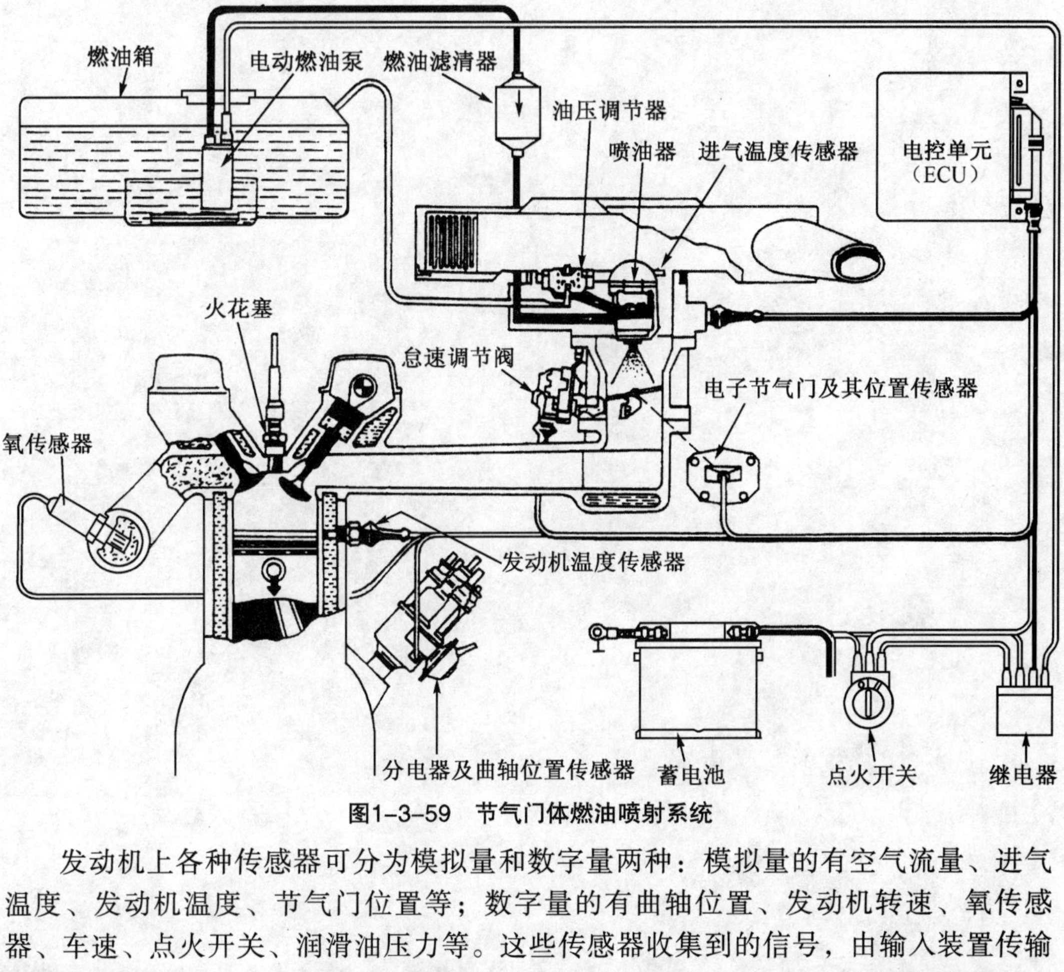

图1-3-59 节气门体燃油喷射系统

发动机上各种传感器可分为模拟量和数字量两种：模拟量的有空气流量、进气温度、发动机温度、节气门位置等；数字量的有曲轴位置、发动机转速、氧传感器、车速、点火开关、润滑油压力等。这些传感器收集到的信号，由输入装置传输到电控单元（ECU），模拟量由模拟/数字转换器转换成计算机能识别的数字信号，数字量的直接输入处理电路，爆燃信号输入爆燃专用微处理机，所有的信号通过微处理机转换成控制指令，再由输出装置传送到喷油器、分电器（AJR型发动机取消分电器，直接传至带驱动级的点火线圈组件）及其他有关执行器，以控制喷油器的喷油时刻及喷油持续时间，控制点火正时及点火能量，从而保证发动机的最佳工作状态。

四、进气控制装置

进气控制系统通常有动力阀式、惯性增压式、VVT–i和VVTL–i 式4种类型。

1. 动力阀式进气控制系统

电控发动机进气系统的主要作用就是利用电控装置，根据发动机的负荷变化来改变空气的实际进入通道，以适应发动机不同工况对进气量的需求。

目前电控发动机进气控制主要有两种类型，一种是动力阀式进气控制，另一种是惯性增压式进气控制。

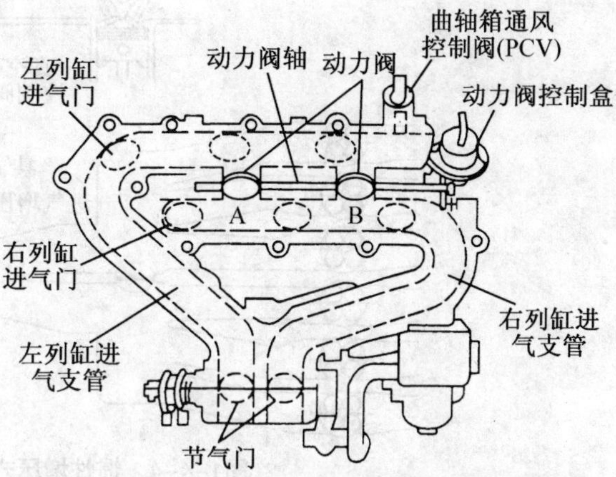

图1–4–1　日产VG20E发动机动力阀进气控制系统

国产红旗轿车搭载的是日产VG20E发动机，该发动机采用的就是动力阀进气控制装置，如图1–4–1所示，该装置受发动机ECU的控制，可根据发动机的不同负荷来改变进气流量，以改善发动机的性能。

受真空度控制的动力阀装在进气管上，以控制进气管空气通道的大小。当发动机在小负荷运转时，受发动机系统主ECU控制的真空电磁阀断电而关闭，真空室的真空度不能进入动力阀上部的真空膜片室内，动力阀关闭，使进气通道变长，有利于增大发动机低速时的转矩，如图1–4–2所示。当发动机在高速区域内以大负荷运转时，ECU根据发动机的转速、空气流量、温度等信号将真空电磁阀电路接通，真空电磁阀打开，真空室内的真空度进入真空膜片室内，将动力阀打开，使进气通道变短，如图1–4–3所示，此时发动机功率提高，以保证发动机输出大的转矩与功率。

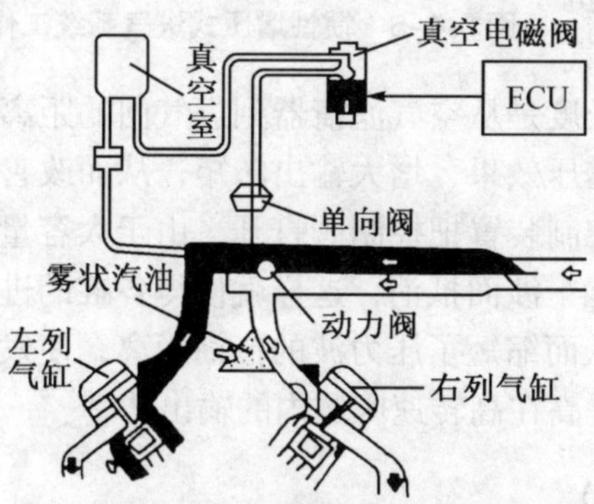

图1–4–2　真空电磁阀和动力阀关闭使进气通道变长

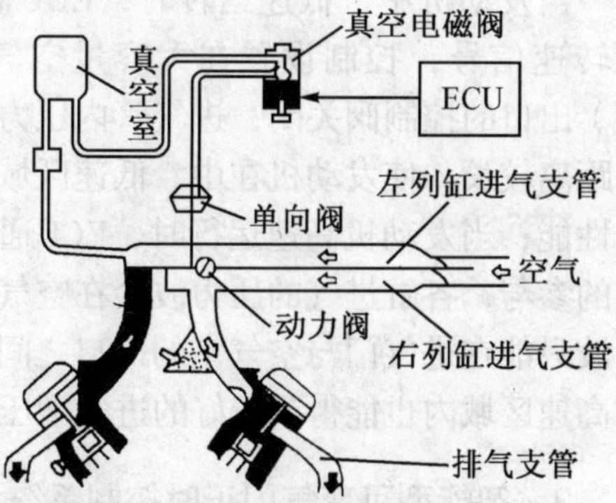

图1–4–3　真空电磁阀和动力阀打开使进气通道变短

2. 惯性增压式进气控制系统

惯性增压式进气控制系统，也称为谐波进气增压控制系统，如图1-4-4所示。

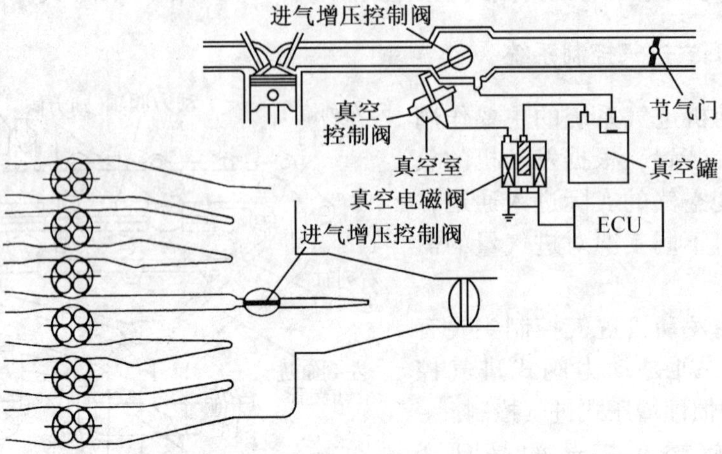

图1-4-4　惯性增压式进气控制系统结构

其工作原理是在发动机的进气门将要打开时，使进气压力波到达进气门附近，这样当进气门打开时，到达的压力波就会提高进气效率，即利用进气惯性产生的压力波来提高进气效率。

如果使进气产生的压力波与进气门的开闭配合好，使反射压力波集中于要打开的进气门旁，则在进气门打开时就会形成进气增压的效果，如图1-4-5所示。

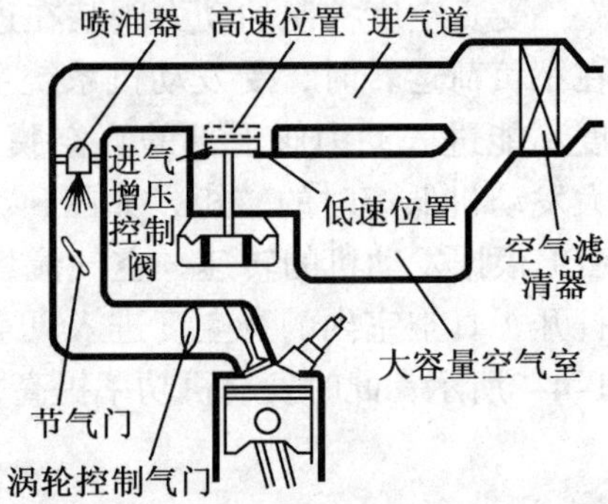

图1-4-5　惯性增压式进气系统工作原理

压力波的波长与进气管长度有关，当进气管长时，压力波的波长就长，可使发动机在中、低转速区域内功率增大；进气管短时，压力波波长就短，可使发动机在高转速区域内功率增大。

当发动机中、低速运转时．ECU根据发动机的转速信号，控制设置在大容量空气室（进气室）出口的控制阀关闭，进气管内压力波传播长度是从空气滤清器到进气门的距离，这一距离较长，使发动机在中、低速区域内产生增压效果，增大输出转矩，从而改善了运转性能；当发动机高速运行时，ECU通过真空控制装置把控制阀打开，由于大容量空气室的参与，各缸进气的压力波会在空气室内相互干涉而抵消，这样就使得各缸的进气压力波只能在进气门与空气室的出口之间传播，从而缩短了压力波的传播距离，使发动机在高速区域内也能得到较好的进气增压效果，提高在高转速区域内的输出功率。

3. 智能型可变气门正时控制系统（VVT-i）

近年来，在提高发动机性能方面，配气系统除了采用多气门技术以外，还广泛使用了可变气门正时技术，其主要分为两大类：一是改变凸轮轴转角的可变气门正时技术；二是改变气门升程的可变气门升程技术。

智能型可变气门正时控制系统的英文简称是VVT–i（variable valve timing intelligent）。

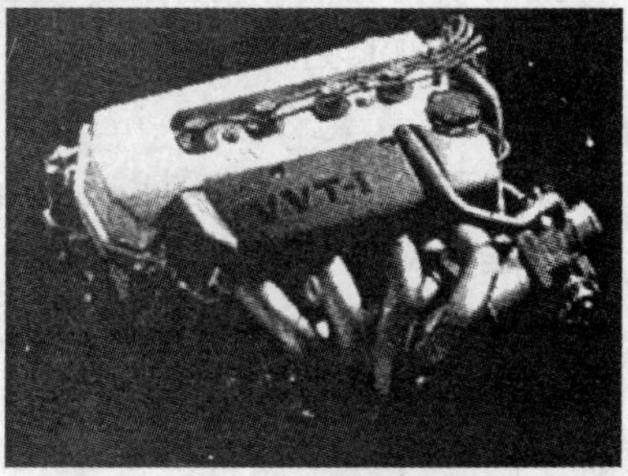

图1–4–6 日本丰田公司装VVT–i系统的发动机

VVT–i 系统是一种控制凸轮轴气门正时的装置，它通过计算机调整凸轮轴转角，可持续对配气机构的正时（进、排气门的重叠角）进行优化调整，实现提高进气效率，使得发动机在各转速范围内都有强劲的转矩输出，增强了汽车的加速性能；同时，通过连续控制气门开、闭的时机，提高了燃烧效率，不仅实现了低油耗，更大幅度降低了一氧化碳（CO）、氮氧化合物（NO_x）等有害气体的排放。

VVT–i系统主要由传感器、电控单元（ECU）和凸轮轴液压调整器、控制阀等组成，如图1–4–7所示。

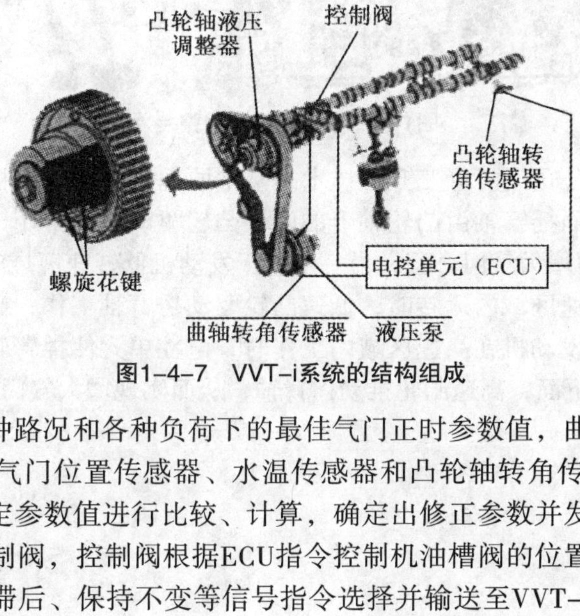

图1–4–7 VVT–i系统的结构组成

ECU贮存了各种路况和各种负荷下的最佳气门正时参数值，曲轴转角传感器、空气流量传感器、节气门位置传感器、水温传感器和凸轮轴转角传感器等反馈信息，汇集到ECU并与预定参数值进行比较、计算，确定出修正参数并发出指令，送到控制凸轮轴正时液压控制阀，控制阀根据ECU指令控制机油槽阀的位置，也就是改变液压油流量，把提前、滞后、保持不变等信号指令选择并输送至VVT–i控制器的不同油道上。

VVT–i 系统是日本丰田公司对可变气门正时控制系统的专用名称，在其他车系也有类似的系统广泛应用，只是名称不同而已，例如宝马公司的 double vanos系统，日产公司的 VVL系统等。

4. 智能型可变气门正时和气门升程控制系统（VVTL–i）

日本丰田汽车公司的智能型可变气门正时和气门升程控制系统，其英文简称为VVTL–i，如图1–4–8所示，类似的系统在本田公司被称为VTEC。该系统不但可以在计算机的控制下进行气门正时的控制，还可以根据发动机转速和负荷的变化，控制进、排气门升程的调整，能更加显著地提高发动机的动力性，该系统通常应用于对发动机动力性要求更高的车型上。

VVTL-i 是在VVT-i的基础上增加了气门升程调整装置，如图1-4-9所示，结构更为复杂。对于多气门发动机，当发动机在高转速区域内运转时，增大气门升程，使得高速时仍能得到较大的转矩，同时又能减少排放污染。

图1-4-8　VVTL-i系统结构图

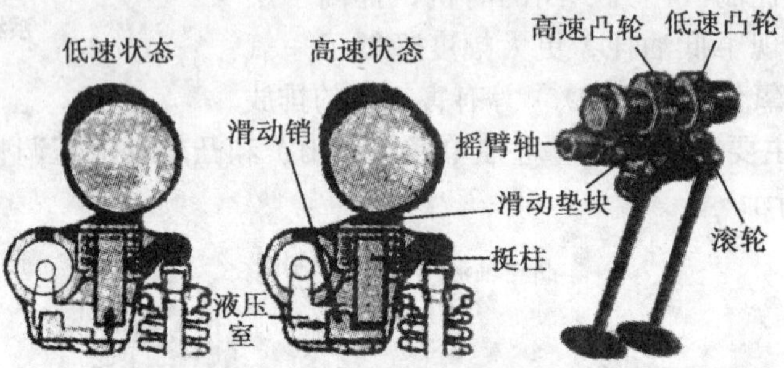

图1-4-9　气门升程调整装置

日本丰田汽车公司气门可变升程技术的基本原理是使用一根摇臂轴驱动两个进气门（或排气门），而摇臂轴由凸轮轴上的两个凸轮驱动，一个用于发动机高转速区域（>6 000 r/min）时增大气门升程，另一个用于发动机低转速区域时保持较小的气门升程。当发动机在低速区域内运转时，低速凸轮驱动摇臂轴工作，高速凸轮在液压控制下不起作用；而当发动机在高速区域内工作时，电控单元使摇臂轴内油压增加，推动滑动销移动到挺柱下面，高速凸轮推动摇臂轴，从而实现增大气门升程。

五、排气控制装置

排气控制系统主要包括废气涡轮增压和排气再循环。

1. 废气涡轮增压

发动机增压是将空气预先压缩，然后再供入气缸，达到提高空气密度、增加进气量的目的。由于进气量增加，可相应地增加循环供油量，从而可以增加发动机的功率。同时，增压还可以改善燃油经济性。实践证明，在小型汽车发动机上采用涡轮增压或机械增压，当汽车以正常的经济车速行驶时，不仅可以获得相当好的燃油经济性，而且还由于发动机功率增加，可以得到驾驶人所期望的良好的加速性。

增压有机械增压、涡轮增压和气波增压等3种基本类型。实现空气增压的装置称为增压器。各种增压类型所用的增压器分别称为机械增压器、涡轮增压器和气波增压器。

（1）机械增压器

如图1–5–1所示，由发动机曲轴经齿轮增速器驱动，或由曲轴齿形带动轮经齿形传动带及电磁离合器驱动。

（2）涡轮增压器

如图1–5–2所示，由涡轮机和压气机构成。将发动机排出的废气引入涡轮机，利用废气的能量推动涡轮机叶轮旋转，并带动与其同轴的压气机叶轮工作。

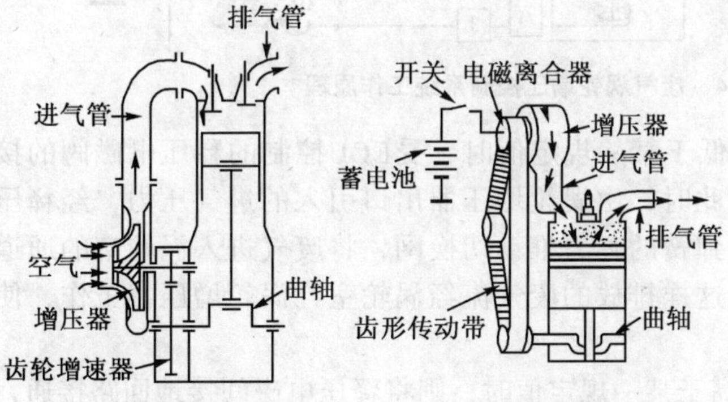

(a) 齿轮增速器驱动　(b) 齿形传动带驱动

图1–5–1　机械增压器构造

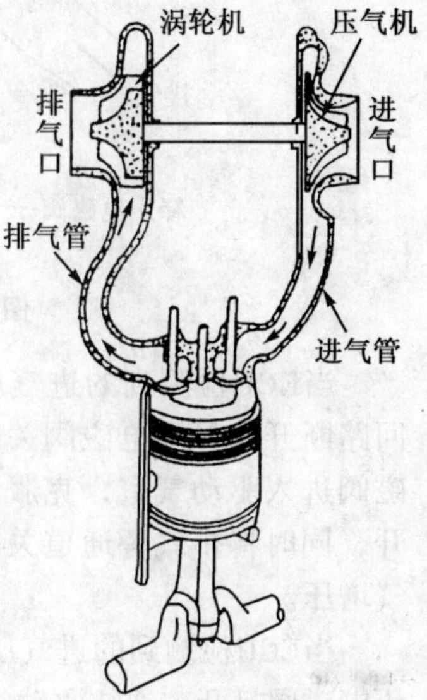

图1–5–2　涡轮增压示意

（3）气波增压器

如图1–5–3所示，气波增压器中有一个特殊形状的转子，由发动机曲轴带轮经传动带驱动。在转子发动机排出的废气直接与空气接触，利用排气压力波使空气受到压缩，以提高进气压力。目前这种增压器只能在低速范围内使用，由于柴油机最高速度比较低，因此多用于柴油机上。

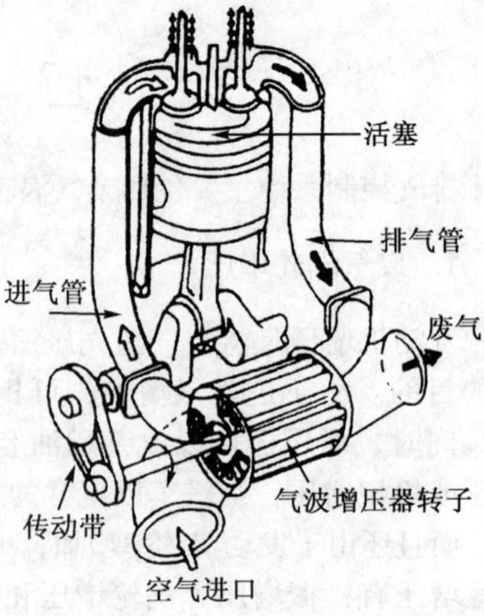

图1-5-3 气波增压器构造

电控废气涡轮增压系统是在传统的涡轮增压器上增加电控装置，主要由电控器（ECU）、进气压力传感器、控制阀和涡轮增压系统组成，如图1-5-4所示。其中ECU和传感器属于发动机电控系统。

在涡轮增压器出口与驱动气室之间的管路上，装有受ECU控制的释压电磁阀，释压电磁阀控制进入驱动气室的气压压力，而驱动气室又控制切换阀的动作，从而控制排放废气的流经路线。

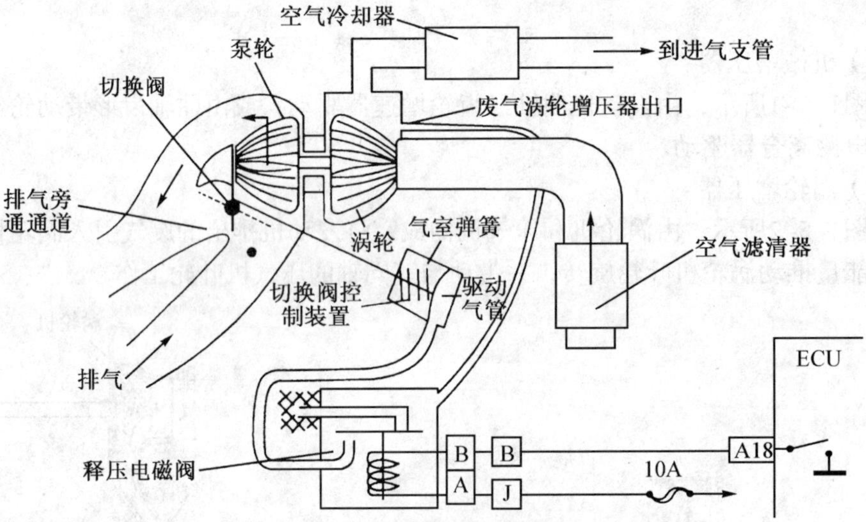

图1-5-4 废气涡轮增压控制系统工作原理

当ECU检测到的进气压力低于某一规定值时，受ECU控制的释压电磁阀的接地回路断开，释压电磁阀关闭。此时，由涡轮增压器出口引入的进气压力，经释压电磁阀进入驱动气室，克服气室弹簧的弹力推动切换网，将废气进入涡轮室的通道打开，同时将排气旁通道关闭，这样排放的废气流经涡轮室，涡轮增压器工作，使进气增压。

当ECU检测到的进气压力高于某一规定值时，则将释压电磁间接地回路接通，释压电磁阀打开，通往驱动气室的压力空气被切断，驱动气室在弹簧弹力的作用下，驱动切换阀关闭排气进入涡轮室的通道。同时将排气旁通道打开，排放的废气不经涡轮室而是经旁通道直接排出，涡轮增压器停止工作，进气压力下降。直到进气压力降到规定的压力时，ECU又将释压电磁阀关闭，切换阀将废气进入涡轮室的通道打开，增压器开始工作，使进气增压。

2. 排放控制

汽车用电控排放系统主要有电控排气再循环（**EGR**）系统，三元催化转换系统和电控活性炭罐式燃油蒸发控制系统。

（1）电控排气再循环（EGR）

电控排气再循环系统的作用是将部分排出的废气引入进气系统，与吸入的新鲜空气或混合气混合后返回气缸再燃烧，以降低燃烧最高温度，减少NO_x的生成及排放。

电控排气再循环系统由废气再循环阀、废气真空调节阀、开关和相应管道等组成，如图1-5-5所示。电控排气再循环系统可根据发动机工况来控制废气以达到减少污染的目的。当节气门开度小时，节气门四周的空气流速加快，作用于膜片室真空度愈大，阀门开启愈大，再循环废气量也愈大。反之，再循环废气量小，如图1-5-6所示。

真空开关阀是由电控单元控制的，它是根据空气流量计（或压力传感器）、转速和水温传感器的信号，来控制废气的再循环。

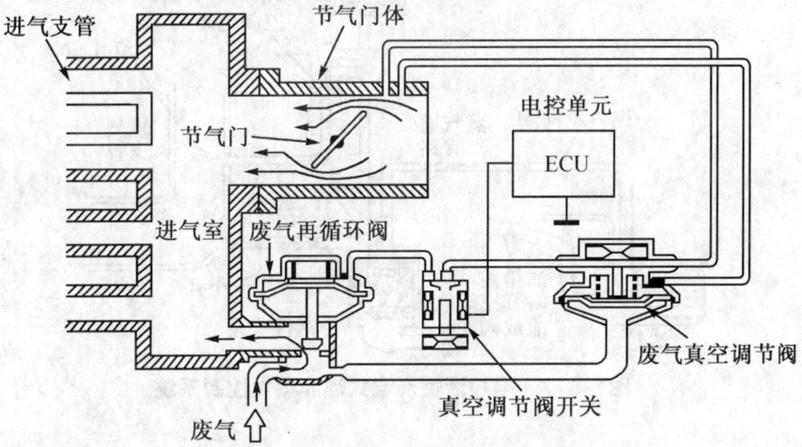

图1-5-5　电控排气再循环系统

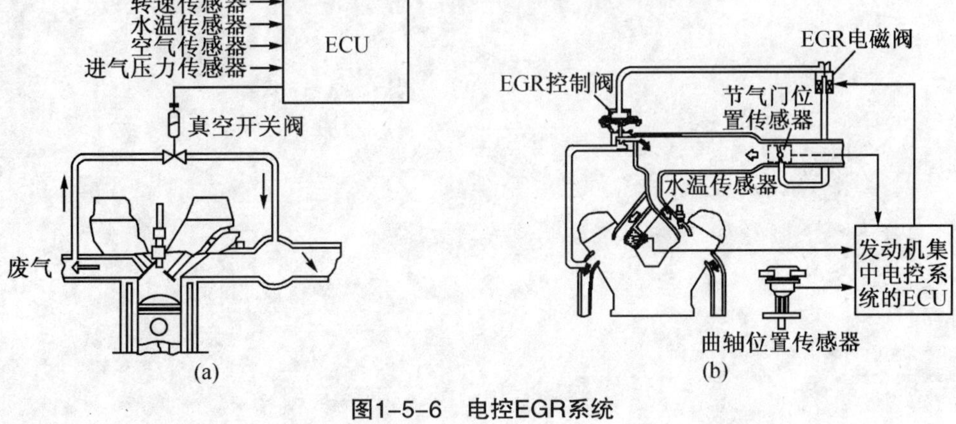

图1-5-6　电控EGR系统

☆exhaust gas recirculation，EGR.

当发动机水温低于55 ℃、怠速或小负荷运转、突然加速或减速时，真空开关阀关闭，停止废气再循环。当发动机处于其他工况时，真空开关阀均开启，排气再循环系统工作或起作用。

其工作原理是ECU根据各传感器的信号，确定发动机当前运行工况，并输出控制信号，控制EGR阀开或闭，使排出的废气进行再循环或停止。

（2）电控活性炭罐式燃油蒸发控制

如图1-5-7所示，电控活性炭罐式燃油蒸发控制系统的作用是吸附从燃油箱等部位逸散出的燃油蒸气，避免其排入大气。其工作原理是发动机工作时，ECU根据转速、负荷、水温等工况信号，确定最佳排放控制流量，向活性炭罐控制真空电磁阀输出电脉冲，以控制排放控制阀上部的真空度，使排放控制阀处于最佳开度，在进气支管真空度作用下，空气从活性炭罐底部被吸入，流经活性炭层时将吸附的燃油蒸气一起带入气缸燃烧，以降低排放污染并提高燃油经济性。

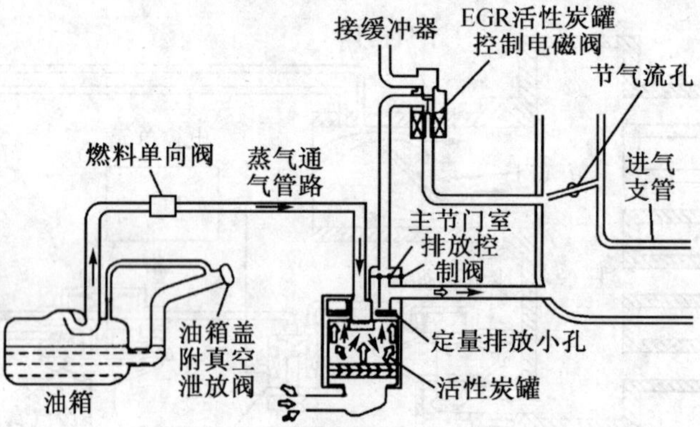

图1-5-7　电控活性炭罐式燃油蒸发控制系统

六、怠速控制装置

电控怠速系统主要由传感器、电控单元（ECU）及执行机构组成。怠速控制均采用发动机转速反馈法的闭环控制方式，即发动机转速传感器把发动机的实际转速和由水温传感器、空调开关、自动变速器空挡开关等工况因素所决定的目标转速进行比较，根据比较的差值确定使发动机转速达到目标值的控制量，并通过执行机构对发动机怠速转速予以校正，使之达到目标转速。

按进气量调节方式的不同，电控怠速系统可分为节气门直动式和旁通空气式，如图1–6–1所示。

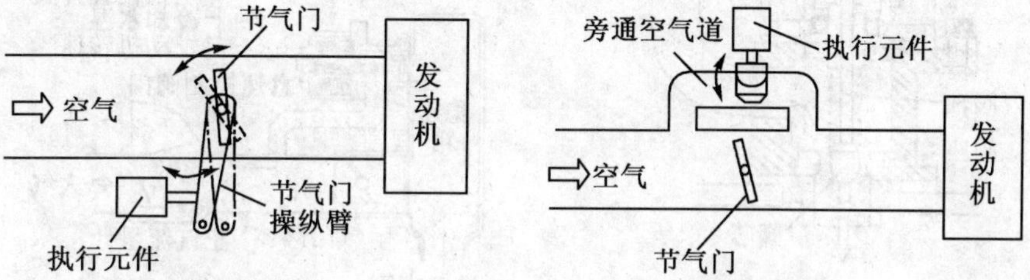

(a) 节气门直动式　(b) 旁通空气式

图1–6–1　直动式和旁通式

1. 节气门直动式

如图1–6–2所示，节气门直动式怠速控制系统的工作原理是当ECU控制直流电机通电时，电机产生旋转转矩，通过减速齿轮减速增扭后，传给丝杠使传动轴作前、后直线运动，并带动节气门使其最小开度随之变化，实现怠速控制。

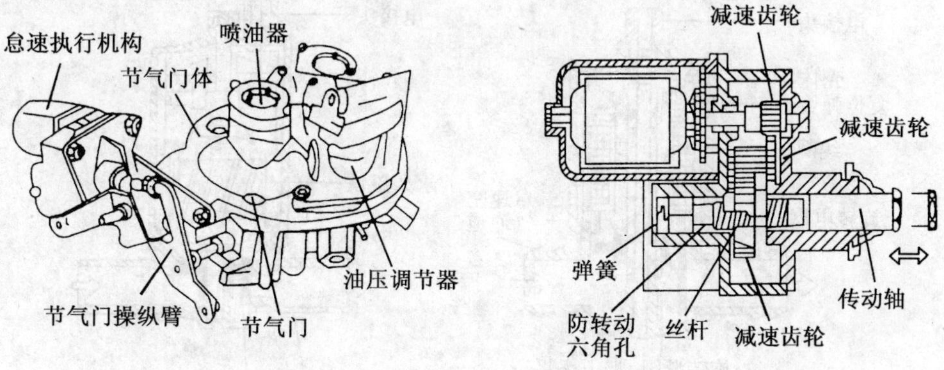

图1–6–2　节气门直动式怠速控制执行机构

2. 旁通空气式

旁通空气式怠速控制系统是在节气门旁通空气道内设置一个阀门，阀门开大，旁通空气道流通截面增大，空气流量增大，则怠速提高；反之，则怠速降低。

旁通空气式怠速控制系统按阀门工作原理可分为步进电机式、旋转滑阀式和真空控制旁通空气阀式3种。

（1）步进电机式

步进电机式怠速控制阀由转子、定子、进给丝杆和阀门等组成，如图1-6-3所示。步进电机与怠速控制阀制成一体，装在进气总管内，电机可顺时针或逆时针方向旋转，通过进给丝杆使阀沿轴向移动，改变阀与阀座之间的间隙，从而调节旁通空气道的空气量。步进电机有4个定子线圈，其通电的顺序由发动机ECU根据发动机实际工况控制，该阀有125种不同的开启位置，以满足发动机不同工况的要求。

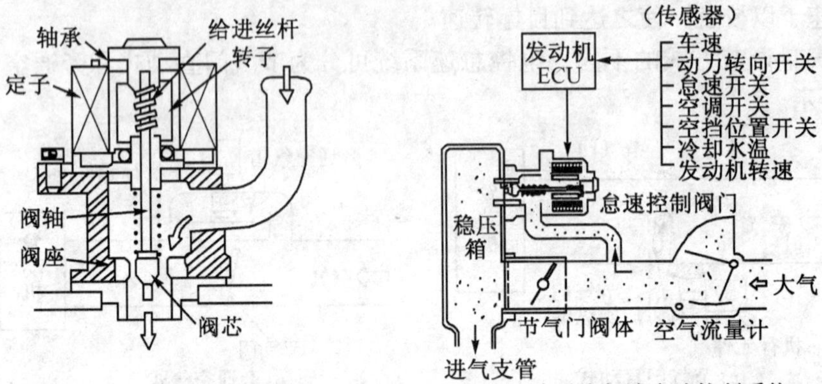

(a) 步进电机式怠速控制阀　　(b) 步进电机式怠速控制系统

图1-6-3　步进电机式控制阀和控制系统

怠速控制阀由步进电机和怠速控制阀制成一体，怠速控制阀门的开启位置由步进电机控制，而步进电机则根据ECU的指令转过相应的步数，调节适当的旁通空气量，将怠速转速控制在目标转速稳定运转。

（2）旋转滑阀式

如图1-6-4所示，旋转滑阀式怠速控制阀由发动机ECU将检测到的怠速转速实际

(a) 怠速空气通道关闭　　(b) 怠速空气通道打开

图1-6-4　旋转电磁阀式怠速控制执行机构

值与其所贮存的设定目标值相比较，随时通过控制阀校正怠速旁通空气道的流通截面积，以实现稳定的怠速运行。

主要由永磁直流电机和旋转滑阀组成，旋转滑阀固装在电枢轴的一端，置于旁通空气道中。ECU根据各传感器信号，控制电机电枢轴旋转角度。

（3）真空控制旁通空气阀式

该怠速控制系统主要由旁通空气阀、真空控制阀、ECU及各种传感器等组成，如图1-6-5所示。

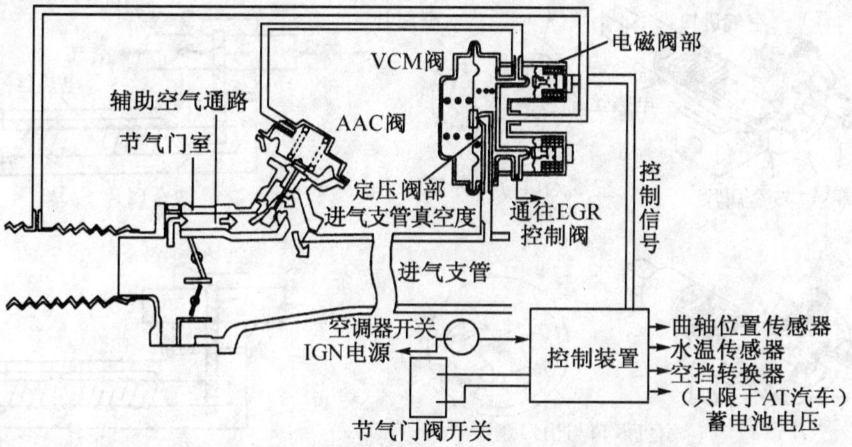

图1-6-5　真空控制旁通空气阀式怠速控制系统

1）旁通空气阀即**AAC**阀。作用是通过控制旁通空气道的流通截面来改变怠速时旁通空气通道的空气流量，以此改变发动机的怠速。

旁通空气阀是一个由负压推动的膜片阀，膜片下方与大气相通，膜片上方通过管路与真空控制阀（即VCM阀）负压室相通。通过控制AAC膜片上方的真空度（负压），可使膜片上下运动以带动阀门运动，改变旁通空气阀的开度，控制旁通空气道的流通截面。膜片上方的真空度（负压）增大，膜片被吸向上方，阀门的开度变小，旁通空气道流过的空气量较小；反之，当膜片室的真空度（负压）减小时，在膜片弹簧的作用下，膜片下移，阀门开度增大，旁通空气道中流过的空气量增多。

真空控制阀由ECU根据水温等传感器信号控制，主要由定压阀和电磁阀两部分组成。真空控制阀的作用是控制通往旁通空气阀膜片上方的真空度（负压）。

定压阀的作用是使负压室保持一定的真空度，以提供真空控制间所需恒定的真空源。电磁阀的动作由ECU输出的脉冲电压信号控制。当脉冲电压为高电位时，电磁线圈通电，电磁阀打开，大气经打开的阀门、管道通向AAC阀。线圈通电时间越长，进入的空气量越多，加在AAC阀膜片上方的真空度越低，AAC阀的开度越大，旁通空气量越多。

若按怠速控制阀的结构来分类，除了步进电机式和旋转滑阀式两种以外，还有双金属片式、石蜡式、电磁式等怠速控制阀。

☆ auxiliary air control，AAC.

怠速控制阀的功用是稳定发动机转速，降低燃油消耗量。发动机低温运转时，增加空气供给量，使发动机高怠速运转，缩短暖机时间；在怠速运转时，若负荷加大（如开空调时）自动提高发动机怠速，以免熄火。常见的都是通过控制节气门旁通空气道的方式实现怠速控制的。

2）双金属片式怠速控制阀。如图1-6-6所示，由双金属片和加热线圈组成。它控制滤清器至进气总管的另一旁通空气通道。

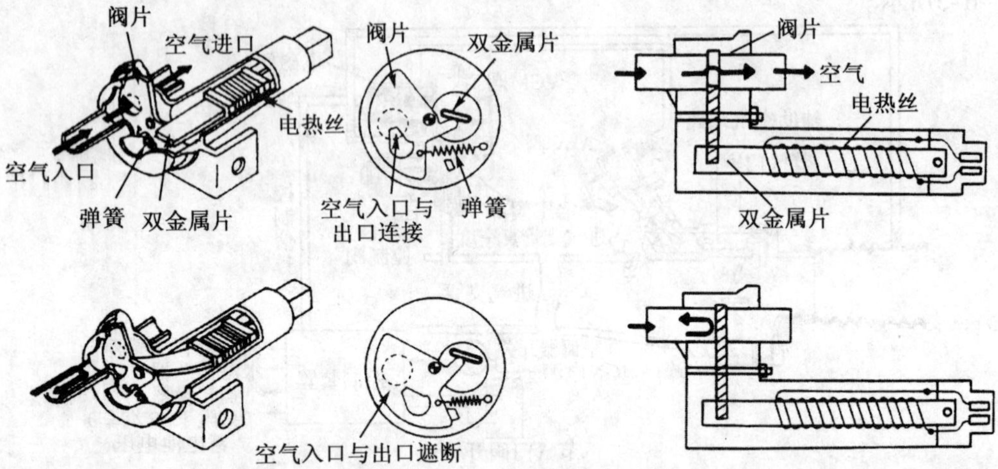

图1-6-6　双金属片式怠速控制阀

发动机冷车启动后，怠速工况工作时节气门处于关闭。当温度低时，转间为开启状态，此时空气可经过怠速旁通空气道进入进气总管，由于进气量增多，发动机处于快怠速运转状态。发动机启动后，绕在双金属片上的加热线圈通电，使双金属片的温度逐渐升高，双金属片产生变形，转阀使分原空气道的流通截面积逐渐减小，进入发动机的空气量减少，转速降低。发动机达到正常工作温度后，双金属片在加热线圈和发动机自身温度的共同作用下，使转阀完全关闭，此时发动机在正常的低怠速下稳定运转。若发动机热机启动，转间使旁通空气道处于关闭状态，即发动机无快怠速。

转阀阀片的初期开度取决于其周围温度，一般在温度为-20 ℃以下时，转阀使旁通空气道处于全开状态，而在60 ℃以上时，转阀使旁通空气道处于完全关闭状态。

3）石蜡式怠速控制阀。石蜡式怠速控制阀根据发动机冷却水温度来控制旁通空气道的截面积，主要由石蜡感温体、阀门、内弹簧和外弹簧所组成，如图1-6-7所示。发动机冷却水经管路进入控制阀内，石蜡感温体直接感受发动机冷却水的温度。

在控制阀工作过程中，石蜡感温体的膨胀力、内弹簧的张力和外弹簧的张力相平衡。发动机冷却水的温度较低时，石蜡感温体收缩，阀芯压缩内弹簧左移，在外弹簧张力的作用下阀门打开，自空气滤清器来的空气经阀门进入进气总管，增加了发动机的进气量，实现其高怠速。随着发动机温度的增高，石蜡感温体逐渐膨胀使阀芯右移，在膨胀力和内弹簧张力的作用下，压缩外弹簧使阀门开度逐渐减小，进入发动机的空气量减少，转速逐渐降低。当发动机冷却水温度升高至80℃时，阀门完全关闭，此时发动机在正常的怠速下稳定运转。

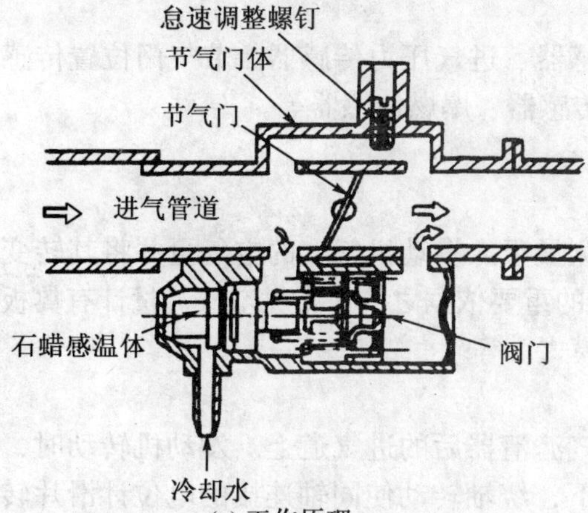

(a) 工作原理

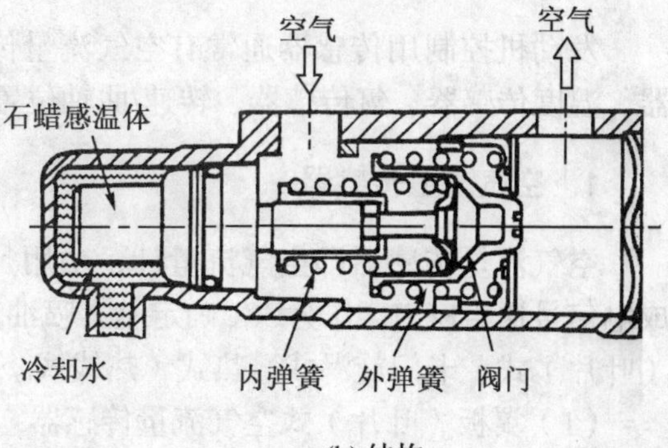

(b) 结构

图1–6–7　石蜡式怠速控制阀

4）电磁式怠速控制阀。主要由电磁线圈、阀芯、阀门、复位弹簧和壳体所组成，如图1–6–8所示。它利用电磁线圈产生的电磁吸力使阀芯沿其轴向移动，从而控制阀门的开度。当弹簧力与电磁吸力达到平衡时，阀门开度处于稳定状态。电磁吸力的大小取决于线圈通过电流的大小。电磁线圈的电流由发动机ECU根据发动机的实际工况提供。当电流增大时电磁吸力增加，阀门开度增大；反之，阀门开度减小。波纹管的作用是为了消除阀门上下压差对其开启位置的影响。这种怠速控制阀的优点是响应速度非常快。

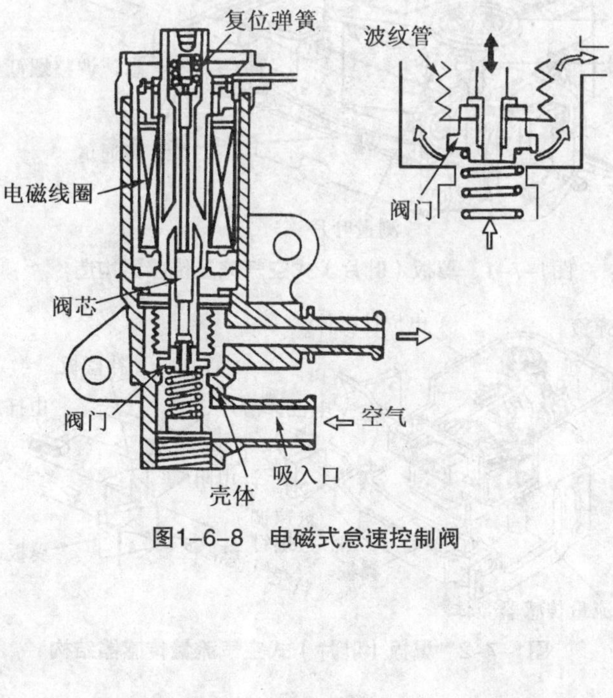

图1–6–8　电磁式怠速控制阀

七、发动机控制用传感器

发动机控制用传感器通常有空气流量传感器、进气压力传感器、节气门位置传感器、温度传感器、氧传感器、转速/曲轴位置传感器、爆燃传感器等。

1. 空气流量传感器

空气流量传感器即空气流量计，功用是测量吸入发动机气缸的空气量并将其转变成电信号送给ECU，作为ECU确定基本喷油量的重要依据之一。常见空气流量计有翼板（叶片）式、卡门旋涡式、热式（热线式/热膜式）等。

（1）翼板（叶片）式空气流量传感器

翼板（叶片）式空气流量传感器装在空气滤清器后的进气道上。发动机转动时，翼板（叶片）在空气流压力和复位弹簧作用下，绕轴转动使同轴连接的电位计滑片转动，改变电位计电阻即电压信号，翼板（叶片）转角与输出电压信号成一一对应关系，如图1–7–1和图1–7–2所示。该电压信号输入ECU用于确定气缸进气量。补偿板起阻尼作用，可减小进气支管压力波动对翼板（叶片）转角的影响，保证测量精度。该

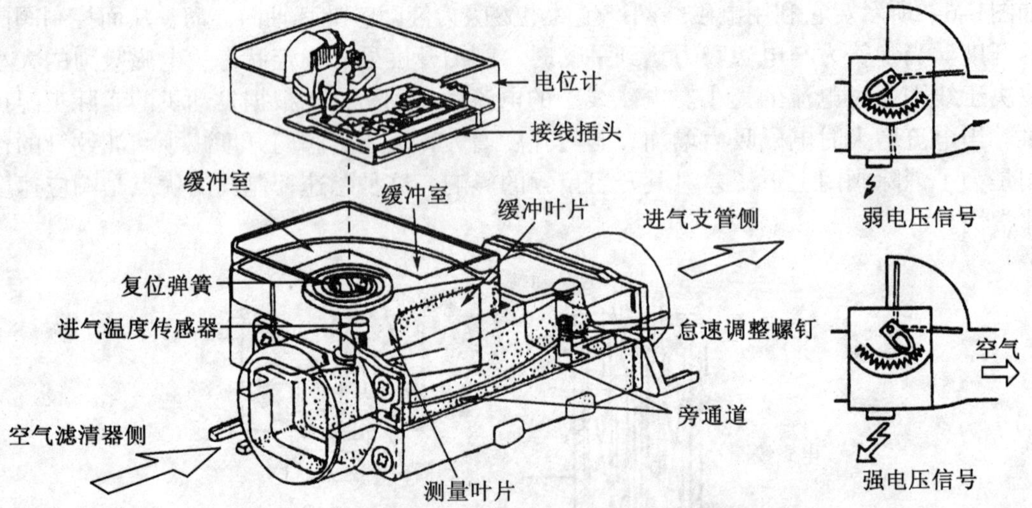

图1–7–1　翼板（叶片）式空气流量传感器构造

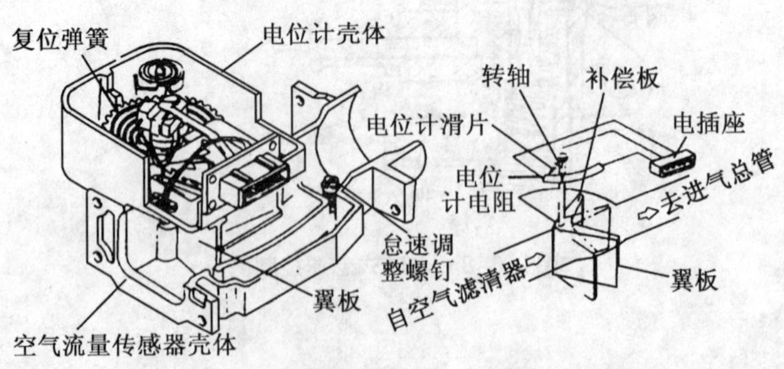

图1–7–2　翼板（叶片）式空气流量传感器结构

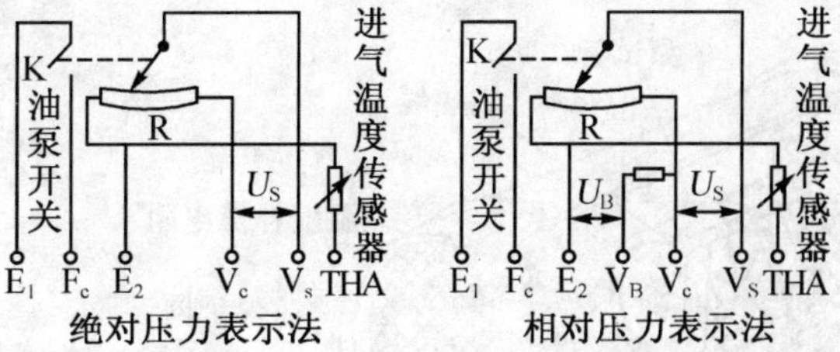

图1-7-3 翼板（叶片）式空气流量传感器电位计电路

传感器电位计电路如图1-7-3所示。

（2）卡门旋涡式空气流量传感器

卡门旋涡式空气流量传感器是基于卡门旋涡理论，利用超声波或光电信号测出卡门旋涡频率即可确定气缸进气量多少。

测量卡门旋涡频率的方法有超声波法和光学法两种。

如图1-7-4所示，光学检测法是利用旋涡发生器产生旋涡时其两侧空气压力发生变化的特点，用导压孔将涡流发生器的压力振动引向金属箔的反光面，使反光面产生振动，反光面振动时将发光管投射的光反射给光电管，光电管便产生与卡门旋涡频率相对应的电信号。

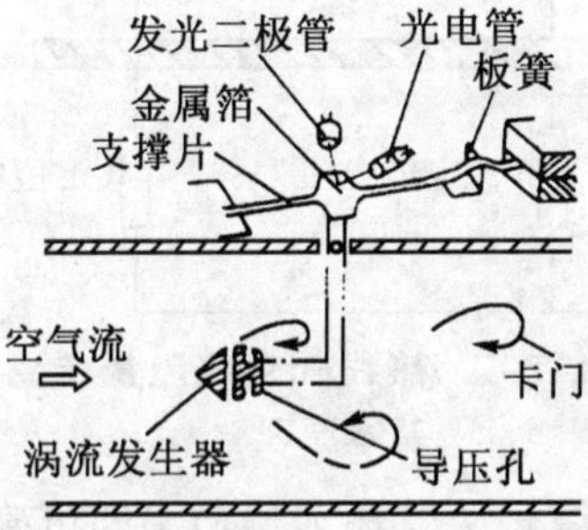

图1-7-4 光学式卡门涡旋式空气流量传感器

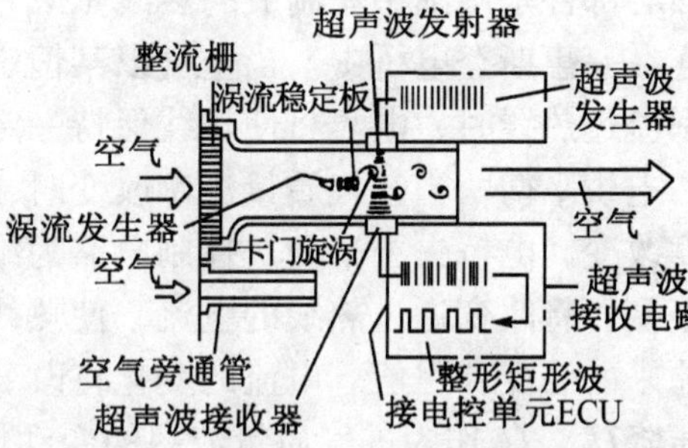

图1-7-5 超声波式卡门旋涡式空气流量传感器

如图1-7-5所示，超声波检测法是利用卡门旋涡流会引起空气密度变化的原理制成的。超声波发生器发出超声波，经发射器向涡流垂直方向发射，另一侧接收器收到随卡门旋涡流空气密度变化的超声波，该波经信号处理、放大和整形后，变成与卡门旋涡频率相对应的方波电信号。

（3）热式空气流量传感器

热式空气流量传感器有热线式和热膜式两种。

如图1-7-6所示，热线式空气流量传感器在进气道内套有一个小管（称取样管），小管中架有一根根细直径为0.07 mm的铂金属丝（铂热线），铂金属丝被电流加热至100 ℃左右，故又称为热线式空气流量计。支承环前端装有铂薄膜温度补偿电阻，环后黏结有精密电阻，在电路板上装有高阻值电阻。前面保护网用于进气整流，后面保护网用于防止发动机产生回火时把铂丝烧坏。当热线上通以电流，使热线的温度始终保持在100 ℃。当空气流经热线时，热线的温度下降，此时须增大通过热线上的电流，才能使热线重新恢复到100 ℃。加热电流通过精密电阻产生的电压降作为电压输出信号传

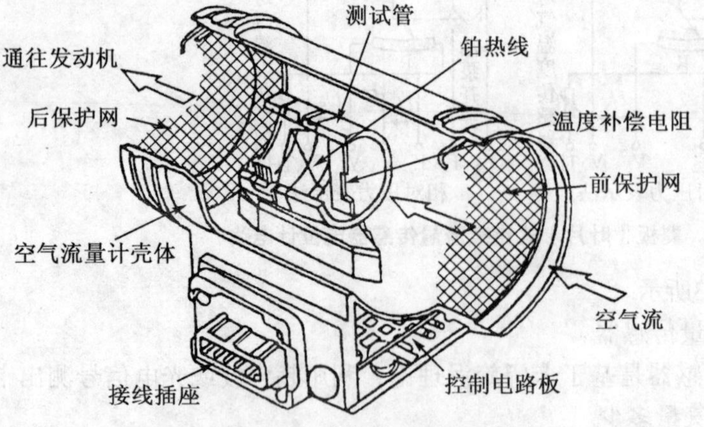

(a) 热线式空气流量传感器结构

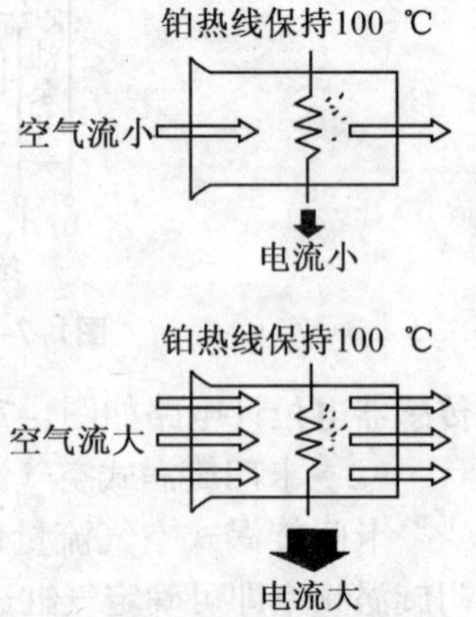

(b) 空气流量传感器原理简图

图1-7-6 热线式空气流量传感器

输给电控单元，电压降的大小即是对空气流量的度量。

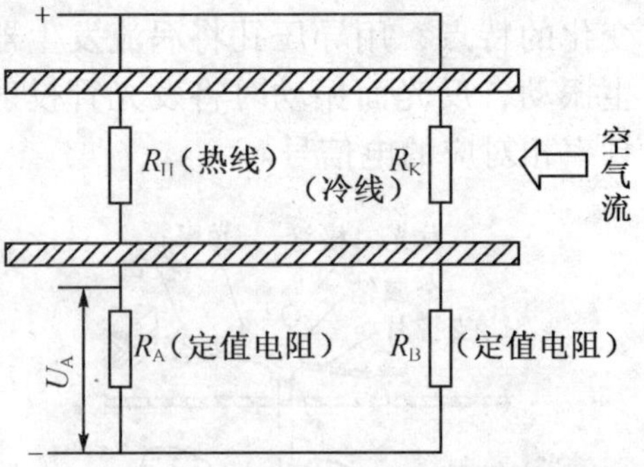

图1-7-7 热线式空气流量传感器基本原理

如图1-7-7所示，热线式空气流量传感器的核心部件是用细铂丝制成的热线（R_H），它被连在一惠斯登电桥中。当空气以某恒定质量流率流过热线时，电流将使热线保持一定的温度，电桥平衡。当空气质量流率改变时，热线温度改变，电桥失去平衡，控制电路为维持电桥平衡，将改变通过热线的电流，使热线恢复到原来的温度和阻值。电流的变化将改变R_A的电压降U_A，U_A作为进气质量流率的变动信号（进气量信号），输入给ECU即可确定基本喷油量。

其冷线（R_K）也由铂线制成，装在受进气流冲击较小的地方，起温度补偿作用。

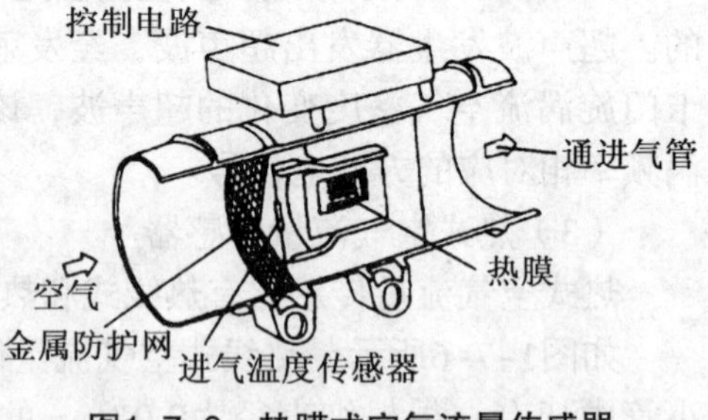

图1-7-8 热膜式空气流量传感器

由于热线式空气流量传感器是基于热线表面与空气的热传导，因而热线上任何沉积物都将影响热传导，对输出信号产生有害影响。故控制电路具有“自洁功能”。每当发动机熄火4 s后，控制电路会发出控制电流，使热线迅速升温至1 000 ℃，加热1 s后将黏附于热线表面的污物烧净。

（4）热膜式空气流量传感器

热膜式空气流量传感器的结构和工作原理与热线式基本相同，只是将发热体由热线改为热膜，如图1-7-8所示。热膜由发热金属铂固定在薄树脂膜上，发热体不直接承受空气流所产生的作用力，增加了发热体的强度，提高了空气流量计的工作可靠性。

2. 进气压力传感器

进气压力传感器的功用是把检测的进气管压力（负压）转换成电信号送到ECU，以确定电控系统基本喷油量，它仅用于D型电控燃油喷射系统。

膜盒式进气压力传感器如图1-7-9所示，它由一对真空气压盒（膜盒）、初级线圈、次级线圈、铁芯等组成。当进气管压力（负压）变化时，真空气压盒会膨胀或收缩，带动被初级线圈磁化的铁芯向左或向右移动，在次级线圈中感应出电动势，且感应电动势大小与进气支管压力（节气门开度增大）有关。这样就把气压变化的物理量转变为次级线两端的电信号输给ECU。

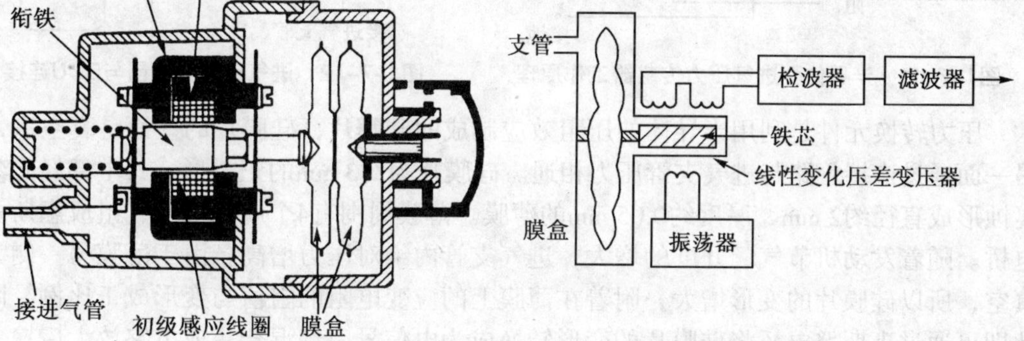

图1-7-9　膜盒式进气压力传感器

膜盒由薄金属片焊接而成，内部被抽成真空，外部与进气管相通。发动机节气门开度变化，必然引起膜盒外表压力的变化，使其产生膨胀和收缩。置于感应线圈内部的铁芯与膜盒联动。感应线圈由两个绕组构成，其中一个与振荡电路相连，因此在其周围存有交变的磁场，铁芯是磁回路的一部分。由电磁感应（磁电）原理可知，处在变化磁场中的另一感应线圈产生出信号电压。当发动机节气门开度变化而引起进气管压力变化时，膜盒带动铁芯在磁场中移动，改变磁回路中的磁阻，使感应线圈中产生的信号电压随之变化，这一随压力变化的电压信号经电子电路检波、整形和放大后，输送至发动机ECU。

半导体型进气压力传感器如图1-7-10所示，它是利用压阻效应原理工作的，核心

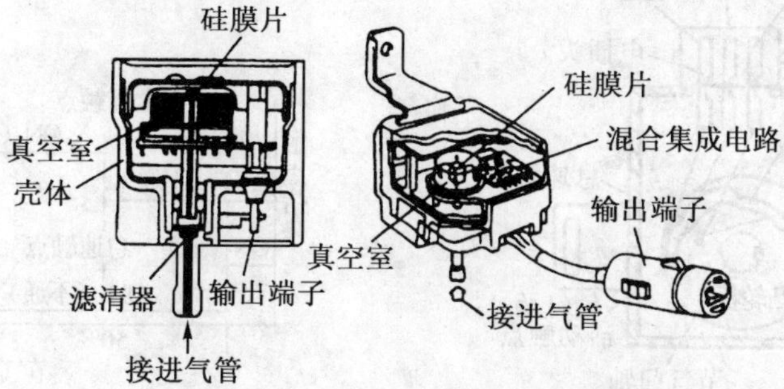

图1-7-10　半导体型进气压力传感器

部件是硅膜片和混合集成电路。硅膜片是利用半导体压阻效应原理制成的压力转换元件，薄膜周围有4个应变电阻（$R_1 \sim R_4$），以惠斯登电桥方式连接，如图1–7–11所示。硅膜片置于真空室内，真空室与进气管相连。进气管压力作用在硅膜片上，使硅膜片发生变形，应变电阻阻值改变（半导体压阻效应），电桥失去平衡，从而将进气管压力的变化转换成电阻电桥输出电压的变化。混合集成电路A将电桥输出微弱信号电压放大后送到ECU，以确定基本喷油量。

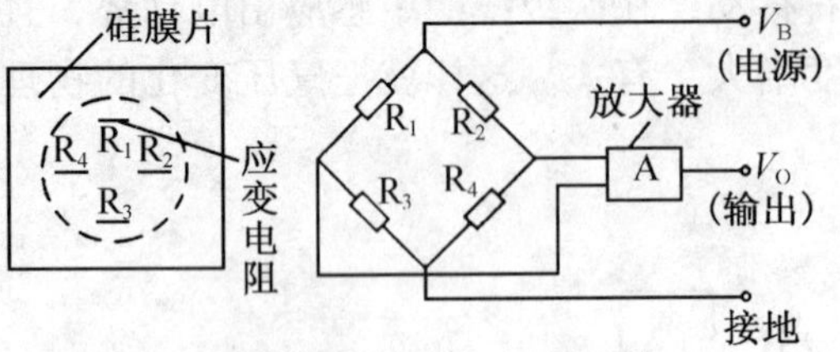

图1–7–11　半导体型进气压力传感器工作原理

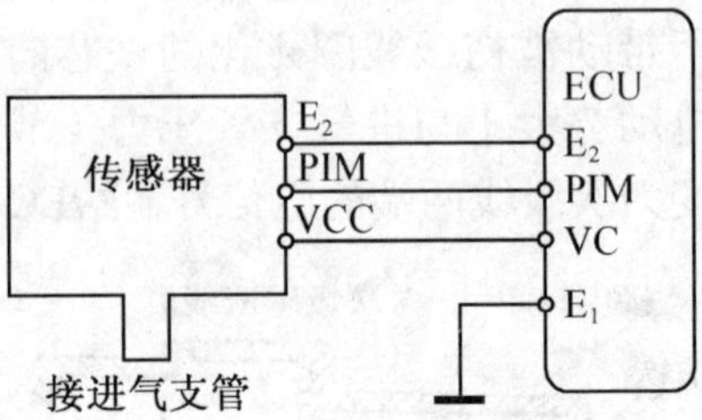

图1–7–12　进气压力传感器与ECU连接

压力转换元件是利用半导体的压阻效应制成的硅膜片，硅膜片的一面是真空室，另一面通过连接管路与进气支管压力相通。硅膜片为约3 mm的正方形，其中部经光刻腐蚀形成直径约2 mm、厚度约0.05 mm的薄膜。薄膜周围有4个应变电阻，组成惠斯登电桥。随着发动机节气门开度的增大，进气支管内绝对压力增高，由于薄膜另一侧为真空，所以硅膜片的变形增大，附着在薄膜上的应变电阻的阻值与变形成正比例，因此即可通过惠斯登电桥将硅膜片的变形转换成为电信号，经混合集成电路放大后输入到发动机ECU，如图1–7–12所示。

3. 节气门位置传感器

节气门位置传感器的功用是检测节气门开度大小，并将其转变为电信号输给ECU。其主要类型有开关式、线性式和综合式3种。

（1）开关式节气门位置传感器

如图1–7–13所示，开关式节气门位置传感器也称节气门开关。当节气门全关或怠速开度时，怠速触点与活动触点接通；当节气门开度大于50%时，全开触点与活动触点接通；当节气门开度在怠速与50%之间时，活动触点悬空，两对触点均打开，如图

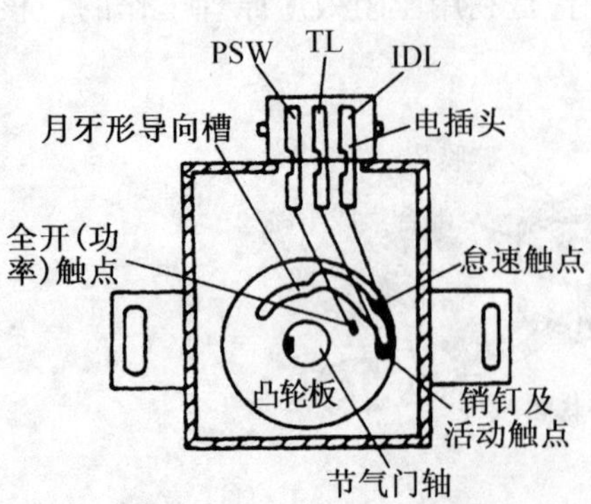

图1–7–13　开关式节气门位置传感器

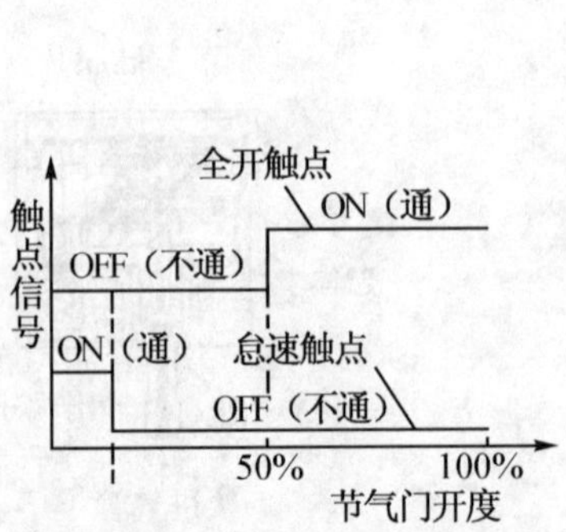

图1–7–14　开关式节气门位置传感器输出信号

1–7–14所示。

（2）线性式节气门位置传感器

如图1–7–15所示，线性式节气门位置传感器采用线性电位计，由节气门轴带动电位计滑动触点，不同节气门开度接入电路的电阻不同，向ECU输送的电压信号也不同。

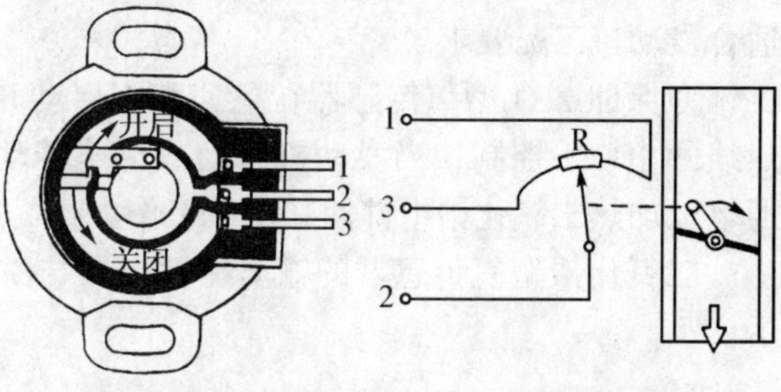

图1–7–15 线性式节气门位置传感器

（3）综合式节气门位置传感器

综合式节气门位置传感器是在线性式节气门位置传感器的基础上附加了怠速触点。该传感器的结构及输出信号（特性）如图1–7–16和图1–7–17所示。

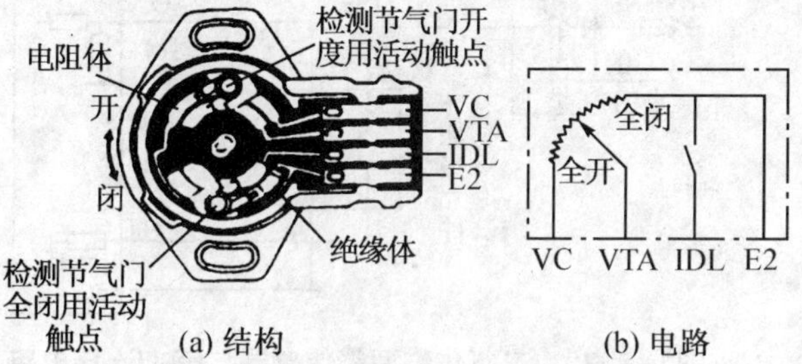

图1–7–16 综合式节气门位置传感器

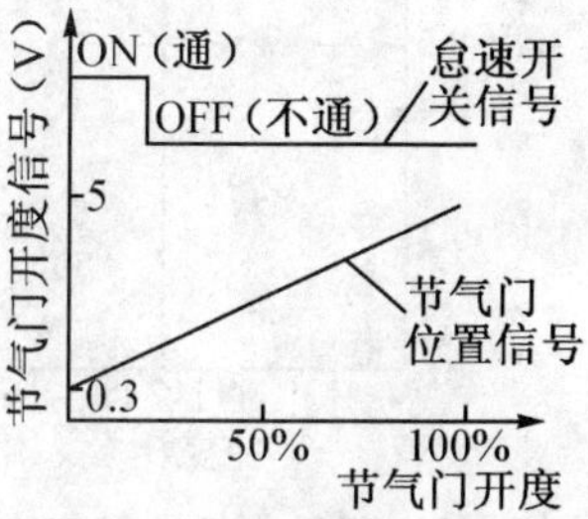

图1–7–17 综合式节气门位置传感器输出信号

4. 氧传感器

氧传感器的功用是检测发动机燃烧后废气中氧含量多少，以判断混合气空燃比与理论空燃比的偏差程度，其类型有二氧化锆（ZrO_2）型和二氧化钛（TiO_2）型。

（1）二氧化锆型氧传感器

如图1–7–18所示，二氧化锆（ZrO_2）型氧传感器即电压型氧传感器，它是根据大气与发动机排气中氧浓度之差而产生电动势的一种电池。温度超过300℃时，与锆管接触的氧会离子化，ZrO_2吸收过离子表面积聚起负电荷。由于锆管内表面空气含氧量大，其负电荷积聚较多，外表面与废气接触含氧量小，其负电荷积聚较少，因而在锆管内外表面形成一电位差，该电位差大小取决于锆管外表面含氧量。这样废气中含氧量多少就被转换成电信号大小输给ECU，ECU据此发出加油或减油指令，使混合气浓度

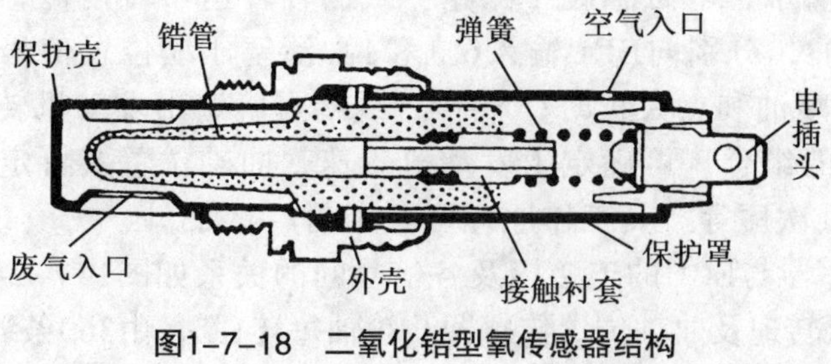

图1–7–18 二氧化锆型氧传感器结构

适合发动机工况要求。

为保证 ZrO_2型氧传感器在怠速和刚启动时能有效工作，其内部装有加热线圈。加热线圈由ECU控制，当发动机启动或怠速转动时，进气量小和排气温度低，加热线圈通电以加热二氧化锆组件使其正常工作。

二氧化锆型氧传感器的输出特性以及与ECU的连接电路如图1-7-19和图1-7-20所示。

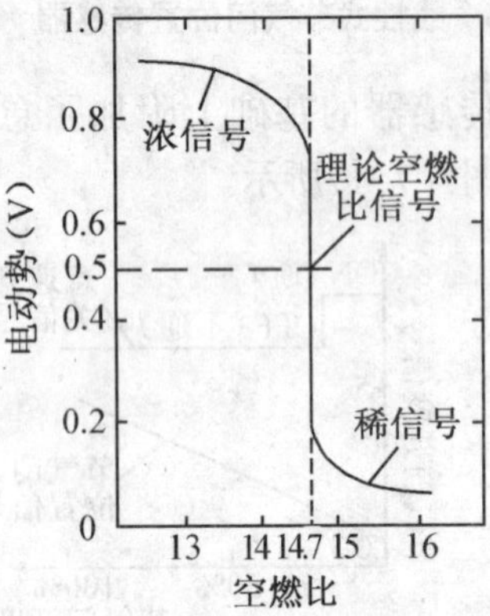

图1-7-19 二氧化锆型氧传感器输出特性

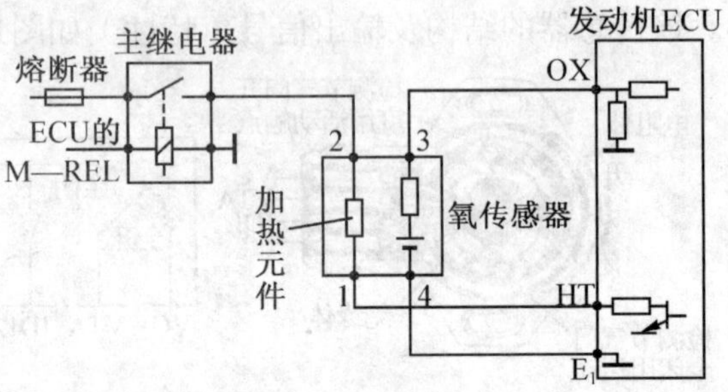

图1-7-20 二氧化锆型氧传感器与ECU连接电路

（2）二氧化钛型氧传感器

二氧化钛（TiO_2）型氧传感器是利用半导体材料二氧化钛的电阻值随发动机排气中氧含量的变化而改变的特性制成的，是一种电阻型氧传感器。TiO_2表面氧浓度高，电阻值大；反之，则减小。由于钛的电阻随温度而变化，因而需加温度补偿电阻，如图1-7-21所示。为使二氧化钛型氧传感器能正常工作，其内部也需有加热元件。

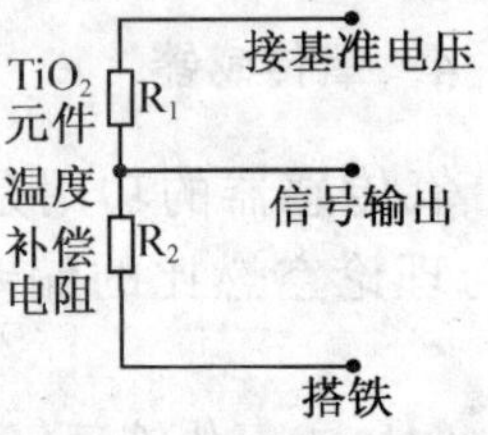

图1-7-21 二氧化钛型氧传感器内部电路

5. 转速及曲轴转角传感器

发动机转速及曲轴转角传感器的功用是检测发动机转速及曲轴转角，并将其转变为电信号输入ECU。其类型主要有电磁感应（磁电）式、霍耳效应式、光电效应式等，工作原理与电子点火系点火信号发生器原理相同。

如图1-7-22所示，电磁感应（磁电）式曲轴转速、转角传感器G_1、G_2传感线圈产生的电压脉冲，分别向ECU输入6缸和1缸活塞压缩位置信号，使ECU能正确地确定 6缸和1缸喷油和点火正时；Ne传感线圈可确定出发动机转速及曲轴转角；G_1、G_2及Ne信号的组合，可确定出发动机转速、曲轴位置及特定气缸曲轴转角和喷油、点火时刻及次序等。其工作原理可参见图1-7-23。

磁感应式传感器与ECU的连接以及各信号间的关系如图1-7-24所示。

光电式发动机转速及曲轴位置传感器凸轮轴每转1圈，由360条缝隙所控制的电路

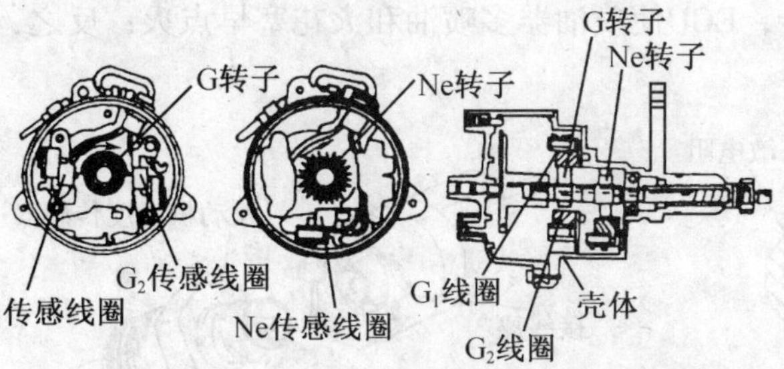

图1-7-22　电磁感应式转速及曲轴转角传感器

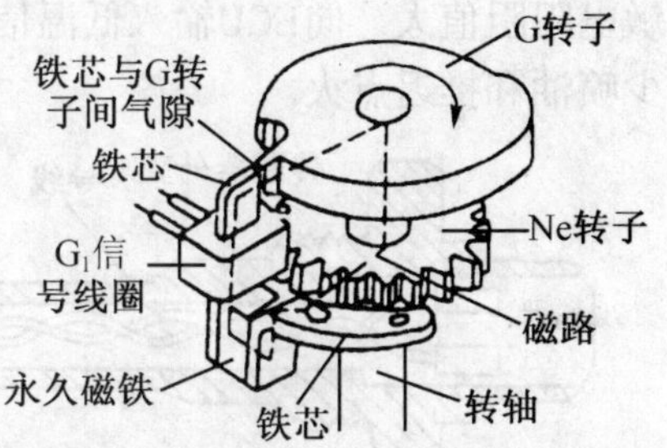

图1-7-23　电磁感应式传感器工作原理

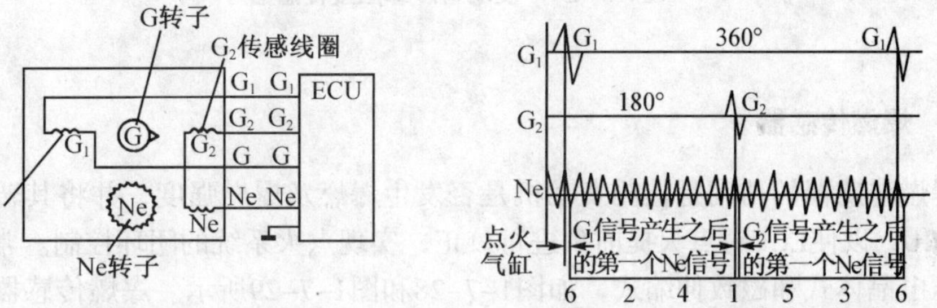

(a) 传感器与ECU的连接　　(b) G_1、G_2及Ne信号间关系

图1-7-24　电磁感应式传感器与ECU的连接及各信号间的关系

将输出360个脉冲信号，每个脉冲信号对应的凸轮轴转角为1°（曲轴转角为2°），此信号作为转速及转角信号输入ECU；较宽缝隙产生的1缸上止点位置信号和120°等宽缝隙所产生的信号，向ECU输入1缸曲轴位置和缸序判别信号，如图1-7-25所示。

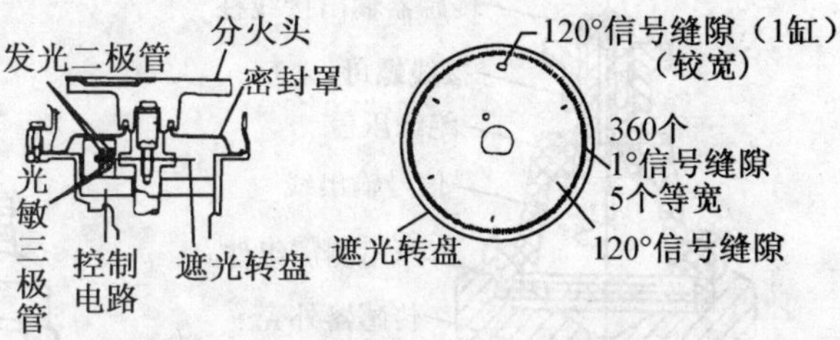

图1-7-25　光电式曲轴转速、转角及点火基准传感器

6. 温度传感器

温度传感器用于检测发动机冷却水温度、进气温度、排气温度等，并将其转变为电信号输给ECU，以判定发动机热状况、计算进气质量流量及排气净化处理等。温度传感器主要有热敏电阻式和热敏铁氧体式。

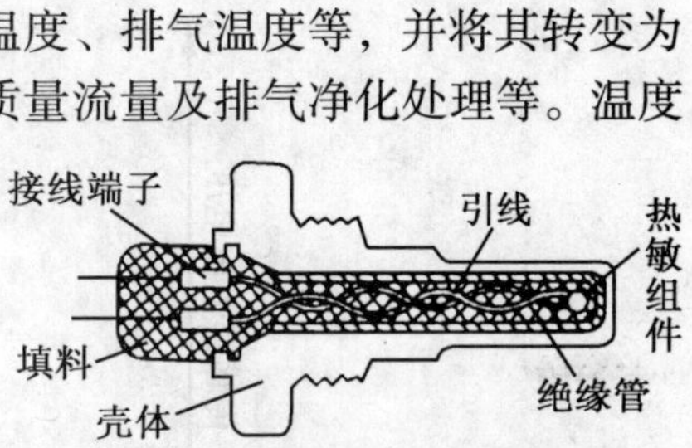

图1-7-26　热敏电阻式温度传感器

如图1-7-26所示，热敏电阻式温度传感器是利用半导体的电阻值随温度变化的原理制成的。热敏电阻按其温度与电阻值变化关系可分为正温度系数热敏电阻（PTC），其特点是在工作温度范围内，电阻值随温度升高而增大；负温度系数热敏电阻（NTC），其特点是在工作温度范围内，电阻值随温度升高而减小和临界温度热敏电阻（CTR），也就是在临界温度时，其电阻值会发生跃变。

发动机冷却液温度传感器如图1-7-27所示，大多采用NTC热敏组件，水温低时热敏电阻阻值大，向ECU输入低温信号，ECU使喷油器多喷油和火花塞早点火；反之，则少喷油和推迟点火。

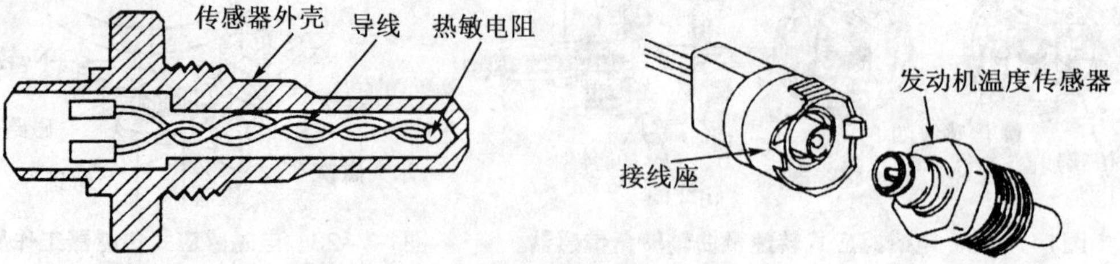

图1-7-27　发动机冷却温度传感器

7．爆燃传感器

爆燃传感器的功用是检测发动机是否发生爆燃及爆燃强度，并将其转变为电信号输入ECU，以便ECU对点火提前角进行校正，实现点火系统的闭环控制。常见爆燃传感器有压电晶体式和磁致伸缩式，如图1-7-28和图1-7-29所示。爆燃传感器的输出特性如图1-7-30所示。

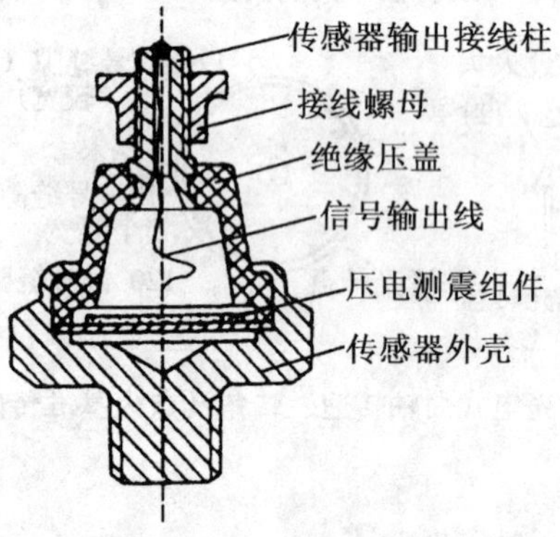

图1-7-28　压电晶体式爆燃传感器

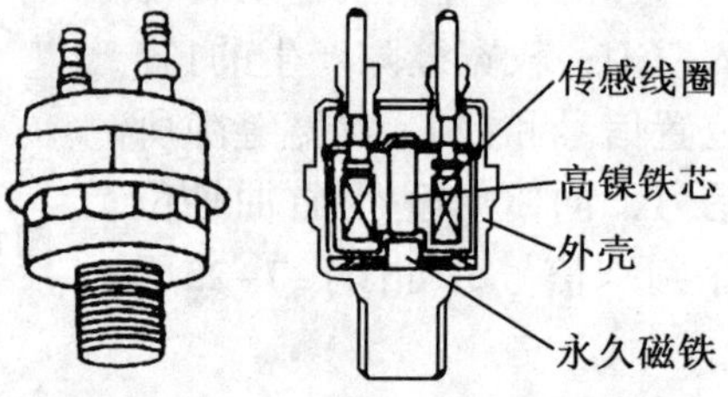

图1-7-29　磁致伸缩式爆燃传感器

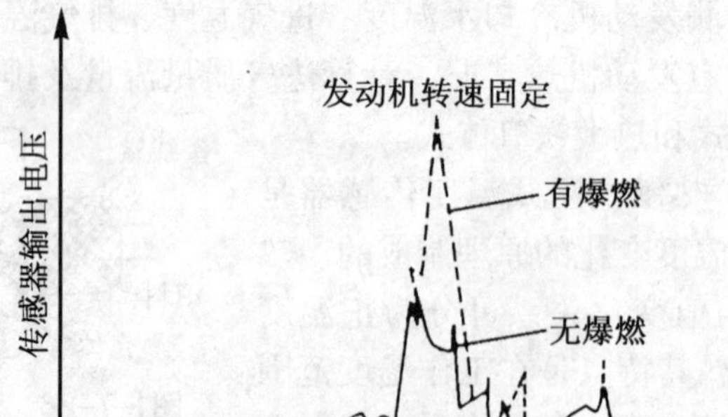

图1-7-30　爆燃传感器输出特性

第二部分　底　　盘

一、电控自动变速器

汽车自动变速器可根据发动机负荷和车速等工况自动变换传动系统的传动比，使汽车获得良好的动力性和燃油经济性，并有效地减少发动机排放污染，显著提高车辆行驶的安全性、舒适性和操纵轻便性。

目前汽车上采用的电控自动变速器大致分为两大类：电控液力（有级）自动变速器和电控带式（无级）自动变速器。而电控液力（有级）自动变速器广泛采用的是液力变矩器与齿轮式变速器组成的液力机械式自动变速器。齿轮式变速器大多采用行星齿轮机构，图2–1–1所示是后桥驱动的液控自动变速器的主要结构。

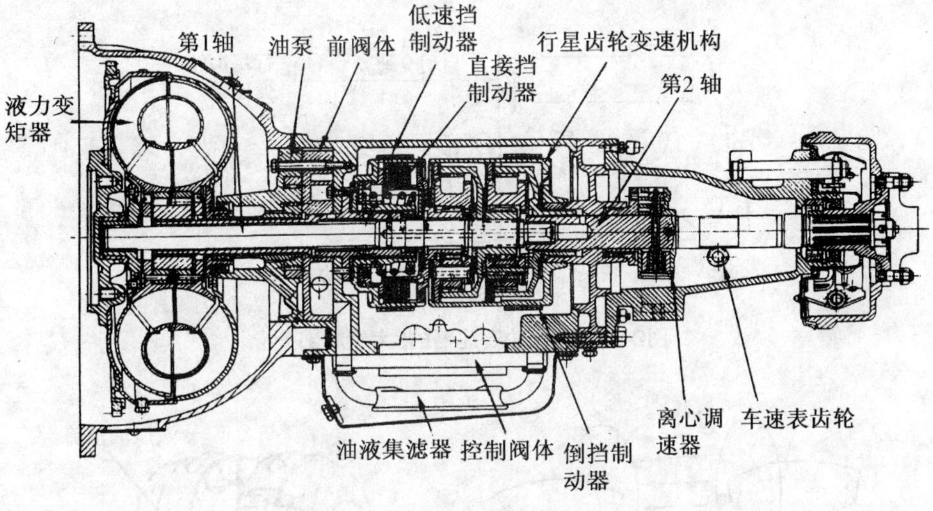

图2–1–1　液控液压自动变速器结构

1. 电控液力（有级）自动变速器

电控液力自动变速器主要由液力变矩器、行星齿轮变速器和液压操纵控制系统3个部分组成，如图2–1–2和图2–1–3所示。

液力变矩器不仅能起到离合器的作用，而且可在一定范围内实现无级变速和增大转矩。其传递转矩的原理见图2–1–4所示。两台电扇对向摆放，当其中一台通电运转，气流吹在对方另一台电扇（未通电）叶片时，同样可使它转动，其原理相当于液力耦合器传动。

而液力变矩器由泵轮、涡轮和导轮3个工作轮组成，它里面充满工作油液，用油液传递转矩推动汽车起步和行驶。

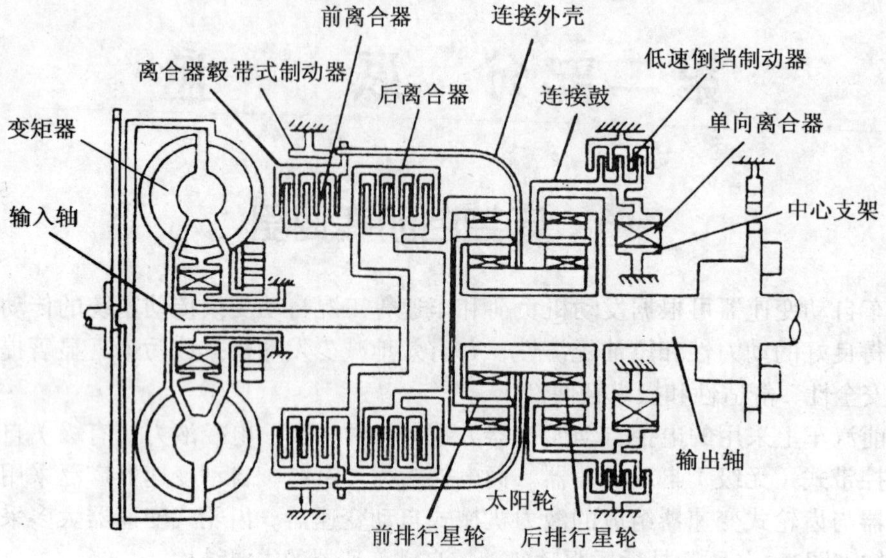

图2-1-2　液力变矩器和行星齿轮机构

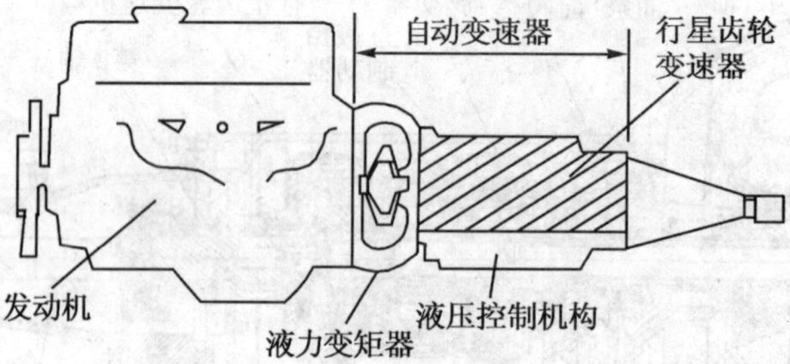

图2-1-3　自动变速器的3大组成部分

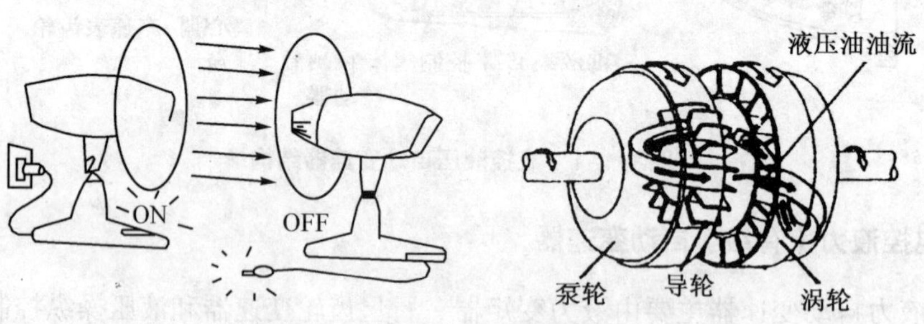

图2-1-4　液力变矩器的传动原理

液力变矩器的变速范围小，所以必须采用行星齿轮变速器相配合，才能满足汽车工作要求。

行星齿轮机构见图2-1-5所示，它由中央太阳轮、行星齿轮、内齿圈组成，可通过液压多片离合器与带式制动器等构件达到换挡目的。其工作情况由复杂液压控制机构根据节气门开度，车速等自动选择最佳传动路线。

变矩器的构造如图2–1–6所示，涡轮与输出轴（即变速器输入轴）相连，导轮位于泵轮和涡轮的内周中央，并装有单向离合器，即只能与泵轮同方向旋转，而不能反方向旋转。发动机带动泵轮旋转，泵轮旋转所产生的离心力，使油液向外飞溅，推动涡轮旋转。涡轮旋转后使油液沿其叶轮的曲线形状流向导轮，流出时的反作用力足以使涡轮叶片继续旋转。涡轮旋转时，从涡轮甩出的油液具有相当大的能量，如果使这种能量再次撞击泵轮的背面，可以增大转矩，完成这一使命的就是导轮。要想使导轮将涡轮甩出的油液高效地撞击泵轮的背面，必须极其准确精密地设计泵轮、涡轮和导轮叶片的形状及其定位。

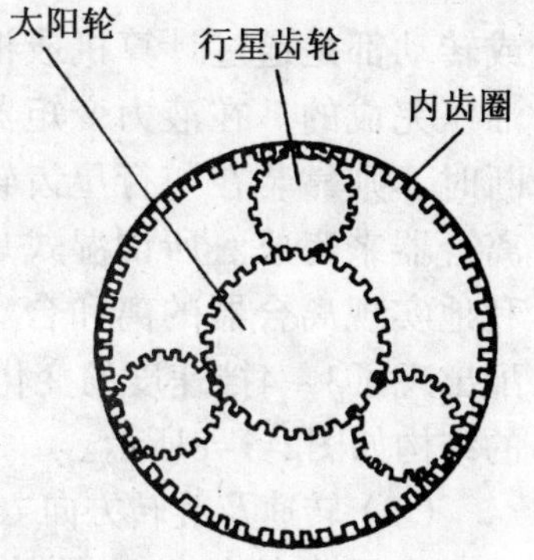

图2–1–5　行星齿轮机构的组成

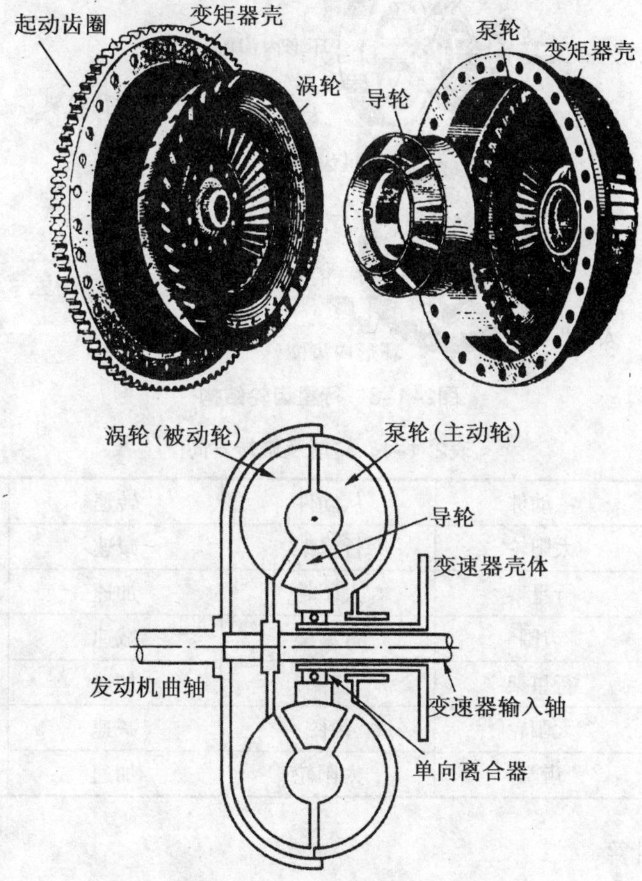

图2–1–6　液力变矩器结构

在液力变矩器的后部排列着2～3组行星齿轮，如图2–1–7所示。行星齿轮是能进行公转与自转的，因小齿轮围绕中间的太阳轮转动而得名的。行星齿轮的不可思议的地方是，只将诸齿轮中的某一个齿轮固定即可进行高速及低速旋转，当然也包括反转。它具有灵活的特点，并且是作为辅助部件装配在液力变矩器后面。各齿轮或固定或转动都是通过计算机或根据车速指令自动靠油压完成的。在液力变矩器的传动和驱动被切断时，则靠装在与行星齿轮同一轴的湿式多片离合器来完成。所谓湿式是指里面有油并能顺利地实现离合器的离和合。根据行星齿轮的组配出现了3～4挡速度的变化。具有4个行星齿轮的结构如图2-1-8所示。

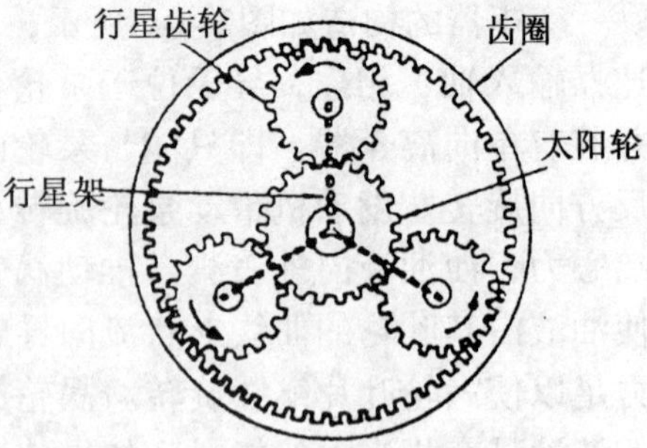

图2-1-7　行星齿轮机构工作原理

（1）转速及旋转方向

行星齿轮的转速及旋转方向可总结见表2-1-1。

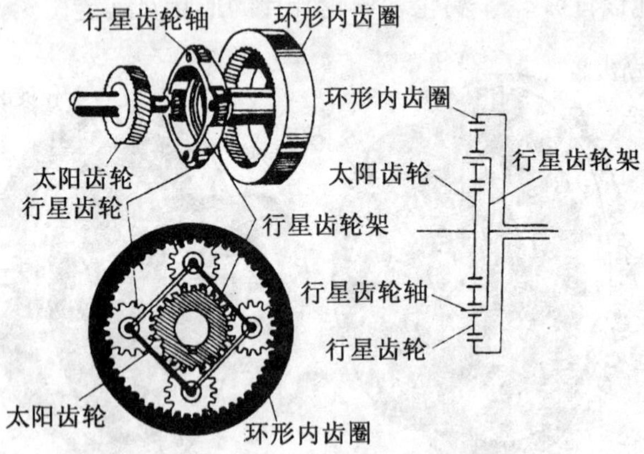

图2-1-8　行星齿轮结构

表2-1-1　转速及旋转方向

固定件	主动件	从动件	转速	旋转方向
齿圈	太阳轮	行星架	减速	与主动件同向
	行星架	太阳轮	加速	
太阳轮	齿圈	行星架	减速	与主动件同向
	行星架	齿圈	加速	
行星架	太阳轮	齿圈	减速	与主动件反向
	齿圈	太阳轮	加速	

（2）传动比计算

下面是行星齿轮组传动比的计算公式：

$$传动比=\frac{从动件齿数}{主动件齿数}$$

由于行星齿轮总是作为惰轮传动，所以其齿数不影响行星齿轮组的传动比。行星齿轮组的传动比是由行星架、齿圈及太阳轮的齿数决定的（由于行星架并非齿轮，没有齿数，故其齿数为当量齿数）。

行星架齿数可由下列公式得出：

$$Z_C=Z_r+Z_S$$

式中：Z_C—行星架齿数；Z_r—齿圈齿数；Z_S—太阳轮齿数

例如：当太阳轮固定，齿圈作为主动件，行星架作为从动件传动时，行星齿轮组的传动比为：

$$传动比=\frac{从动件齿数}{主动件齿数}=\frac{行星架齿数（Z_C）}{齿圈齿数（Z_r）}=\frac{Z_r+Z_S}{Z_r}$$

（3）液控自动变速器的工作原理

如图2–1–9所示，换挡阀两端作用着节气门阀油压和速控阀油压。换挡时，两端油压发生变化，使换挡阀产生位移，改变了油路，从而实现换挡，详见图2–1–10。

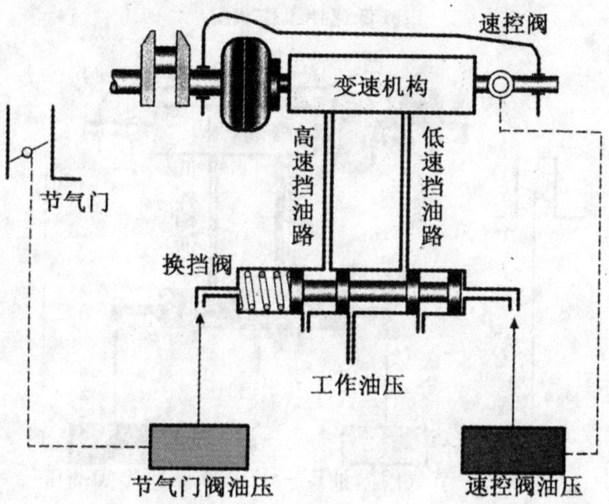

图2–1–9　液控自动变速器工作原理

1）低速挡工作

节气门开度小，真空吸力大，节气门阀油压大，促使换挡阀右移，将工作油与低速挡油路接通，执行低速换挡，如图2–1–10（a）所示。

2）高速挡工作

节气门开度大，真空吸力小，节气门阀油压小，而速控阀油压大，换挡阀左移，将工作油压与高速挡油路接通，执行高速换挡，如图2–1–10（b）所示。

（4）电控液力自动变速器的结构原理

现以前桥驱动的电控自动变速器为例，着重介绍其组成及原理。

电控系统由传感器、电控单元（ECU）、执行器3大部分组成。传感器主要有节气门位置传感器和车速传感器，如图2–1–11所示。

其控制原理是工作时，车速传感器和节气门开度传感器把信号输入电控单元（ECU），电控单元根据预先编制并存入存储器中的换挡程序，进行比较、计算，确定换挡点和变矩器闭锁离合器闭锁时间，然后向电磁阀发出控制指令，以控制电磁阀线圈电流的通断，再由电磁阀控制液压换挡阀的移动，切换换挡执行机构（换挡离合器和制动器）的油路，从而实现行星齿轮机构的自动换挡。

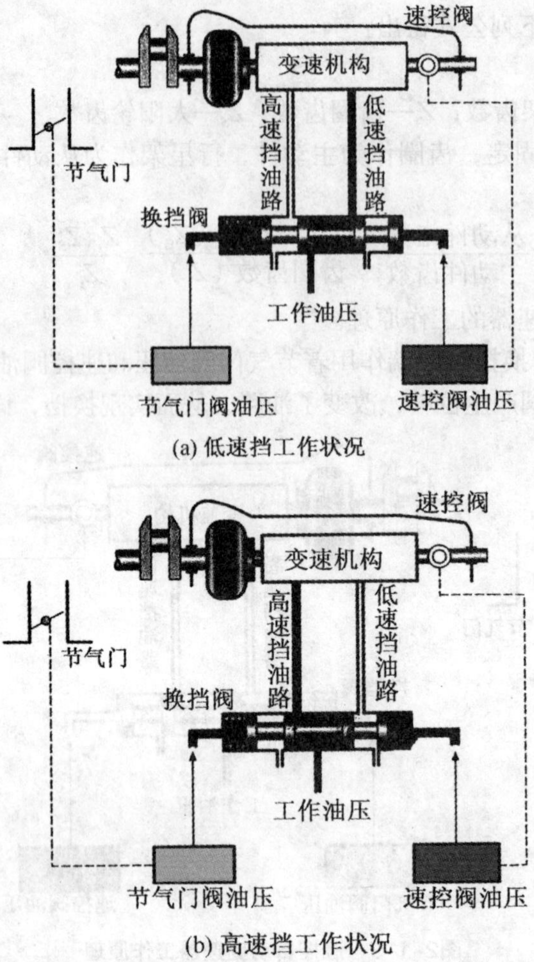

图2-1-10　液控自动变速器工作状况

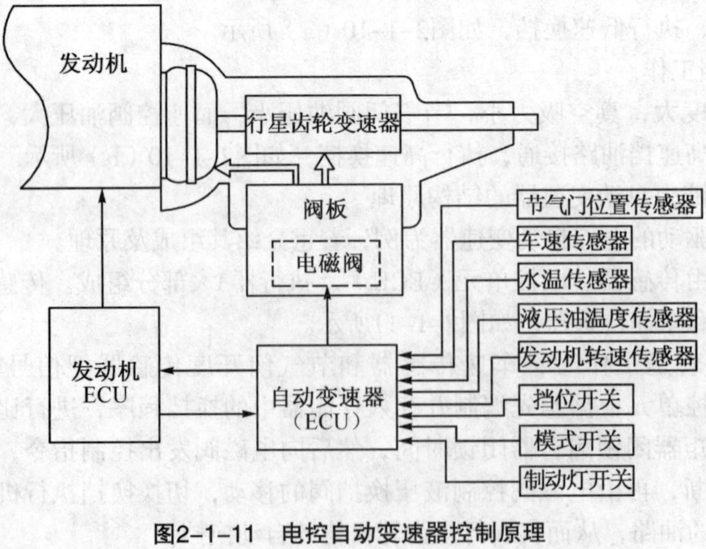

图2-1-11　电控自动变速器控制原理

前桥驱动的电控液力自动变速器结构如图2–1–12所示。

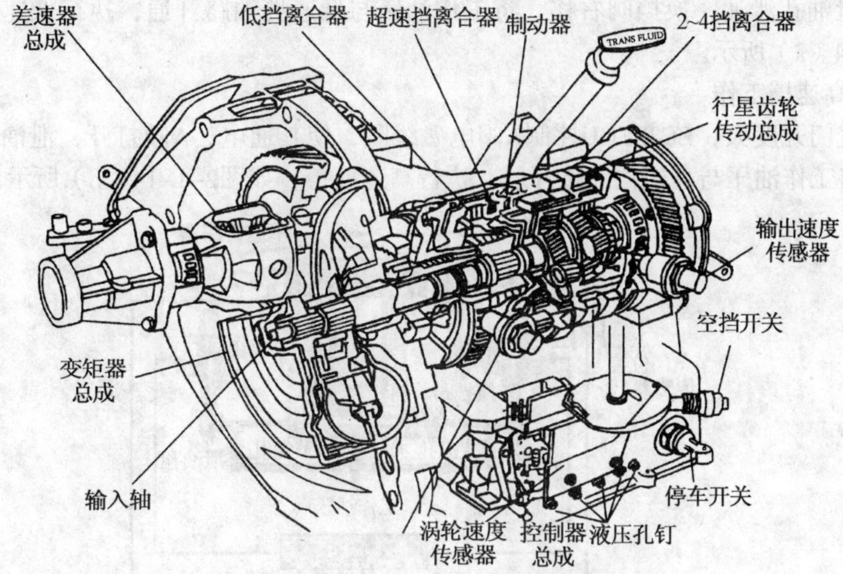

图2–1–12 电控液力自动变速器结构

电控液力自动变速器的工作原理简述如下：

换挡阀两端作用着两个电磁阀（A、B阀）控制着换挡油压。电磁阀A、B由**ECT** ECU控制。换挡时一端泄油，另一端充油；或者两端都充油、泄油，使换挡阀位移而完成换挡，如图2–1–13所示。

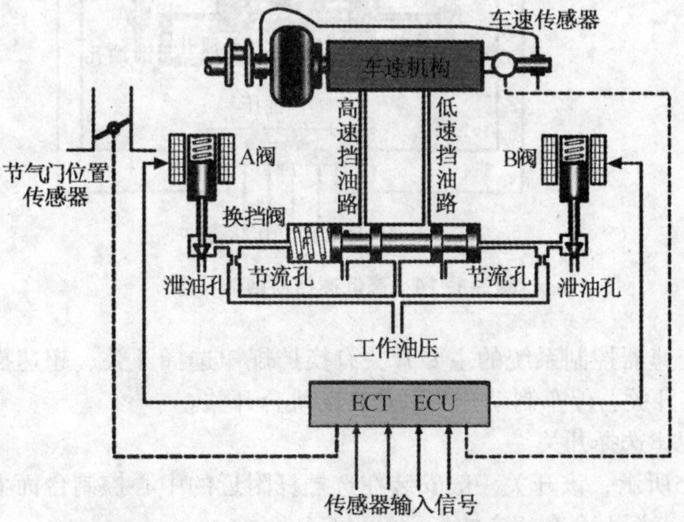

图2–1–13 通过换挡阀位移完成换挡

☆Electronics Control Transmission，ECT.

1）低速挡工作

节气门开度小，ECT ECU控制B阀电磁线圈，使其电路接通，产生电磁吸力，B阀打开，泄油孔泄油，换挡阀右移，将工作油压与低速挡油路开通，执行低速换挡，如图2-1-14（a）所示。

2）高速挡工作

节气门开度大，ECT ECU控制A阀电磁线圈，使其通电，A阀打开，泄油，换挡阀左移，将工作油压与高速挡油路开通，执行高速换挡，如图2-1-14（b）所示。

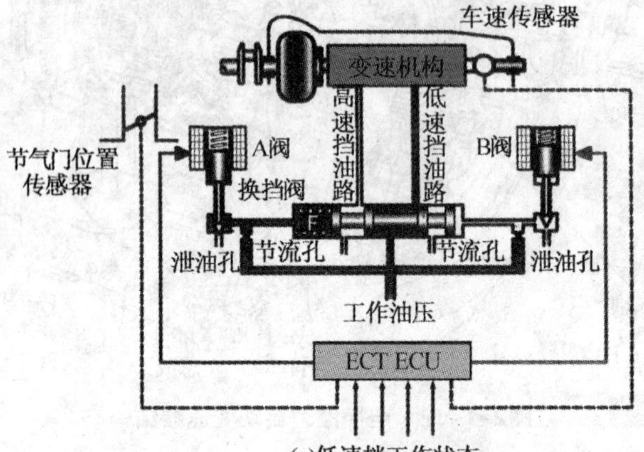

(a)低速挡工作状态

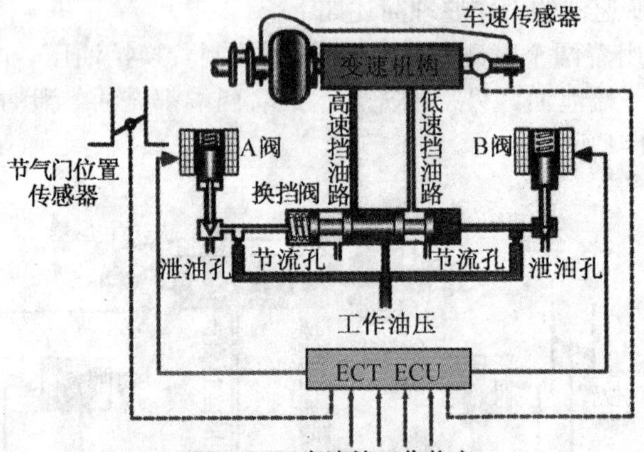

(b)高速挡工作状态

图2-1-14　高低速挡换挡的状态

电控自动变速器控制系统的主要开关有换挡规律选择开关、超速挡开关、空挡起动开关、停车灯开关、停车制动开关以及自动跳合开关。

（1）换挡规律选择开关

如图2-1-15所示，该开关一般安装在选挡杆附近的中心控制台面上，选择不同的换挡规律，在仪表板上会有相应的指示灯点亮。

换挡规律选择开关上标有P、N或P、N、E。P（Power）为动力模式，在此模式下换挡时，电控单元将推迟换挡（升挡），换挡点车速较高，以进行强有力的加速行

图2-1-15 换挡规律选择开关

驶；E（Economic）为经种行驶模式，在此模式下换挡时，电控单元将提前换挡（升挡），换挡点车速较低，以经济工况行驶达到节省燃油的目的；N(Normal）为普通行驶模式（平常行驶模式），驾驶性能介于前述二者之间。换挡规律选择开关设在不同位置，有着不同的换挡特性。

（2）超速挡开关

如图2-1-16所示，该开关又称O/D开关，驾驶过程中，当O/D开关接通（ON位）时，电控单元控制变速器可换到超速挡，此时O/D OFF指示灯不亮。当O/D开关断开（在OFF位）时，电控单元将禁止换到超速挡，同时O/D OFF指示灯一直点亮（长亮）但不闪烁。在汽车行驶或停驶时，当O/D开关处于接通状态，电控单元若检测到电控系统有故障时，则会控制O/D OFF指示灯通电闪烁，以向驾驶人报警。

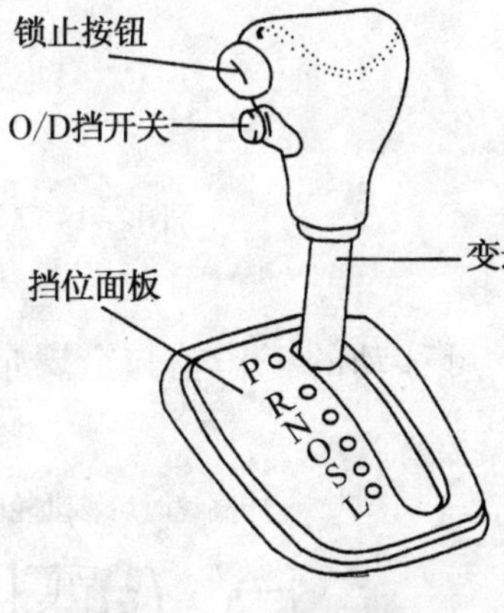

图2-1-16 O/D挡开关

（3）空挡起动开关

该开关安装在变速器手动阀摇臂轴上或换挡杆下端。当选挡杆处于P、N挡位时，该开关接通发动机的起动控制电路，并向发动机主ECU输出空挡起动开关信号和起动信号，以控制发动机的启动和怠速工况。

（4）停车灯开关

安装在制动踏板支架上，用以判断制动是否处于制动状态。踩下制动踏板时，停车灯开关接通，制动信号传送到ECU，ECU将解除液力变矩器锁止离合器的接合，防止传动系过载。

2. 电控带式（无级）自动变速器

我国一汽大众的奥迪A6轿车已选装了这种具有CVT（continuously variable transmission，CVT）技术的自动变速器，其代号为01J，为带/链传动，属于无级自动变速器。

金属带式无级变速器（VDT-CVT）是由金属带、（主、从动）工作轮、液压泵、起步离合器和控制系统等组成，如图2-1-17所示。

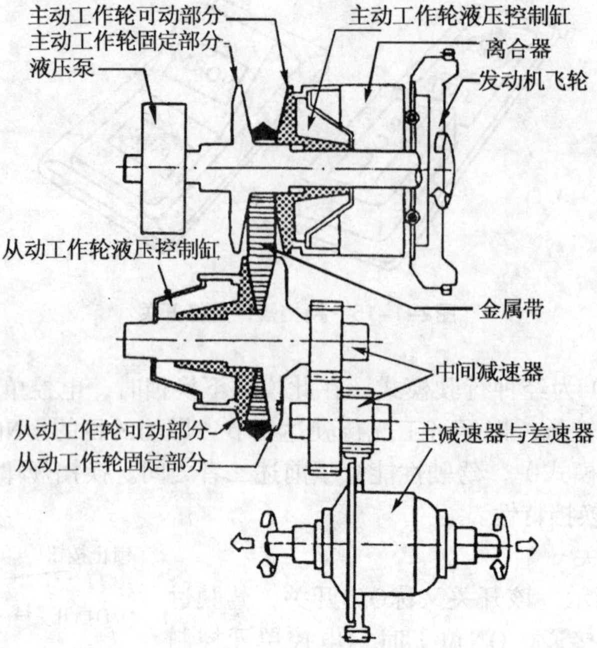

图2–1–17　金属带式无级变速器的组成和工作原理

可移动的工作轮与金属带的工况以及金属带的组成如图2–1–18和图2–1–19所示。

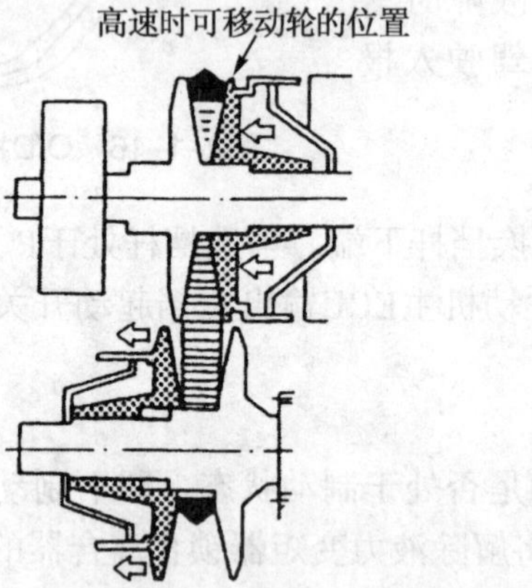

图2–1–18　可移动工作轮与金属带的工况

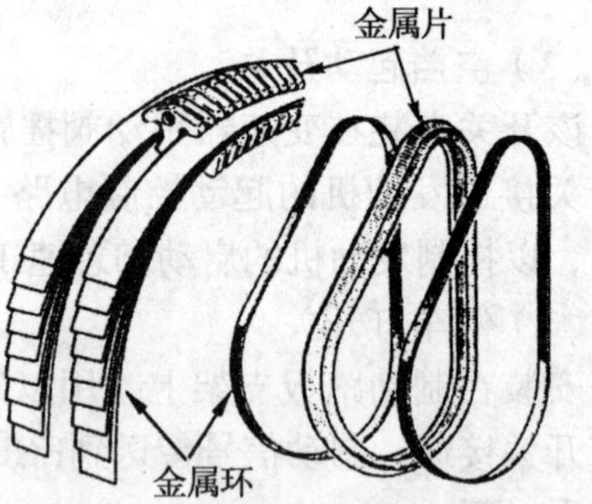

图2–1–19　金属带的组成

其动力传递路线是发动机发出的动力经飞轮、离合器、主动工作轮、金属带、从动工作轮后，传给中间减速器，再经主减速器与差速器，最后传给驱动车轮。

该变速传动系统中的主、从动工作轮是由固定部分和可动部分（阴影轮）组成，如图2–1–20所示。工作轮的固定部分和可动部分之间形成V形槽。金属带在槽内与工作轮相啮合。当工作轮的可动部分作轴向移动时，即可改变金属带与主、从

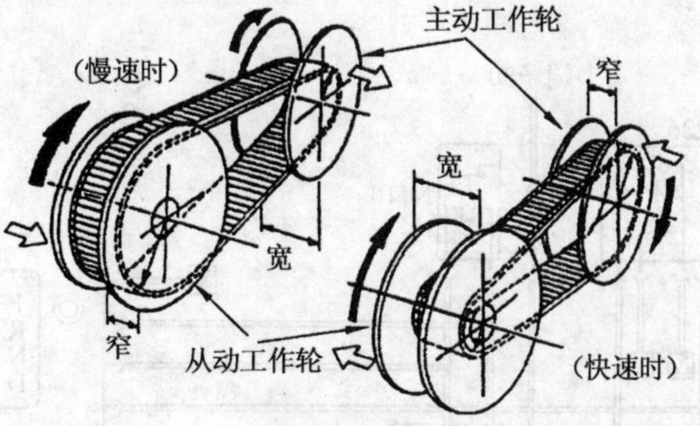

图2-1-20 金属带式无级变速器变速示意

动工作轮的工作半径，从而改变金属带传动的传动比。主、从动工作轮的可动部分的轴向移动是根据汽车的行驶工况，通过液压控制系统进行连续地调节而实现无级变速传动的。

奥迪A6轿车的01J型自动变速器的传动简图如图2-1-21所示，发动机动力通过发动机曲轴飞轮传递给变速器输入轴，输入轴的动力通过行星齿轮机构、一对辅助变速齿轮传动副，传递到传动链轮机构，通过传动链轮经无级变速后，动力传到主减速器和差速器，再传递给驱动轮。其中太阳轮（输入）与变速器输入轴和前进挡离合器C相连接。行星齿轮支架（输出）与辅助变速齿轮的主动齿轮和倒挡制动器B相连接。齿圈与行星齿轮和倒挡制动器相连接。

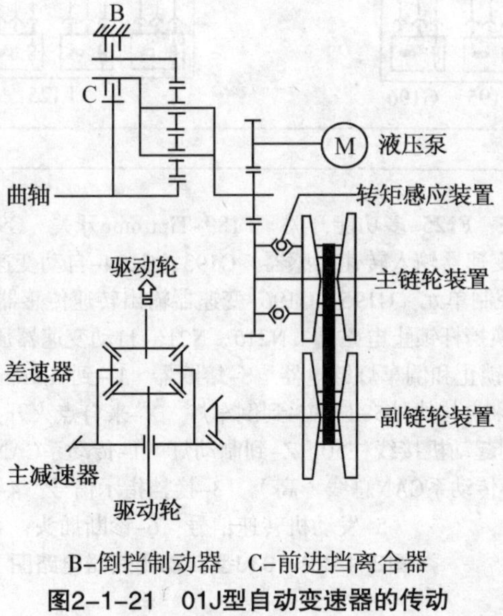

B-倒挡制动器 C-前进挡离合器

图2-1-21 01J型自动变速器的传动

奥迪A6轿车01J型自动变速器电控电路如图2-1-22所示。

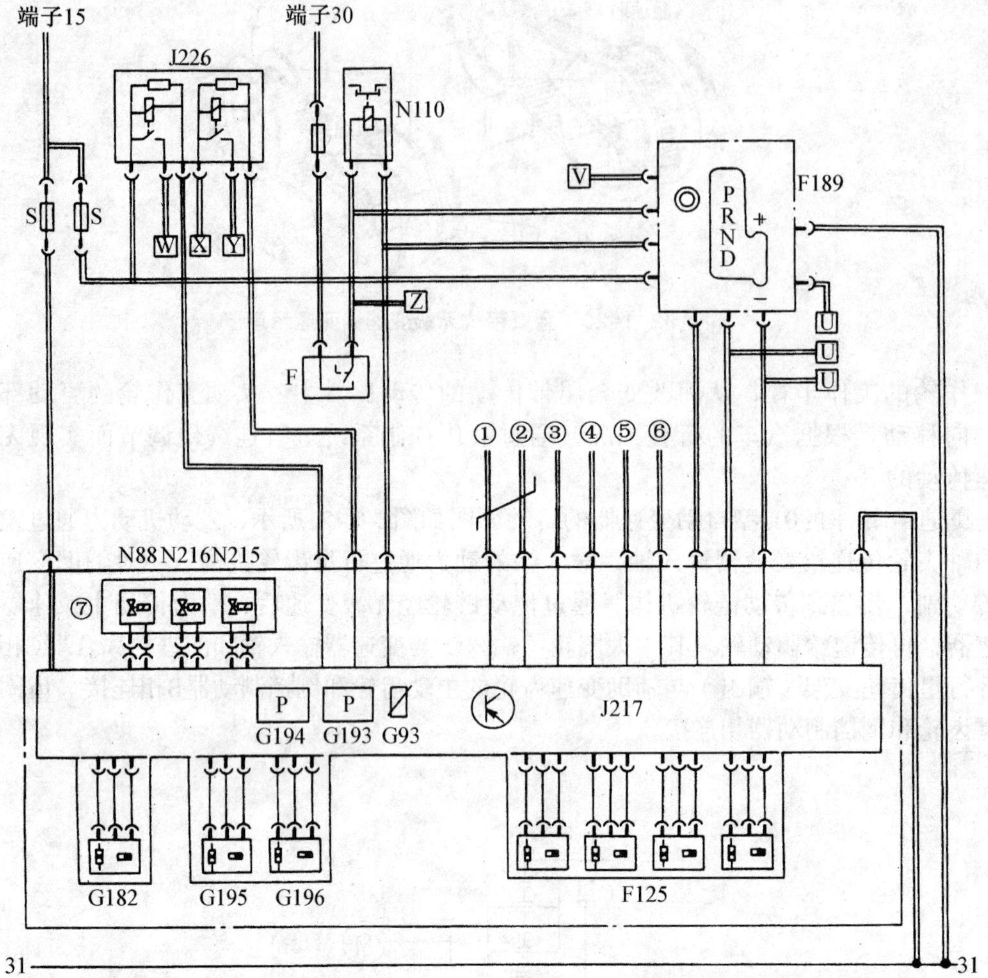

F-制动灯开关　F125-多功能开关　F189-Tiptronic开关　G93-变速器油温传感器
G182-变速器输入转速传感器　G193、G194-自动变速器油压传感器
J217-控制单元　G195、G196-变速器输出转速传感器　N88-电磁阀
N110-换挡杆锁止电磁阀　N215、N216-自动变速器压力控制电磁阀
J226-启动锁止和倒车灯继电器　S-熔断器　U-到Tiptronic转向盘（选装）
V-来自接线柱58d　W-到倒车灯　X-来自点火开关接线柱50
Y-到起动机接线柱50　Z-到制动灯　1-传动系CAN总线（低）
2-传动系CAN总线（高）　3-换挡指示信号　4-车速信号
5-发动机转速信号　6-诊断插头

图2-1-22　01J型自动变速器电路图

二、电控制动防抱死系统（ABS）

ABS是英文制动防抱死系统的缩写（anti–lock braking system，ABS）。制动防抱死系统的主要功用是在汽车进行紧急制动和在易打滑的路面上进行常规制动时，迅速而又精确地检测出各车轮的滑移量，通过电控器的分析、运算和控制，适时并准确地调节制动系统的液压或气压，减小车轮的滑移率（$S_b=V_{车}-V_{轮}/V_{车}$），通常使车轮滑移率始终处于15%～20%之间，确保制动力最大且车辆的方向可以控制。也即确保制动时汽车方向的稳定性，制动效能的可靠性和行驶的安全性。

目前广泛使用的电控的ABS，根据原车制动系统的不同，分为液压式ABS和气压式ABS，其主要区别是制动压力调节器（执行器）结构的不同。现以液压式ABS为例，说明其基本组成和工作原理。

1. ABS的组成

该系统主要由传感器、ABS ECU、执行器等装置组成。在装有ABS的汽车上，电子装置和液压装置在车上的分布示意见图2–2–1、图2–2–2。

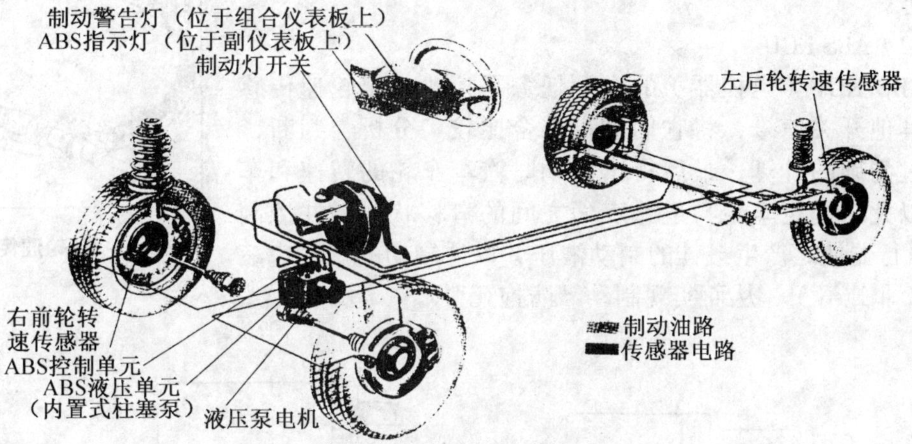

图2–2–1　电控及液压装置的分布

（1）轮速传感器

磁电式轮速传感器，主要由齿圈和传感头两大部分组成，如图2–2–3所示。传感头又由永久磁铁、传感线圈、磁极等组成，如图2–2–4和图2–2–5所示。

其工作原理是齿圈在磁场中旋转时，其齿顶和齿槽与磁极的距离发生瞬间的变化，传感器内的磁阻也发生相应的变化，其结果是使磁能量周期地增减，电磁线圈两端便产生交变感应电压信号，其频率与车轮转速成正比（见图2–2–6），并将该交流电压传送到电控器（ABS ECU）。

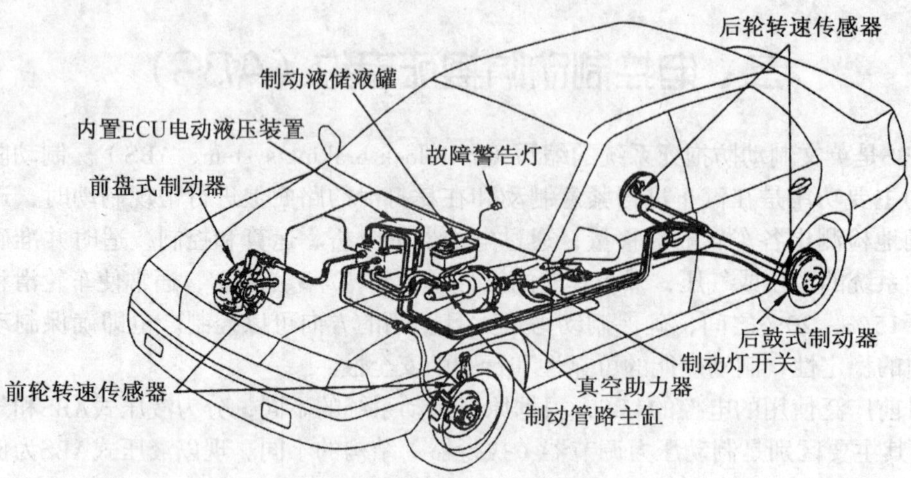

图2-2-2　ABS电控装置的布置

另一种齿圈的形式是经过专门磁化处理的磁圈，N、S极交替变化，如图2-2-7所示，同样可使传感器内产生感应交变电压。磁圈可安装在车轮轴承密封件上或者由轮毂（后轮）来带动。

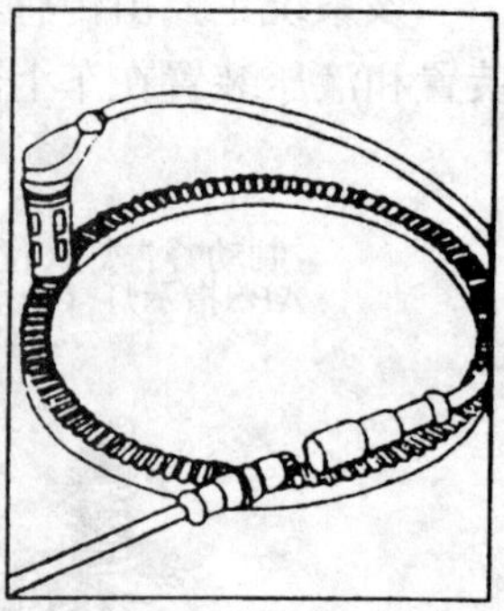

图2-2-3　轮速传感器

（2）ABS ECU

ABS ECU（电控器）的主要任务是接收各个轮速传感器及其他开关信号，将它们进行综合比较、分析与判断，并通过精确的计算，最后得出制动时汽车车轮的转速和车速，以此来判定车轮与道路表面之间的滑移状况，并控制ABS执行器使之产生最佳的制动液压，以使制动的车轮边滚边滑（非纯滑），从而实现制动“防抱死”。

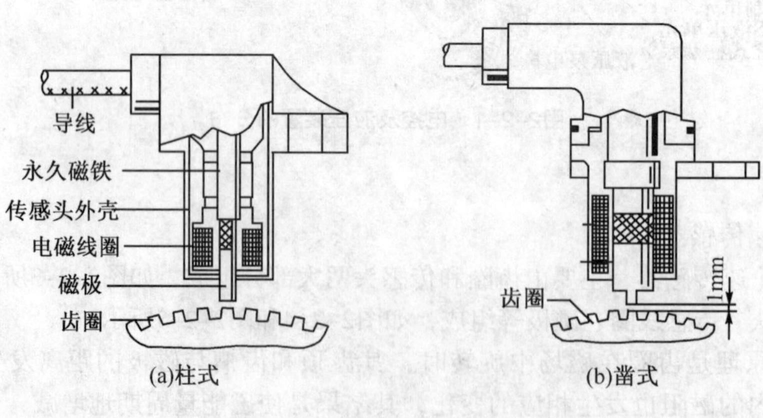

图2-2-4　车轮速度传感器结构

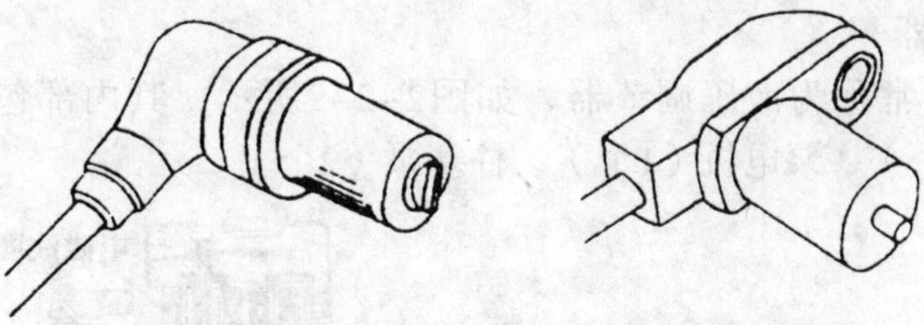

(a)磁极为长方形　　(b)磁极为圆柱形

图2-2-5　车轮速度传感器的传感头

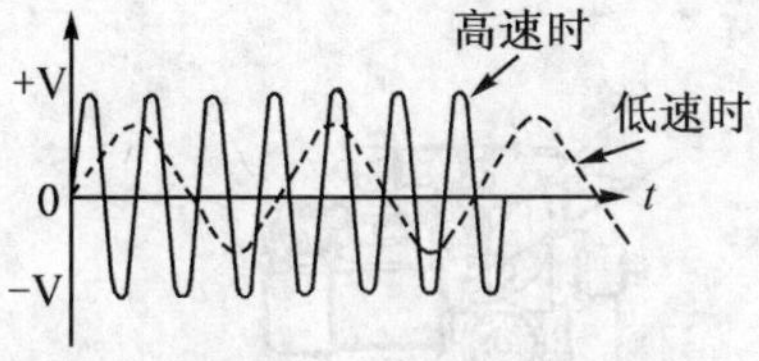

图2-2-6　高速和低速时的波形

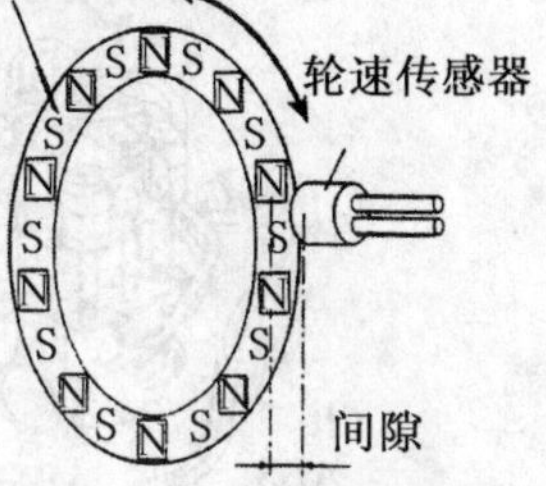

图2-2-7　磁圈的磁化

ABS ECU和其他ECU一样，都是由电子元器件（二极管、三极管、集成电路等）和电路元件（电阻、电容等）构成，有的还采用了微处理器（CPU）。总的来看，ECU的集成度越来越高，使其体积变得越来越小。其内部结构及外围硬件见图2-2-8。

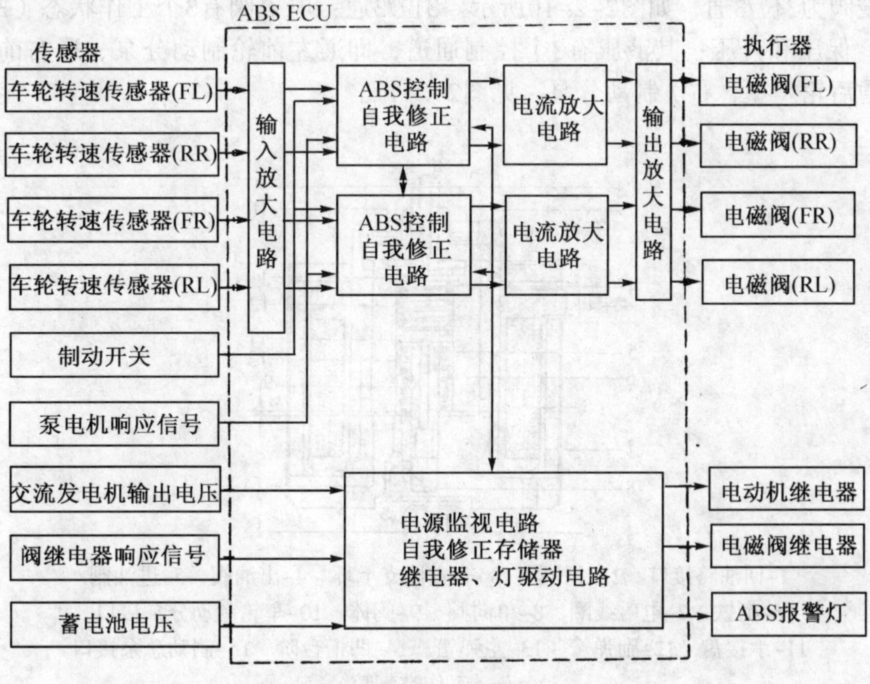

图2-2-8　ABS ECU内部结构及外围硬件

（3）ABS执行器

ABS执行器通常称为液压调节器，如图2-2-9所示，其内部包括电磁阀（3或4个）、储液罐（2个）、泵电机（1个）、柱塞泵（2个）。

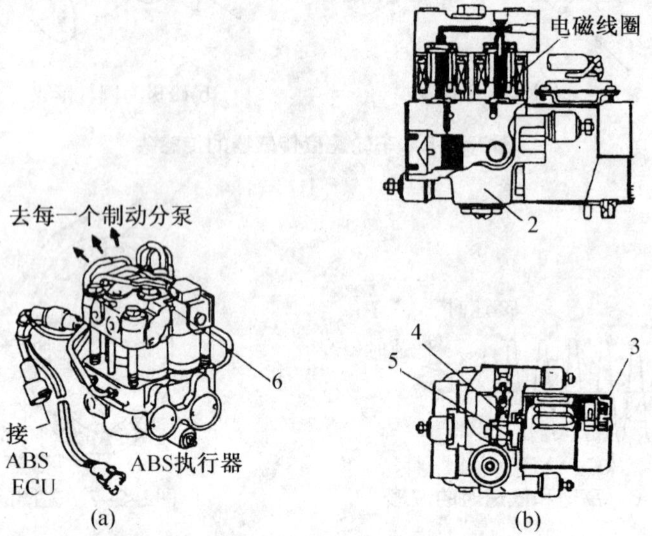

1-电磁阀　2-储液罐　3-泵电机　4-柱塞泵
5-凸轮轴　6-从制动总泵来　7-接ABS ECU

图2-2-9　ABS执行器（液压调节器）

电磁阀为3位/3通，如图2-2-10所示。3位/3通：电磁阀有3个工作状态（3位），即降压、保压和升压；其液压有3个控制通道，即通左前轮制动分泵、通右前轮制动分泵、通后轮（左、右）制动分泵，见图2-2-11。

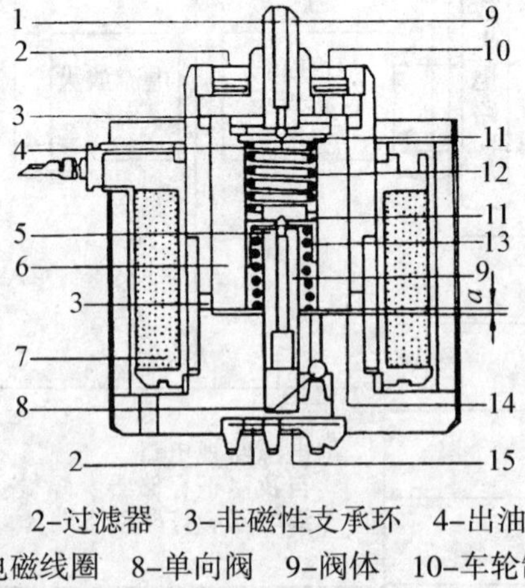

1-回油路接口　2-过滤器　3-非磁性支承环　4-出油阀　5-进油阀
6-衔铁　7-电磁线圈　8-单向阀　9-阀体　10-车轮制动分泵接口
11-承接盘　12-副弹簧　13-主弹簧　14-凹槽台阶　15-制动总泵接口
a——工作空气隙

图2-2-10　3位电磁阀结构

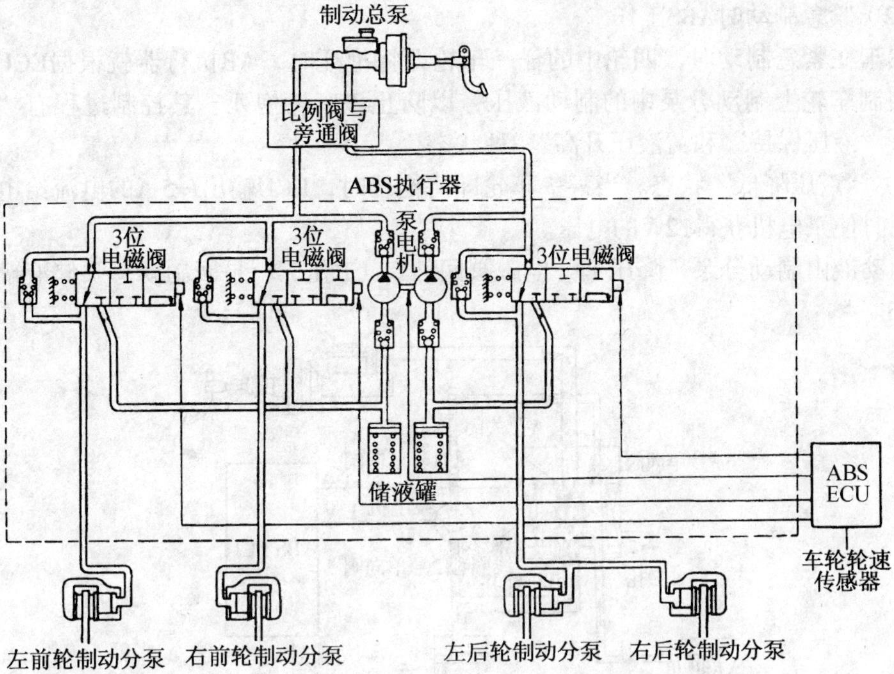

图2-2-11　典型ABS执行器内部结构（虚线框内所示）

2. ABS工作原理

（1）常规制动时ABS不工作

电磁阀线圈无电流（即$I=0$ A）通过，泵电机不转（$I=0$ A）。

制动液由制动总泵→电磁阀进油口（A孔）→电磁阀出油口（C孔）→制动分泵（升压）→作用于制动器→制动，见图2-2-12。

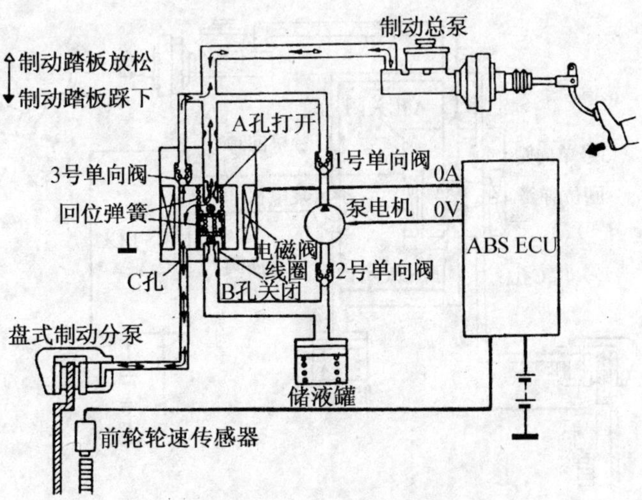

图2-2-12　常规制动状态

（2）紧急制动时ABS工作

汽车在紧急制动时，四轮中的任一车轮即将抱死时，AB执行器就根据ECU送来的信号控制车轮上制动分泵中的制动液压，以防止该车轮抱死。其控制过程有“液压降低”、“液压保持”和“液压升高”3种状态。

1）“液压降低”状态。当某一车轮即将抱死时，ECU输出I=5 A的电流给电磁阀线圈，同时使泵电机获得12 V的电压。

制动液由制动分泵（降压）→电磁阀回油口（B孔）→泵回制动总泵储液罐，见图2–2–13。

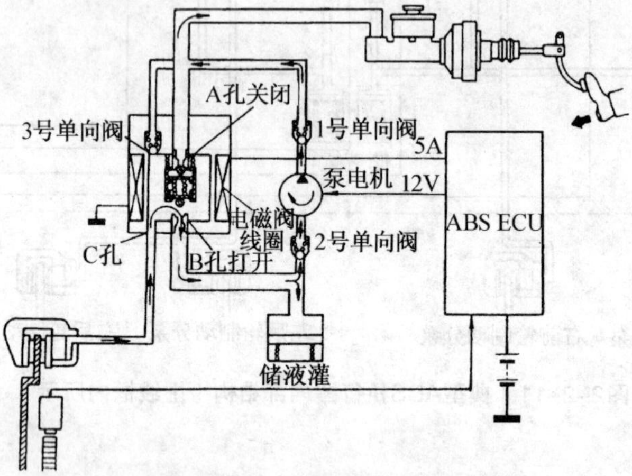

图2–2–13　“液压降低”状态

2）“液压保持”状态。当车轮制动分泵制动管路中的液压降低，且轮速传感器的输出信号表明车速已达到预定值时，ECU即输出I=2A的电流给电磁阀线圈，仍使泵电机获得12 V的电压。

由于电磁力的作用，使电磁阀的A孔和B孔都关闭，此时制动分泵中的制动液只通过C孔与电磁阀内部连通，保持液压相等，见图2–2–14。

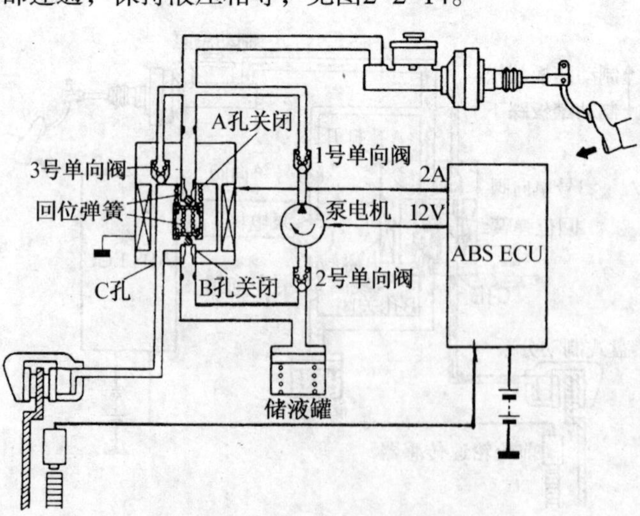

图2–2–14　“液压保持”状态

3）“液压升高”状态。当车轮制动分泵制动管路中的液压需要升高以提供更大的制动力时，ECU停止提供电磁阀线圈的电流（I=0 A），但泵电机仍工作，见图2–2–15。

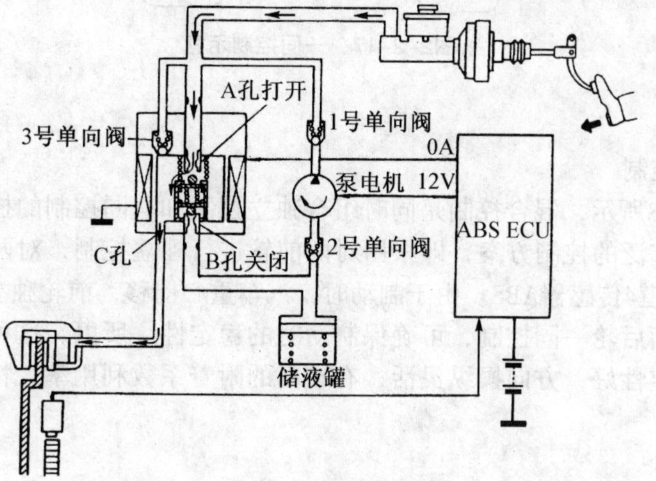

图2–2–15　“液压升高”状态

3. ABS控制方案

（1）独立控制

如图2–2–16所示，独立控制是指对各车轮的制动压力进行对立调节。这样，在各种路面下制动时，每个车轮均处于最佳的附着状态，可充分利用路面附着系数，产生最大的制动效果。但当车辆在左、右侧附着系数不同的路面上制动时，两侧车轮的制动力不相等，将产生较大的偏转力矩，会导致车辆跑偏或自动转向，从而影响制动时的稳定性和操纵性。为了防止这种现象的发生，采用这种控制方案的ABS一般还设有横向加速度传感器，以便进行控制。

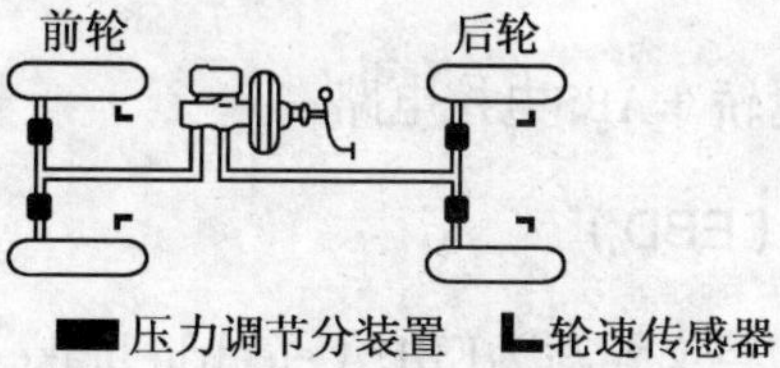

图2–2–16　独立控制示意

（2）一同控制

如图2–2–17所示，一同控制是指两个或两个以上车轮的制动压力是一同进行调节的。实施一同控制时，同轴的两个车轮可以有各自的转速传感器，但共用一个ABS控制通道。

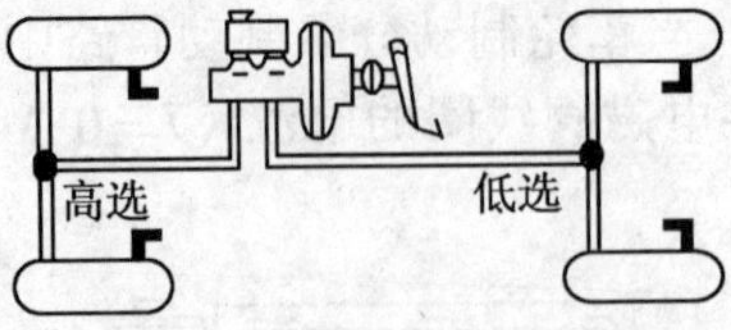

图2-2-17　一同控制示意

（3）混合控制

如图2-2-18所示，混合控制是同时组合独立控制和一同控制的控制方案，是目前轿车使用较为广泛的控制方案，即采用对两前轮进行独立控制，对两后轮按低选原则一同控制的3通道4传感器ABS。由于制动时，汽车重心前移，前轮独立控制可以充分利用附着系数，而后轮一同控制，可确保制动时的稳定性。所以，这种控制方案的特点是汽车制动稳定性好，方向操纵灵活，有较高的附着系数利用率，特别是弯道行驶时制动性能优越。

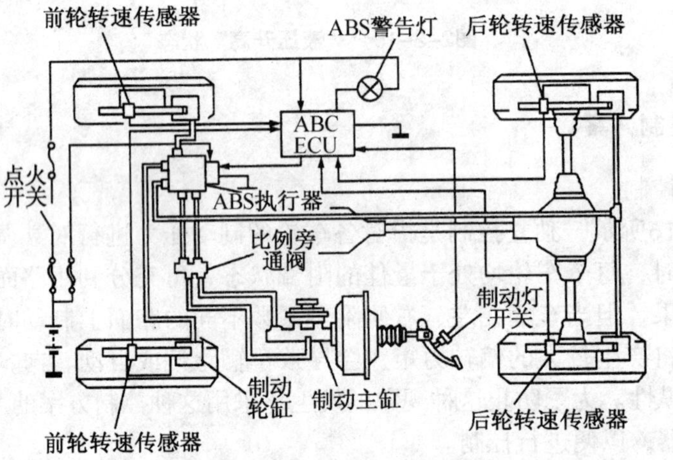

图2-2-18　混合控制示意

图2-2-19即为一汽捷达轿车ABS电控电路。

4. 制动力分配的控制（EBD）

电控制动力分配系统的英文缩写为EBD（electric brake-force distribution，EBD），在德系车中被称为EBV。

EBD装置的主要功用是在汽车开始制动时，高速计算出4个轮胎与路面由于附着条件不同而产生的不同摩擦力，及时调整4个车轮的制动力，确保车辆制动的平稳性和安全性。同时，EBD系统还可以根据汽车重心位置的改变而自动调整前后轴的制动力的平衡，防止车辆制动时产生侧滑，可以缩短制动距离，从而提高制动时的安全性。

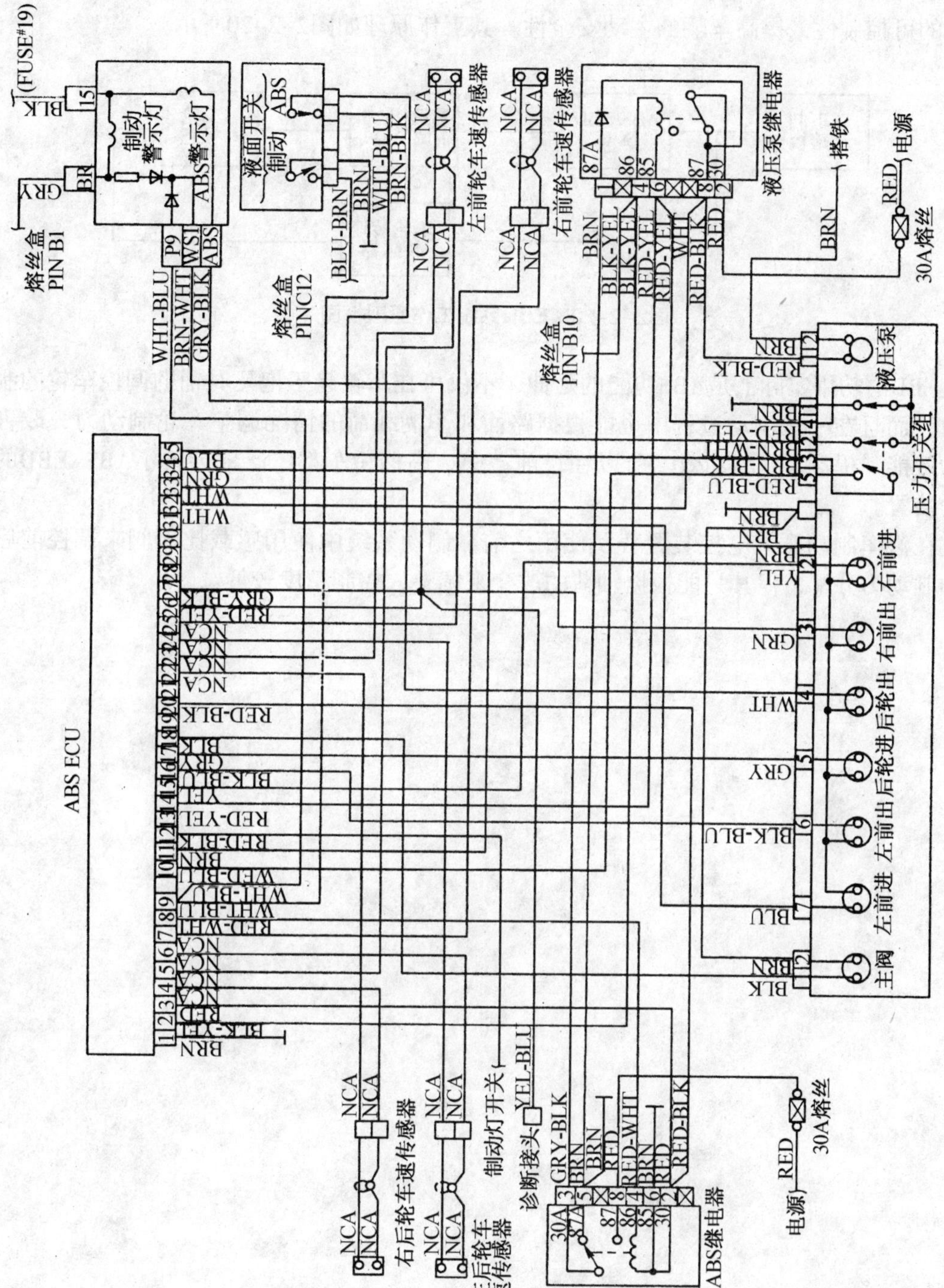

图2-2-19　一汽捷达轿车ABS电控电路

在紧急制动、车轮拖死的情况下，EBD在ABS动作之前的瞬间就已经平衡了每一个轮的制动力，配合ABS，防止车辆出现甩尾和侧滑，缩短汽车制动距离，并保持制动时方向的可控制性，提高车辆的主动安全性。其工作原理如图2-2-20所示。

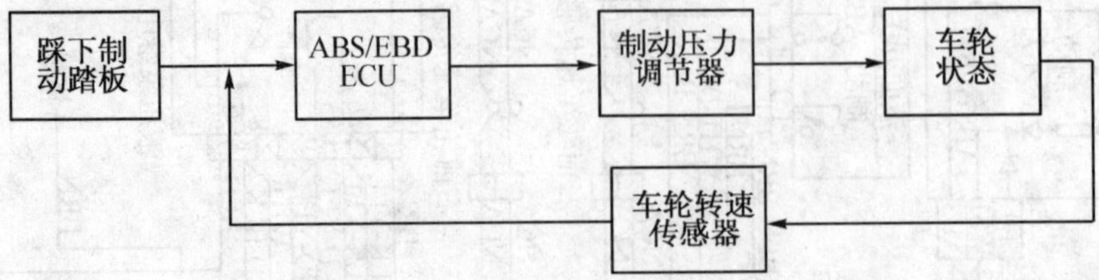

图2-2-20　EBD系统工作原理框图

EBD的功用实际上是ABS功能的延伸，不仅可在车轮趋于抱死时辅助调控车轮的制动力，而且在一般制动过程中也能根据路面和车辆载荷的情况调整车轮制动力，改善制动效能，提高ABS的功效。所以在目前，中、高档轿车都广泛地装备了ABS+EBD的制动装置。

在汽车制动系统电控装置普及使用之前，制动系统中使用感载比例阀来调控前后轴的制动力分配，但其只能根据轴荷的改变来调整，控制精度较低。

三、电控驱动防滑系统（ASR/TRC）

驱动防滑系统的英文缩写为ASR（anti-slip regulation，ASR）或TRC，也有称TRAC（traction control system，TRAC），其功用是当汽车在低附着系数的路面（如泥泞、冰雪路面）上行驶时，尤其是在开始起步或急加速时，驱动车轮会产生滑转（即车轮空转），致使驱动力矩损失，甚至导致侧滑、甩尾。该系统能在车轮开始滑转时，迅速降低 “发动机” 输出转矩；同时控制 “制动” 系统，降低传送给驱动车轮的转矩，使之达到合适的牵引力，以使汽车起步和加速达到既快速而又稳定的效果。因而，有些国家或公司（如日本本田、丰田）称驱动防滑系统为牵引力控制系统（TRC或TRAC）。

1. 驱动防滑系统的组成

ASR/TRC通常和ABS结合起来使用，它主要由副节气门机构和制动执行机构两大部分组成，包括：主/副节气门位置传感器、副节气门执行器、切断开关、制动执行器、继电器等。驱动防滑系统（ASR/TRC）主要装置在车上的布置和组成如图2-3-1、图2-3-2所示。图2-3-3所示即为ASR的组成与TRC（ASR）制动执行器的内部结构（见图中右上虚线框）。

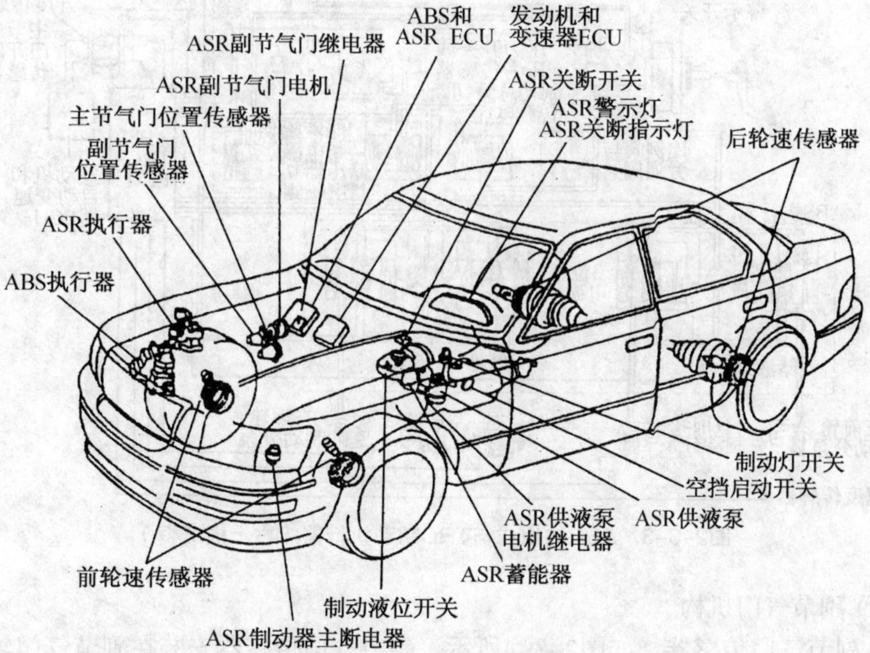

图2-3-1 ASR的布置

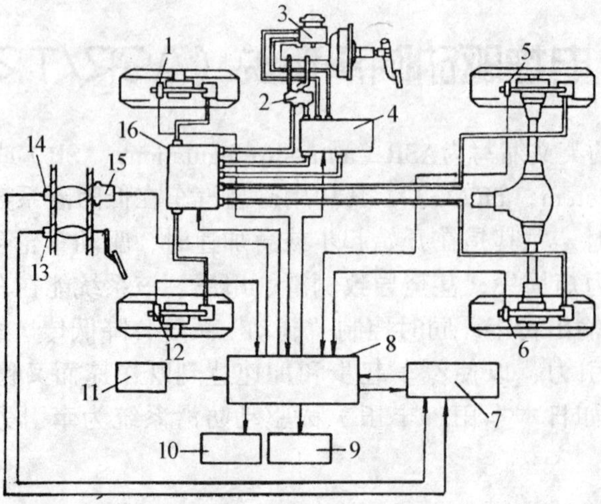

1–右前轮速传感器　2–比例/旁通阀　3–制动总泵（液压）　4–TRC制动执行器
5–右后轮速传感器　6–左右轮速传感器　7–发动机和自动变速器ECU
8–ABS/TRC ECU　9–ASR/TRC警示灯　10–TRC关闭指示灯
11–TRC切断开关　12–左前轮速传感器　13–主节气门位置传感器
14–副节气门位置传感器　15–副节气门执行器　16–ABS执行器

图2–3–2　驱动防滑系统的组成

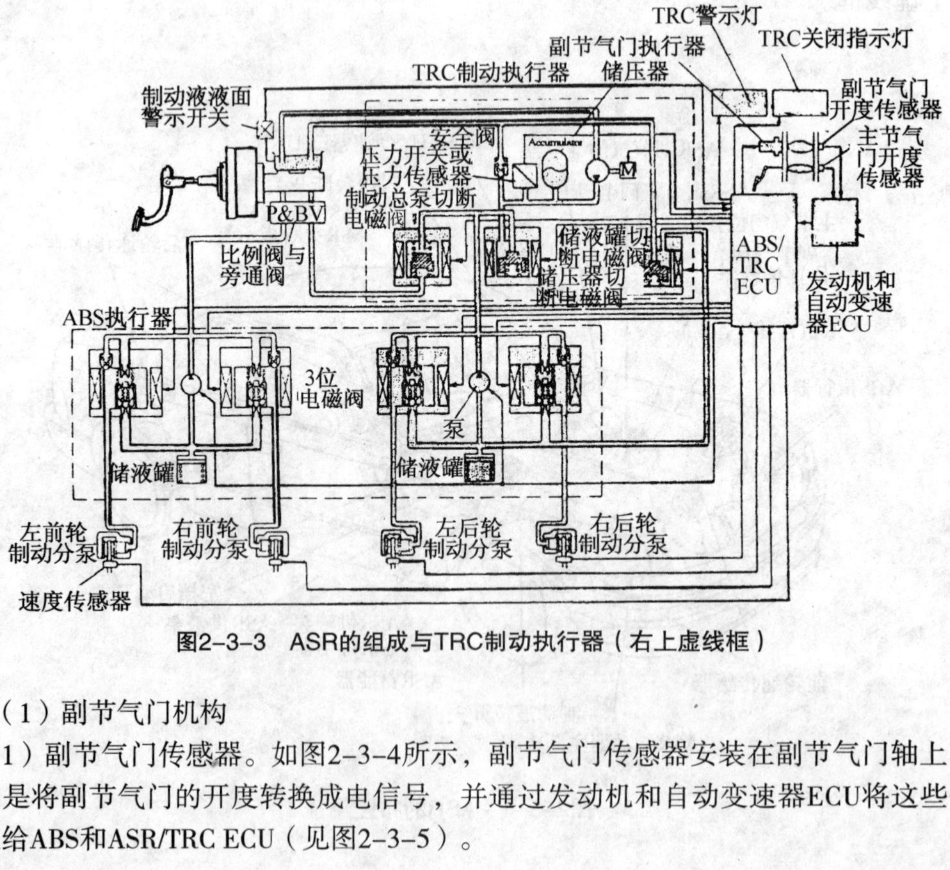

图2–3–3　ASR的组成与TRC制动执行器（右上虚线框）

（1）副节气门机构

1）副节气门传感器。如图2–3–4所示，副节气门传感器安装在副节气门轴上，其功用是将副节气门的开度转换成电信号，并通过发动机和自动变速器ECU将这些信号传送给ABS和ASR/TRC ECU（见图2–3–5）。

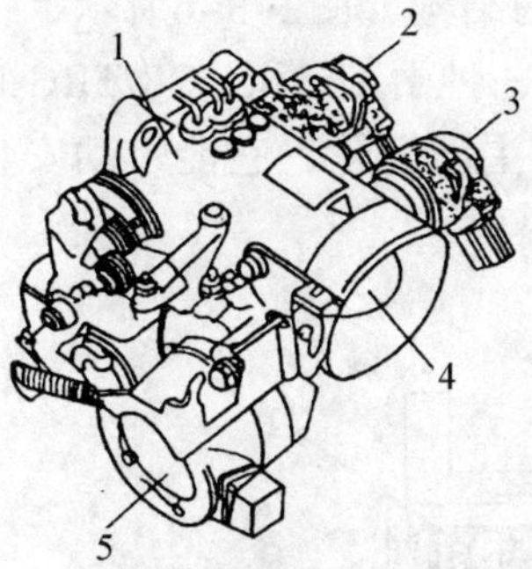

(a)执行器总成

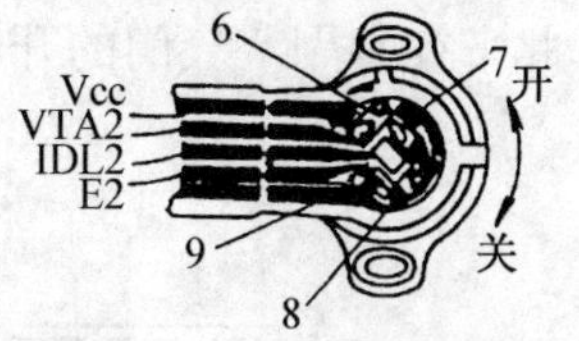

(b)传感器内部结构

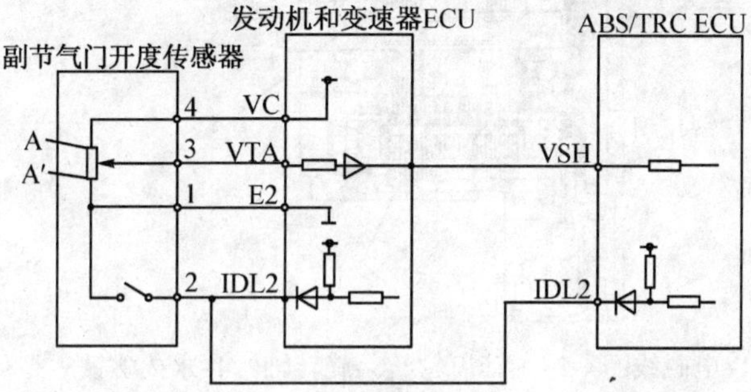

(c)电路连接

1–总成壳体　2–主节气门传感器　3–副节气门传感器　4–副节气门　5–副节气门执行器
6–副节气门开度触点　7–电阻片　8–怠速触点　9–怠速信号触板

图2–3–4　副节气门执行器及其传感器

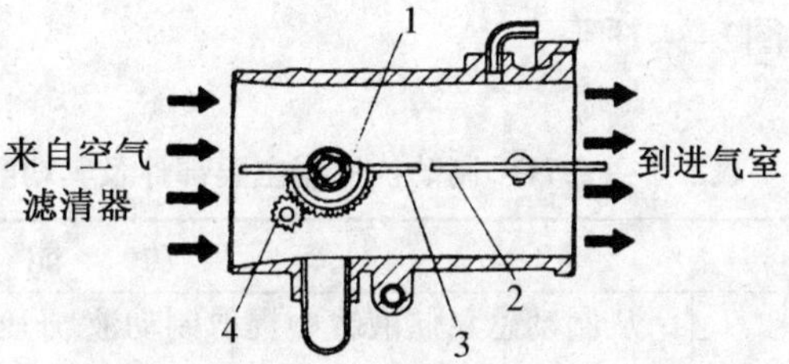

(a)系统不工作时，副节气门的位置（完全打开）

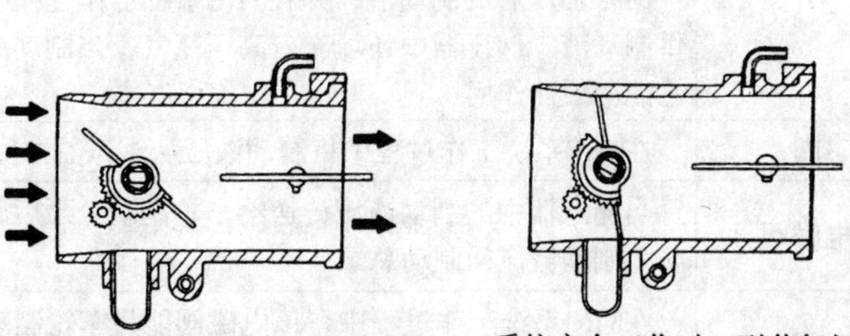

(b)系统部分工作时，副节气门的位置（部分打开）　(c)系统完全工作时，副节气门的位置（完全关闭）

1–凸轮轴齿轮　2–主节气门　3–副节气门　4–主动齿轮

图2–3–5　副节气门工作状态

2）副节气门执行器。副节气门执行器的结构如图2-3-6所示，主要由永磁体（永久磁铁）、传感线圈和旋转轴等组成。它是一种由ABS和 ASR/TRC ECU输出信号来控制转动的步进电机，在其旋转轴的末端装有主动齿轮，它能带动安装在副节气门轴上的凸轮轴旋转，以此来控制副节气门的开度。

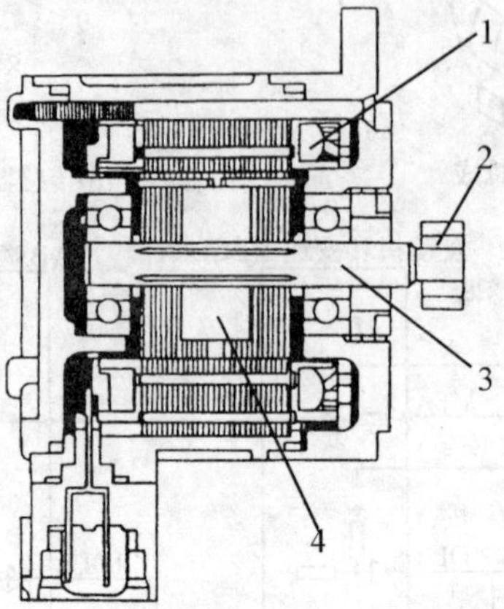

1-电磁线圈　2-主动齿轮　3-旋转轴　4-永久磁铁

图2-3-6　副节气门执行器（驱动机构）

（2）制动执行器

ASR/TRC系统中的制动执行器包括泵总成和制动执行器总成两个部分，如表2-3-1所列。

1）泵总成结构见图2-3-7所示。

表2-3-1　TRC制动执行器主要部件及其功能

主要部件		功　能
泵总成	泵	从制动总泵储液罐中提取制动液,升压后再送回储压器。它是一个由电机驱动的柱塞式泵
	储压器	储存加压后的制动液，并在TRC系统工作过程中向车轮制动分泵提供制动液。储压器中还填充着高压氮气，当制动液体积发生变化时，它能起缓冲作用
执行器总成	储压器切断电磁阀	在TRC系统工作过程中将制动液压从储压器中传送至车轮制动分泵
	制动总泵切断电磁阀	当储压器中的制动液压传送给车轮制动分泵后，该电磁阀的作用是防止制动液流回制动总泵
	储液罐切断电磁阀	在TRC系统工作过程中，该电磁阀能将车轮制动分泵中的制动液传送回制动总泵中
	压力开关或压力传感器	调节储压器的压力，并将有关信息传送给ECU，而ECU则依据这些数据来控制泵的运转

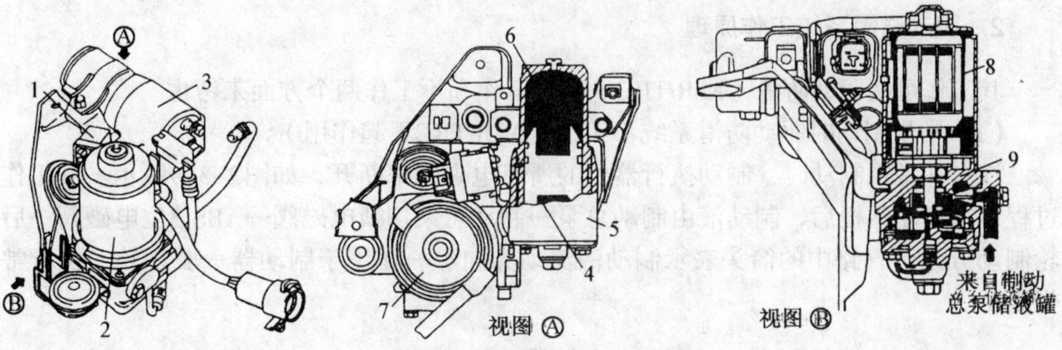

1-泵电机继电器　2、7、8-泵电机　3-储压器　4-制动液　5-储压器　6-高压氮气　9-泵

图2-3-7　泵总成

2）制动执行器总成。如图2-3-8所示，该总成由储压器切断电磁阀、制动总泵切断电磁阀、储液罐切断电磁阀、压力开关或压力传感器等组成。

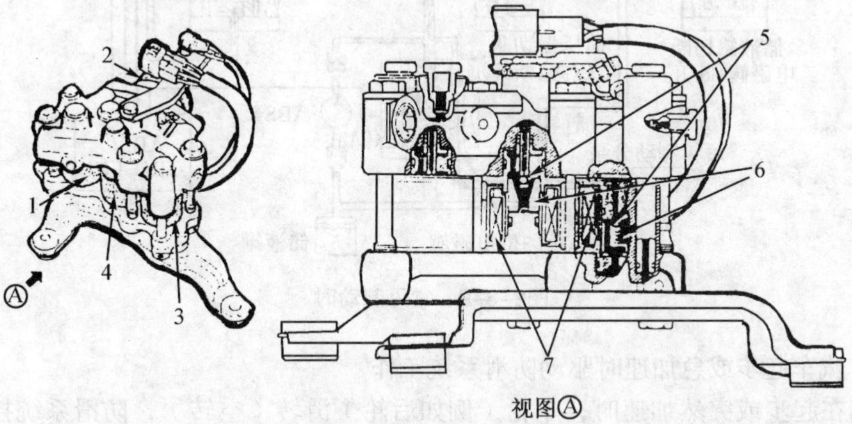

1-储液罐切断电磁阀　2-压力开关或压力传感器　3-制动总泵切断电磁阀
4-储压器切断电磁阀　5-阀门　6-柱塞　7-电磁阀线圈

图2-3-8　制动执行器总成

（3）电子控制器（ECU）

ECU不断地从4个轮速传感器中接收信号，并不断地计算每个车轮的速度，同时根据2个前轮速度估算出汽车的行驶速度，然后设定目标控制速度值。

如果在湿滑的路面上突然踩下加速踏板，而后轮（驱动轮）开始滑转，那么后轮的转动速度就会超过目标控制速度。于是ECU就向副节气门执行器传送关闭副节气门的信号。同时它也向TRC制动执行器传送信号，使之给后轮制动分泵提供高压的制动液。ABS执行器的3位电磁阀通过开关转换可以控制后轮制动分泵液压，从而防止车轮空转。

在起步或突然加速过程中，如果后轮空转，那么它们的速度将与前轮的速度不一致。ABS和TRC电控器检测到这种情况后就使TRC系统工作。

2. 驱动防滑系统工作原理

其工作可从驱动防滑（ASR/TRC）系统工作和不工作两个方面来考虑。

（1）常规制动时驱动防滑系统不工作（ASR/TRC不起作用）

汽车在常规制动时，制动执行器中的所有电磁阀都断开，如图2-3-9所示。其工作过程：踩制动踏板后，制动液由制动总泵→制动总泵切断电磁阀→ABS 3位电磁阀→后轮制动分泵（管路中的箭头表示制动液流动方向）→作用于制动器→驱动轮，执行常规制动。

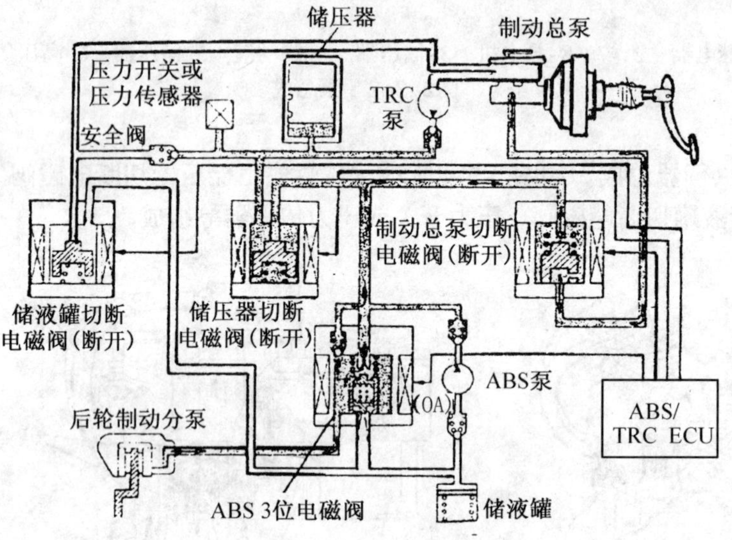

图2-3-9　常见制动时

（2）汽车起步或急加速时驱动防滑系统工作

汽车在起步或突然加速时，车轮（例如后轮）滑转（空转），防滑系统控制后轮制动分泵中的液压，于是呈现出3种工作状态：压力升高（升压）、压力保持（保压）和压力降低（降压）。

1）压力升高。当踩下加速踏板（油门）车轮开始滑转时，由 ABS/TRC ECU控制的TRC执行器中的所有电磁阀全都接通。也即能使储压器中被加压的制动液通过储压器切断电磁阀和ABS执行器中的3位电磁阀，作用于车轮制动分泵中的液压升高（与此同时TRC泵运转）。

高压制动液路径：如图2-3-10所示，由储压器→储压器切断电磁阀→ABS执行器中的3位电磁阀→后轮制动分泵。

2）压力保持。当车轮制动分泵中的液压升高至规定值时，驱动防滑系统就进入压力保持状态，如图2-3-11所示。这种状态的变换主要是由ABS执行器的3位电磁阀来完成（通电流2 A）。使其进油口和回油口都关闭，只让后轮制动分泵与ABS执行器的3位电磁阀内部保持连通而保持液压相等。

3）压力降低。当需要降低车轮制动分泵中的液压时，ABS/TRC ECU就将ABS执行

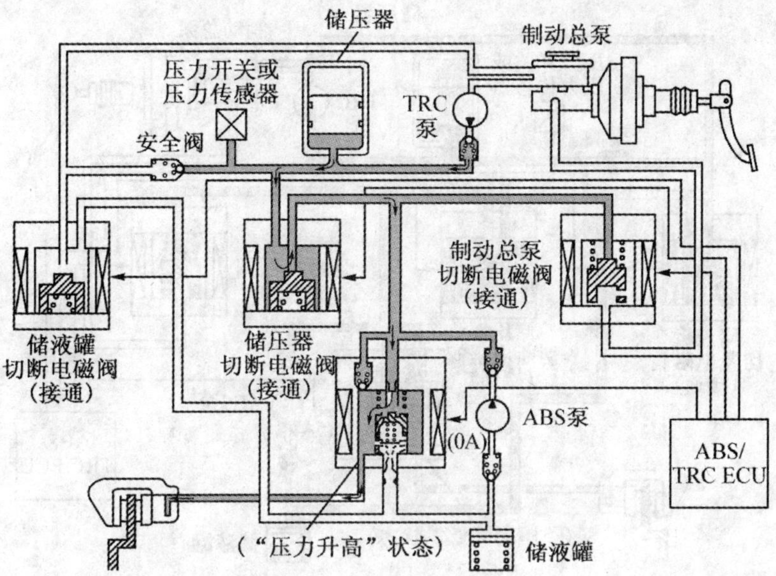

图2-3-10　压力升高时

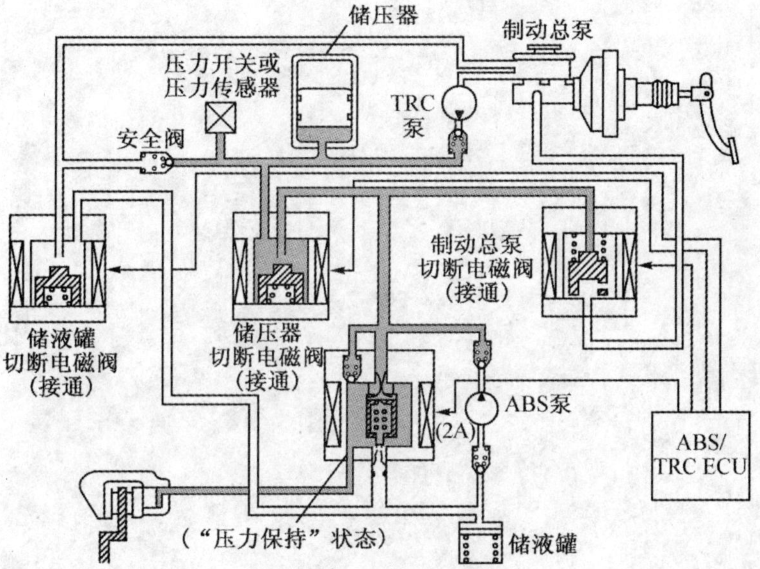

图2-3-11　压力保持时

器的3位电磁阀（通电流5A）置于“压力降低”状态，这就使制动分泵中的制动液通过ABS执行器的3位电磁阀和储液罐切断电磁阀流回制动总泵的储液罐中，以使管路中的制动液压降低（此时ABS泵不运转）。

制动液路径：如图2-3-12所示，由制动分泵→ABS执行器的3位电磁阀回油口→储液罐切断电磁阀→制动总泵储液罐。

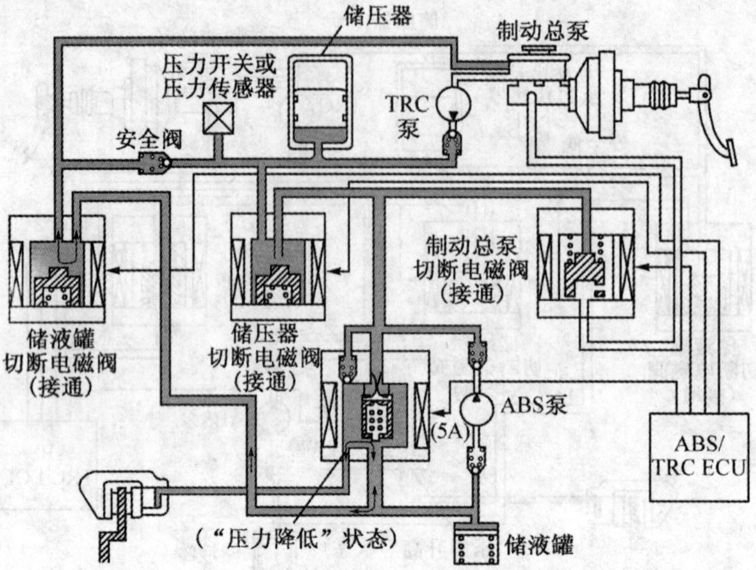
储压器
制动总泵
压力开关或
压力传感器
TRC
泵
安全阀
制动总泵
切断电磁阀
(接通)
储液罐
切断电磁阀
(接通)
储压器
切断电磁阀
(接通)
ABS泵
(5A)
ABS/
TRC ECU
(“压力降低”状态)
储液罐

图2-3-12　压力降低时

四、电控动力转向系统

汽车机械转向系，有非独立悬架和独立悬架两种类型，如图2–4–1和图2–4–2所示。

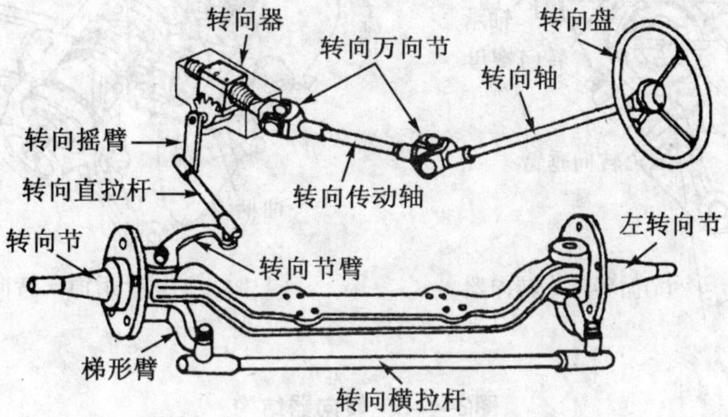

图2–4–1　机械转向系（非独立悬架）

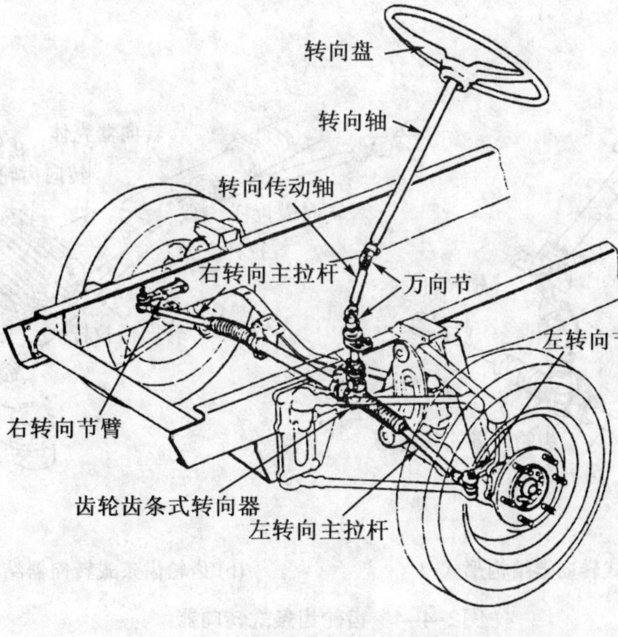

图2–4–2　机械转向系（独立悬架）

汽车转向器通常有循环球式、蜗杆指销式（见图2–4–3）和齿轮齿条式3种。

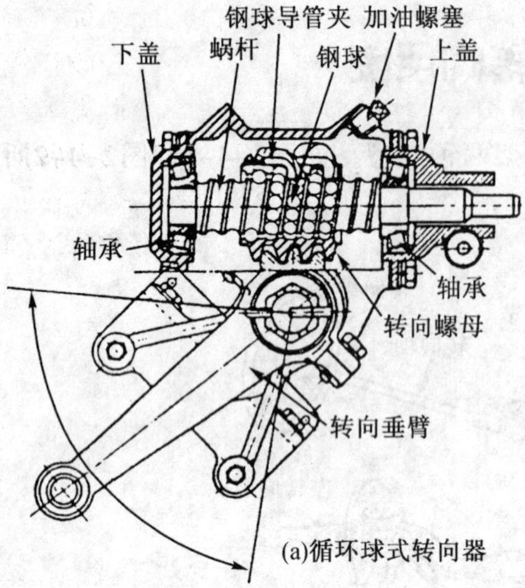

(a)循环球式转向器

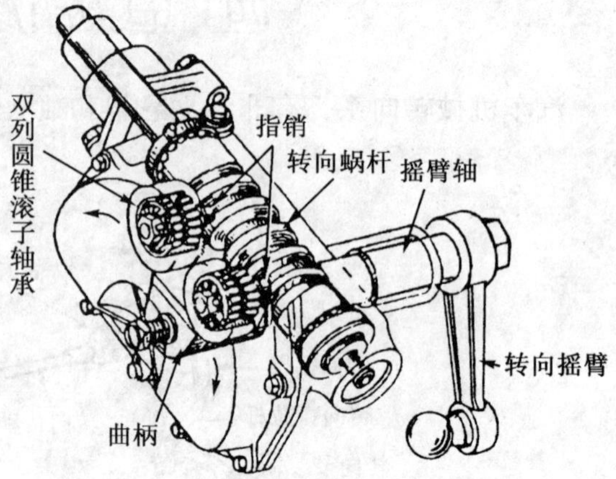

(b)蜗杆指销式转向器

图2-4-3 转向器结构

而动力转向器大多采用齿轮齿条式，其结构形式也有两种，如图2-4-4所示。

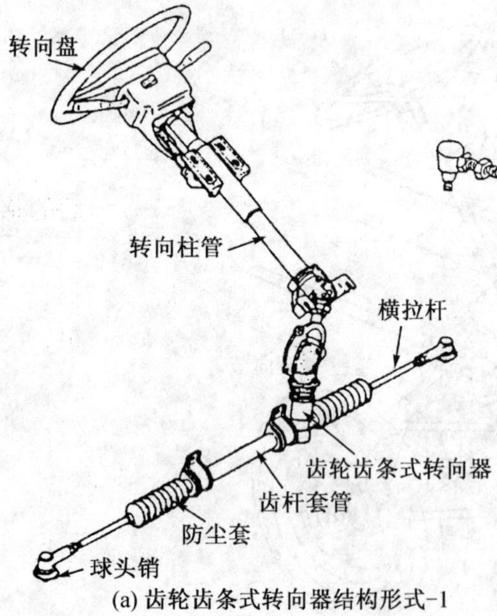

(a) 齿轮齿条式转向器结构形式-1

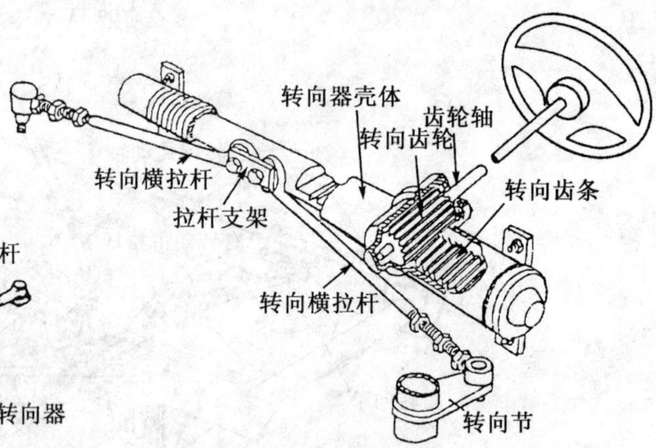

(b) 齿轮齿条式转向器结构形式-2

图2-4-4 齿轮齿条式转向器

汽车动力转向系统，英文为power steering system，亦称为转向加力系统或加力装置。它是在驾驶人的操纵或控制下，借助于汽车发动机的动力，带动液压泵或气压泵将其转换为液体压力或气体压力并驱动转向轮偏转；或者借助于电力，将电能转换成机械能进行助力从而实现汽车转向运动。

在传统转向系统中增设动力装置（俗称助力装置）后就成为动力转向系统。采用动力装置的主要目的就是使汽车转向操纵轻便，提高其转向的响应性。一般在停车及车速很低时，转向盘的操纵会感觉很沉重，中速时较轻快，车速增高时更加轻快，即所谓“方向发飘”，容易出现方向失控。为了避免上述情况发生，动力转向装置在汽车低速时提供较大的转向助力，使驾驶人操舵力减小，呈现出转向轻便；而在高速时转向助力较小，使操舵力增大，避免“方向发飘”，以提高汽车行驶的安全性。

1. 动力转向系统的类型及优点

根据动力转向装置动力源的不同，可分为气压式动力转向、液压式动力转向（含电控液压动力转向）、电动式动力转向3大类。

（1）气压式动力转向系统

需要消耗发动机的能量，并有容易漏气等缺点，所以目前已基本淘汰。

（2）液压式动力转向系统

采用的动力源是高压油液（约4～7 MPa）。由于其工作压力高，滞后时间短，结构紧凑，不需润滑，而且工作时无噪声，能吸收来自不平路面的冲击，所以该动力转向装置在现代汽车中得到广泛应用。

（3）电动式动力转向系统

采用电机将电能转变成机械能，利用电机的输出转矩来实现转向助力。

动力转向的优点有：

1）能减小转向盘的操纵力，特别是减小泊车时转向的操纵力。

2）能适当减少转向盘转动的总圈数，提高转向的灵敏度。

3）具有良好的随动性能，能使驾驶人在低速行驶转向或泊车转向时没有滞后的感觉。

4）驾驶人感觉不到地面对车轮的猛烈冲击，操纵时手感柔顺，操作舒适。

5）高速行驶转向时，地面对车轮转向助力的变化能通过液压装置成比例减小，反馈到驾驶人手上后具有“手感”。

随着低压轮胎的广泛应用，使汽车前轮的转向阻力大大增加，这也促进了动力转向器应用范围的扩大，尤其是轿车，人们为了操纵轻便和提高行车的安全性，已较为广泛地采用了电子控制的动力转向装置，特别是小型汽车。

电控动力转向系统目前主要有：电控液压式动力转向系统和电控电动式动力转向系统两大类。

2. 电控液压式动力转向系统

电控液压式动力转向系统按其结构和控制方式的不同，可分为流量控制式、反力控制式和阀灵敏度控制式3种。按动力转向器的结构形式的不同，又可分为分开式、半分开式和整体式3种。按转向控制阀结构的不同，还可分为滑阀式、瓣阀式和转阀式等多种。目前广泛采用的是：流量或反力控制式、整体转阀式动力转向器。

液压式动力转向系统的主要装置如图2–4–5、图2–4–6和图2–4–7所示。

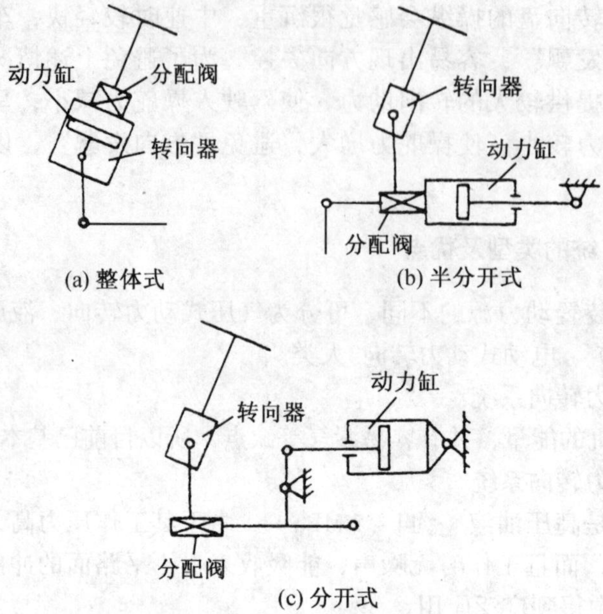

图2–4–5　液压式动力转向系统

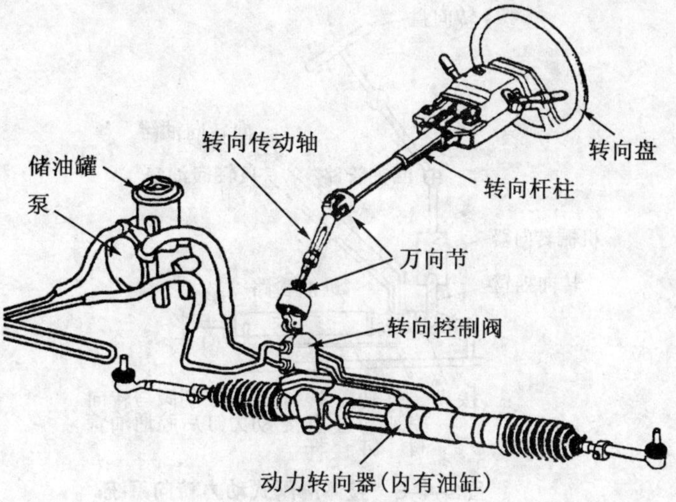

(a) 动力转向系的组成

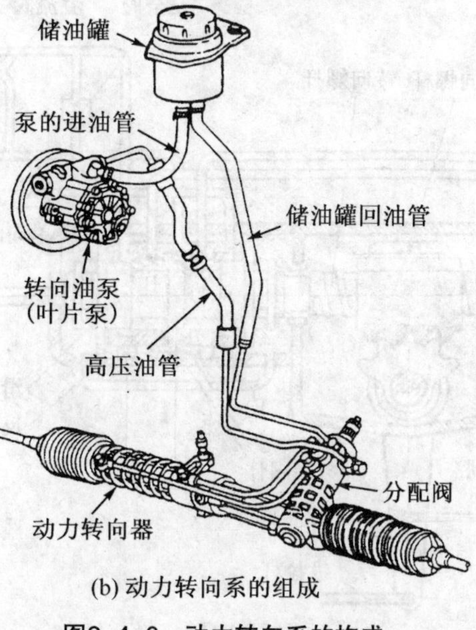

(b) 动力转向系的组成

图2-4-6　动力转向系的构成

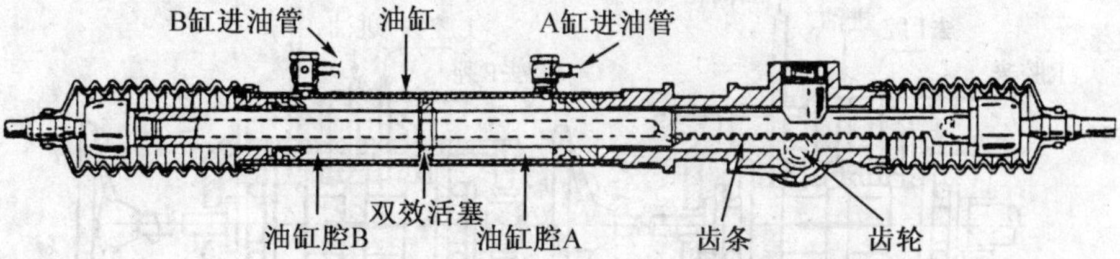

图2-4-7　动力转向器齿条和油缸结构

（1）滑阀式动力转向

整体滑阀式动力转向系统如图2-4-8和图2-4-9所示。

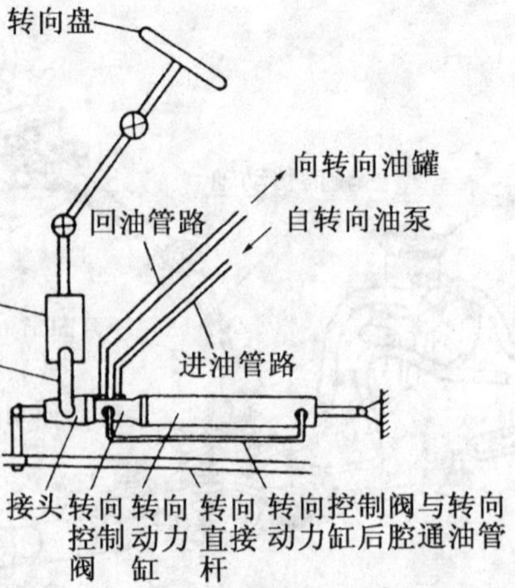

图2-4-8　整体滑阀式动力转向系统

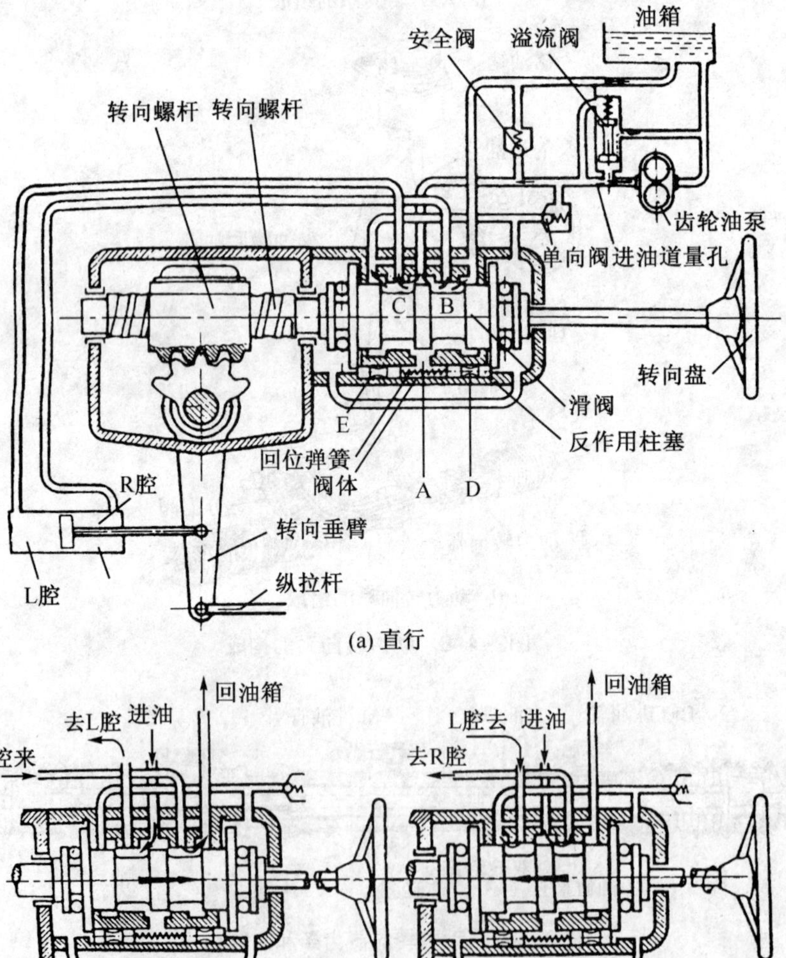

图2-4-9　整体滑阀式动力转向系统工作示意

（2）转阀式动力转向

整体转阀式动力转向器如图2-4-10所示。

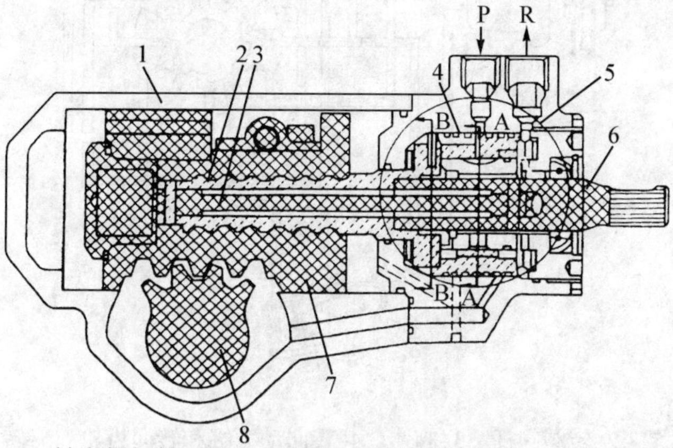

1-转向动力缸　2-转向螺杆轴　3-扭杆弹簧　4-控制阀阀体　5-转阀总成　6-转阀阀杆
7-动力缸活塞（兼转向螺母）　8-转向摇臂轴　P-高压油入口　R-回油出口

图2-4-10　整体转阀式液压动力转向器

整体转阀式动力转向系统的工作原理如图2-4-11、图2-4-12和图2-4-13所示。

1）汽车直行（不打方向盘）

如图2-4-11所示，由于不转动方向盘，转阀阀杆不动，转阀通往动力缸的两个油口C_1和C_2无油流动，动力缸活塞不动，不助力。

2）汽车右转弯

如图2-4-12所示，右打方向盘，转阀阀杆右转，动力缸左油室从C_2进油，活塞右移，从C_1口出油，至转阀回油道R返回转向储液罐。由于活塞右移，齿条拉动转向摇臂轴右偏转，带动转向轮进行右转向助力。

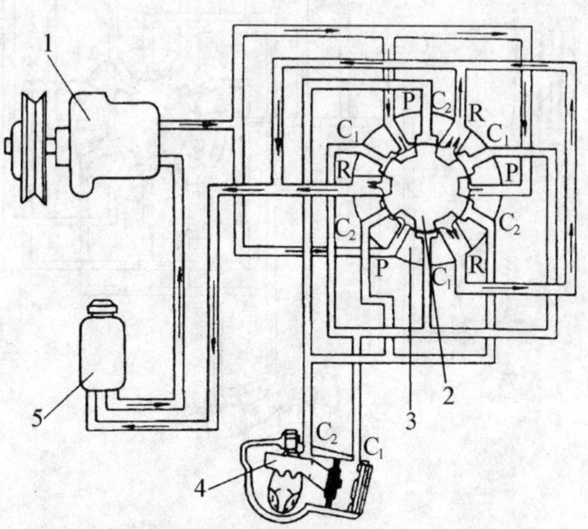

1-转向油泵　2-转阀阀杆　3-阀体　4-转向动力缸和转向齿轮　5-转向储液罐

图2-4-11　汽车直行时转阀的工作状态

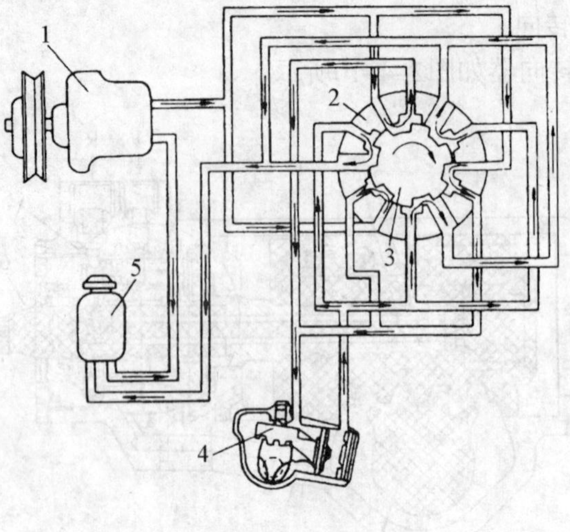

1–转向油泵　2–转阀阀杆　3–阀体　4–转向动力缸和转向齿轮　5–转向储液罐

图2–4–12　汽车右转弯时转阀的工作状态

3）汽车左转弯

如图2–4–13所示，左打方向盘，转阀阀杆左转，动力缸右油室从C_1口进油，活塞左移，从C_2口出油，至转阀回油道R返回转向储液罐。由于活塞左移，齿条拉动转向摇臂轴左偏转，带动转向轮执行左转向助力。

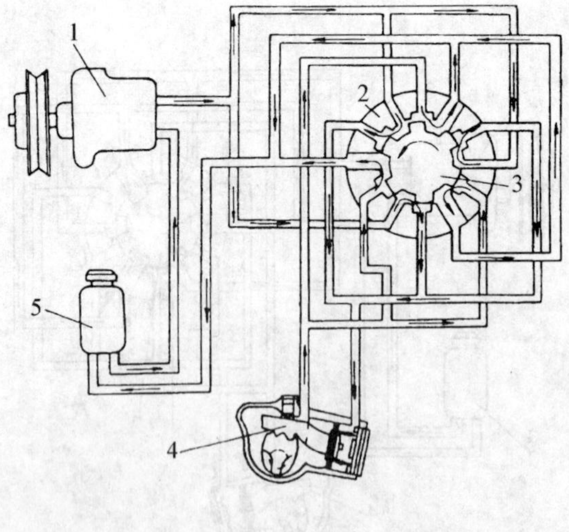

1–转向油泵　2–阀体　3–转阀阀杆　4–转向动力缸和转向齿轮　5–转向储液罐

图2–4–13　汽车左转弯时转阀的工作状态

（3）电控液压动力转向

日本丰田公司电控液压整体转阀式动力转向系统，基本组成有：传感器（转向角）、电控单元（ECU）、执行器（电磁阀）等，如图2-4-14所示。

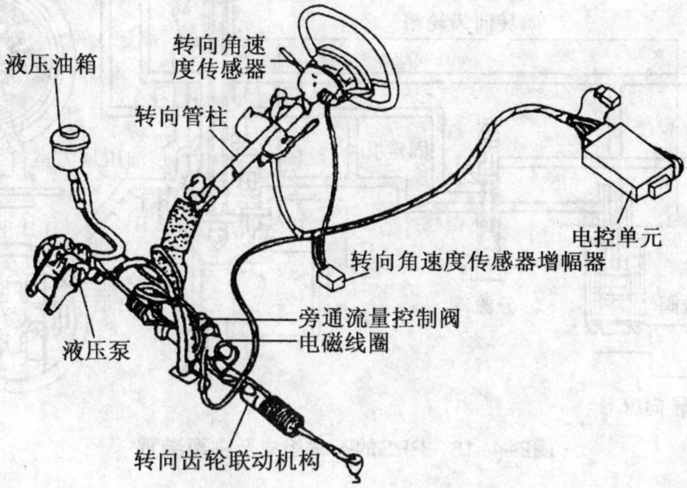

图2-4-14　电控液压式动力转向系统

电控液压式动力转向系统的工作原理是，电控单元根据检测到的车速信号，控制电磁阀，使转向动力放大倍率实现连续可调，从而满足高、低速时的转向助力的要求。图2-4-15所示即为电控整体转阀式液压动力转向系统结构原理简图。

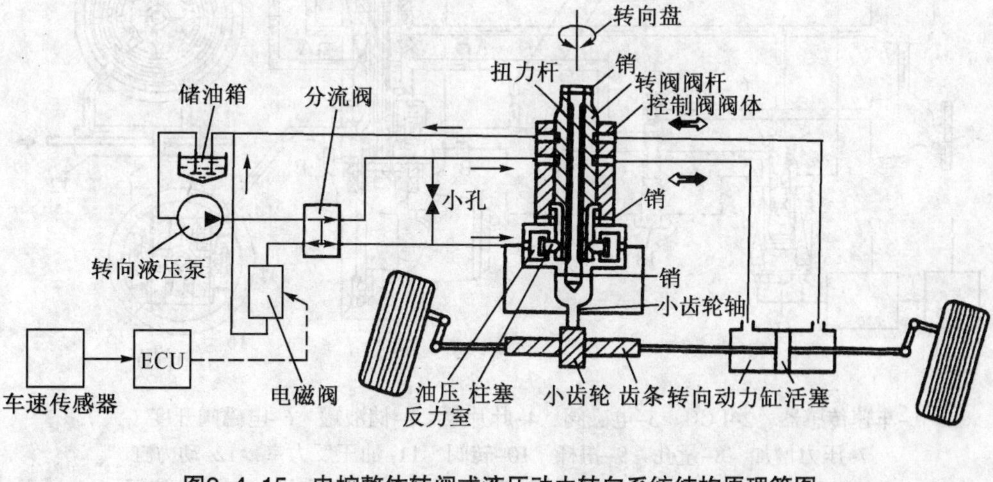

图2-4-15　电控整体转阀式液压动力转向系统结构原理简图

丰田（TOYOTA）公司称电控整体转阀式液压动力转向系统为PPS（progressive power steering），其基本组成及主要装置如图2-4-16所示。

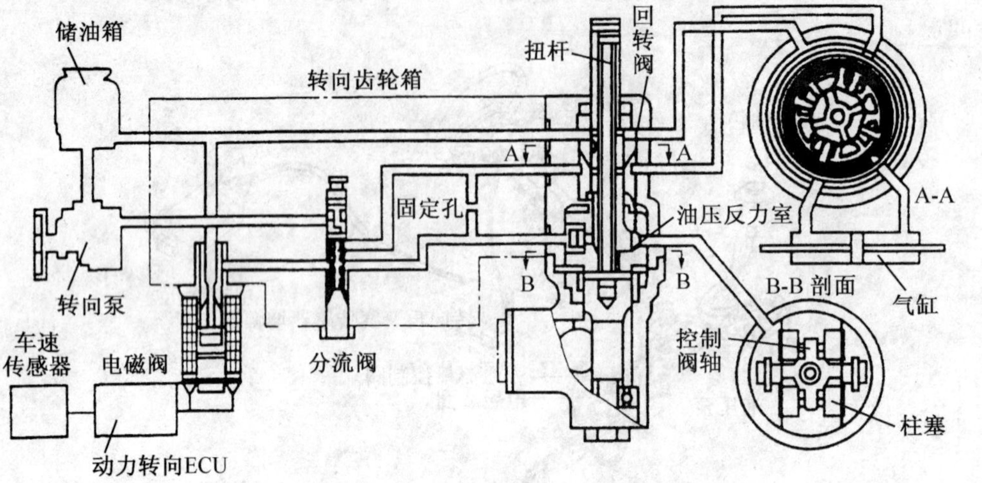

图2-4-16　PPS的基本组成及主要装置

工作原理：

1）停车或低速行驶时的转向

如图2-4-17所示，ECU控制电磁阀，使之电流大，开度大，回油多，去反力室油液少，反力小；但转阀随方向盘的扭力而转动，油压作用于动力缸右油室，使活塞左移而带动转向轮偏转，产生较大的助力。

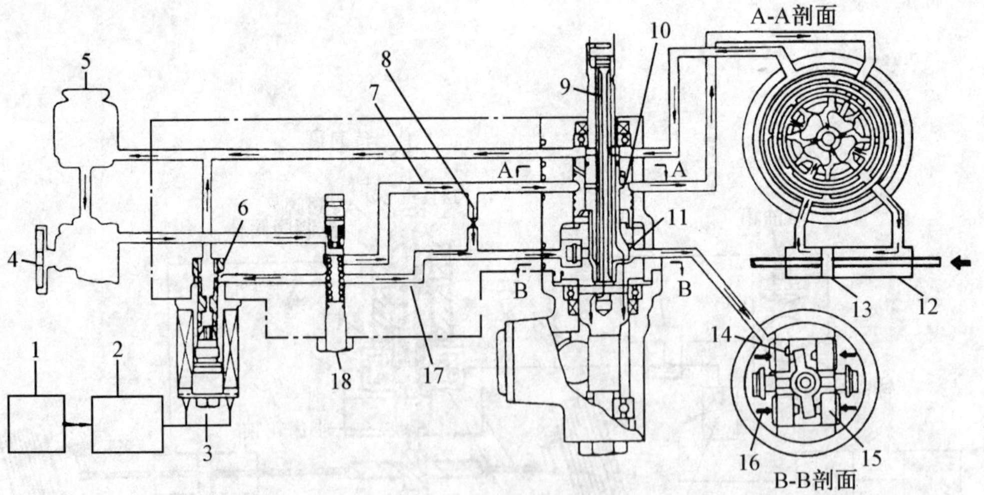

1-车速传感器　2-ECU　3-电磁阀　4-叶片泵　5-储液罐　6-电磁阀开度（大）
7-压力增加　8-量孔　9-扭杆　10-转阀　11-油压反力室　12-动力缸
13-活塞　14-阀杆　15-柱塞　16-压力减小　17-至反力室　18-分流阀

图2-4-17　PPS在停车或低速行驶时的转向作用

2）中、高速行驶时的转向

如图2-4-18所示，ECU控制电磁阀使之电流小，开度小，回油少，去反力室油液多，反力大；即便转阀随方向盘的扭转角度增大，由于转阀下端反力的作用，还是使转向需要较大的操纵力，即“手感”增强，以防方向“发飘”，从而获得高速行驶时的转向稳定性。

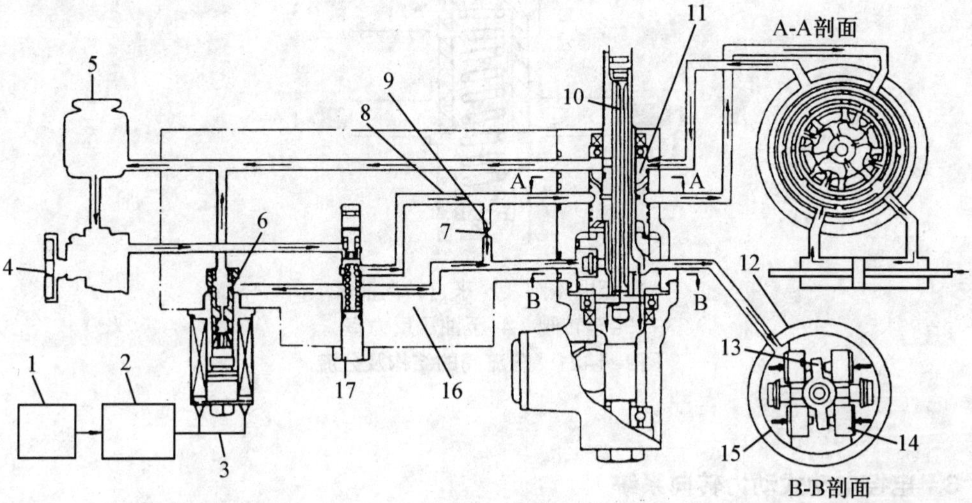

1-车速传感器　2-ECU　3-电磁阀　4-叶片泵　5-储液罐　6-电磁阀开度（小）
7-量孔　8-压力增加　9-量孔　10-扭杆　11-转阀　12-油压反力室
13-控制阀杆　14-柱塞　15-压力增加　16-流量增加　17-分流阀

图2-4-18　PPS在中、高速行驶时的转向作用

电磁阀和分流阀的结构及特性如图2-4-19、图2-4-20和图2-4-21所示。

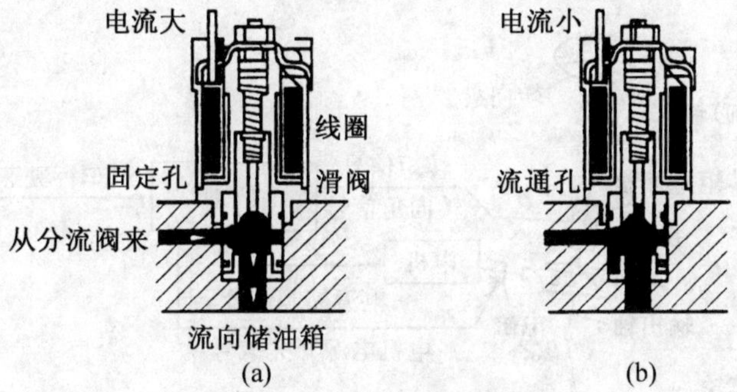

图2-4-19　电磁阀工作状态

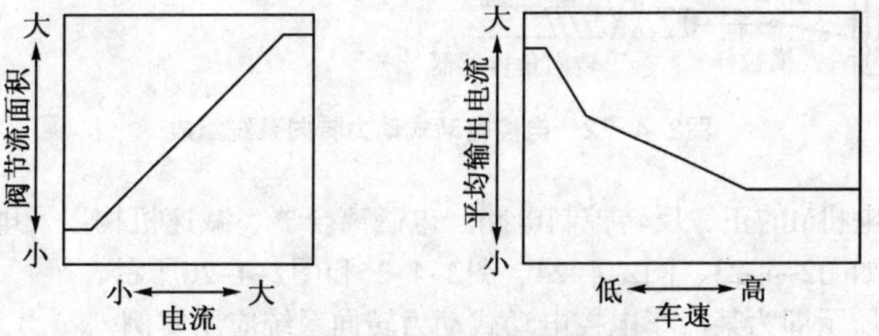

图2-4-20　电磁阀工作特性曲线

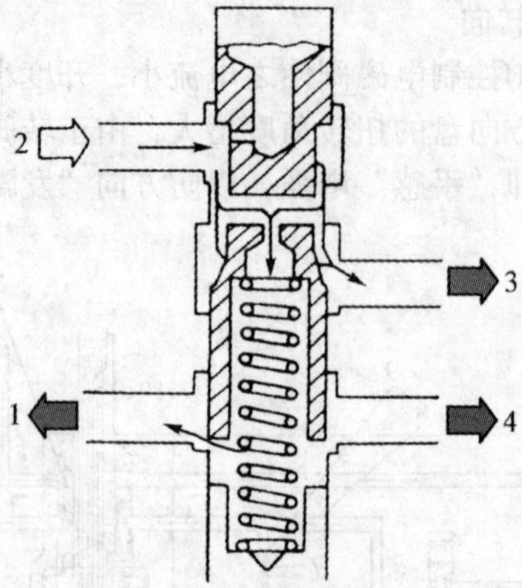

1-至电磁阀 2-来自转向油泵
3-至转阀 4-至油压反力室

图2-4-21 分流阀的结构及分流

3. 电控电动式动力转向系统

如图2-4-22所示，电控电动式动力转向系统以利用直流电机作为动力源，电控单元根据转向参数和车速等信号，控制电机转矩的大小和方向。电机的转矩由电磁离合器通过减速机构减速增扭后，加在转向机构上，使之得到一个与行驶工况相适应的转向作用力。

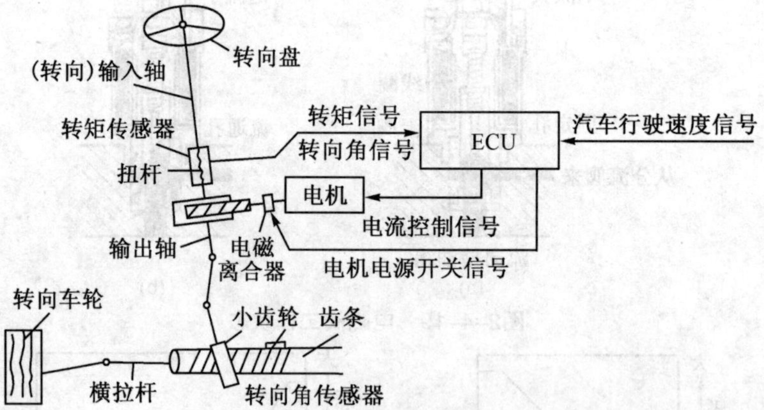

图2-4-22 电控电动式动力转向系统组成

该系统的电机M的正、反转控制电路、电磁离合器、减速机构以及电子控制器ECU控制系统分别如图2-4-23、图2-4-24、图2-4-25和图2-4-26所示。

图2-4-27所示即为某汽车电控电动式动力转向系统应用实例。

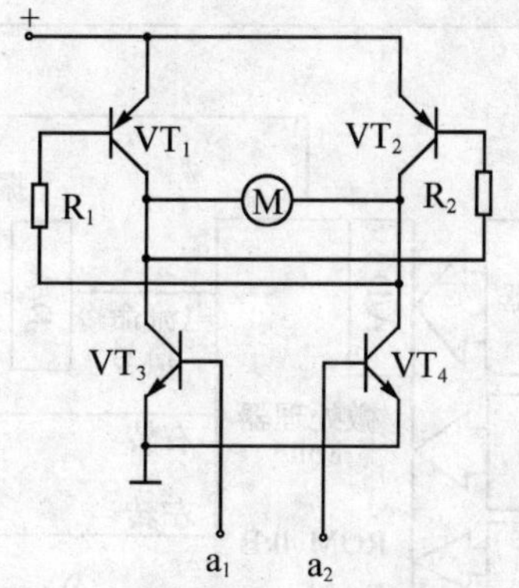

图2-4-23　电机正、反转控制电路

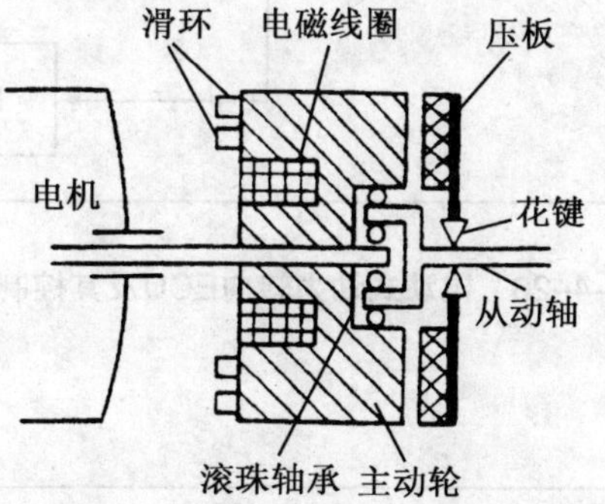

图2-4-24　电磁离合器结构

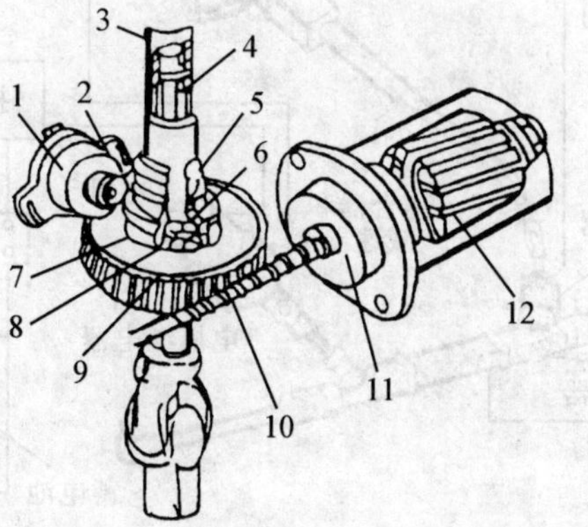

1-转矩传感器　2-控制臂　3-输入轴
4-扭杆　5-滑块　6-球槽　7-滑环
8-钢珠　9-蜗轮　10-蜗杆
11-电磁离合器　12-电机

图2-4-25　减速机构

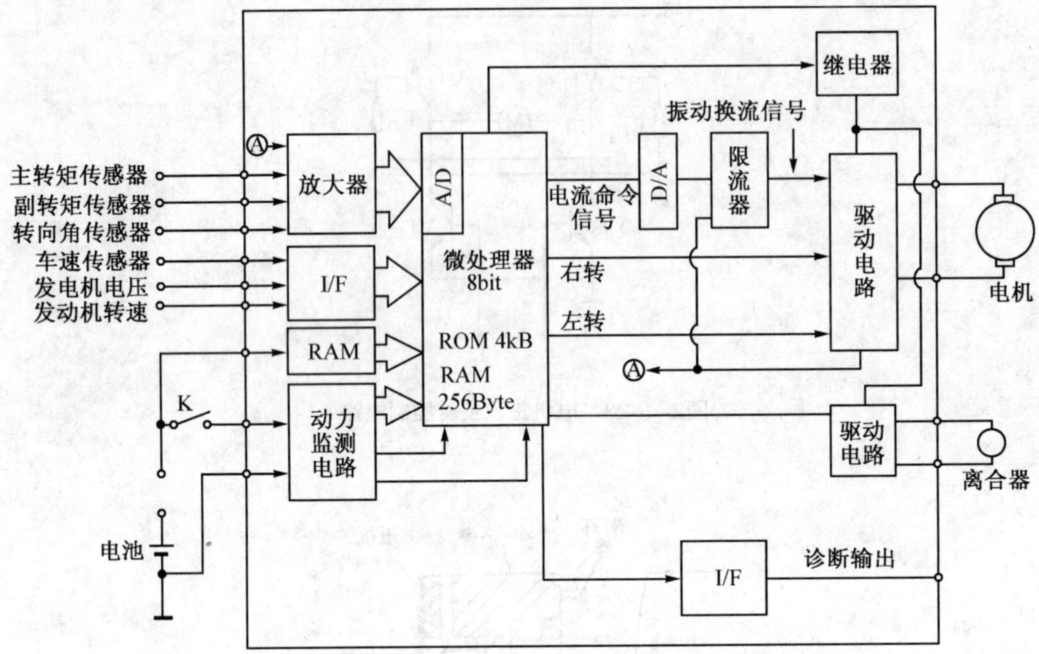

图2-4-26　电动式动力转向ECU及其控制系统

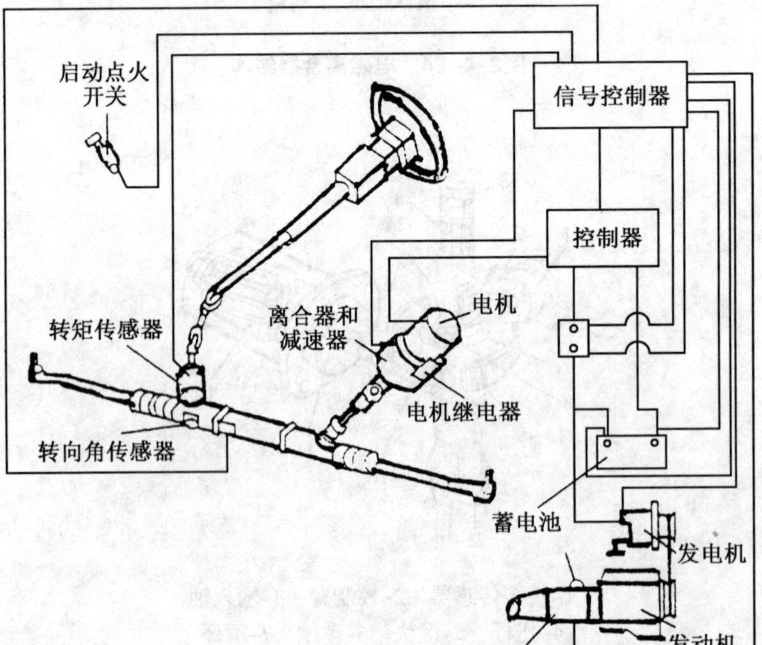

图2-4-27　电控电动式动力转向系统

五、电控四轮转向系统（4WS）

所谓四轮转向（4WS），就是4个车轮都起转向的作用。传统的汽车通常是2个前轮转向（缩写为2WS），后轮不起转向作用。目前，很多汽车制造厂家都在积极开发4WS车，主要是出于两点考虑：一是可以提高车辆高速行驶的稳定性，尤其是在紧急并线换道行驶时；二是可以提高车辆在狭窄的停车场内进出的灵活性。

1. 四轮转向（4WS）特性

四轮转向通常有两种工作状态——同向转向和反向转向，如图2-5-1所示。

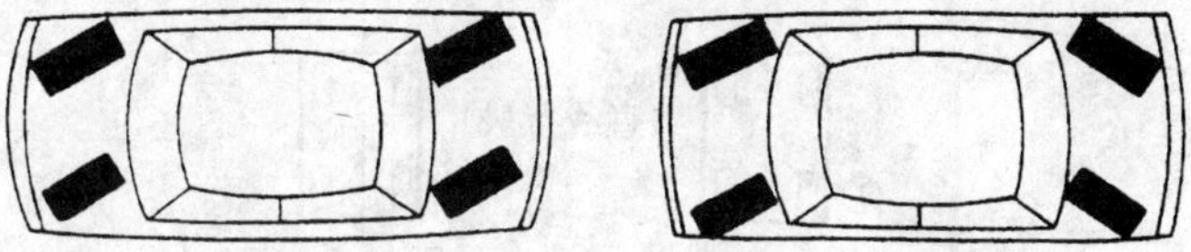

(a) 同向转向　　(b) 反向转向

图2-5-1　四轮转向的两种工作状态

1）同向转向

在转向盘转角较小时，后轮的偏转方向与前轮相同。这样，增大了转向半径，减小了离心力，可避免向外侧滑，适用于高速转弯或变换车道的情况。

2）反向转向

在转向盘转角较大时，后轮的偏转方向与前轮相反。这样，减小了转向半径，可改善急转弯和低速行驶时的机动性，适用于调头、倒车等情况。

（1）4WS车低速时的转向特性

当汽车在狭窄的停车场地停车时，泊车是否容易，主要取决于转弯半径的大小。汽车低速行驶时的转弯半径可根据其几何关系来确定（见图2-5-2所示）。

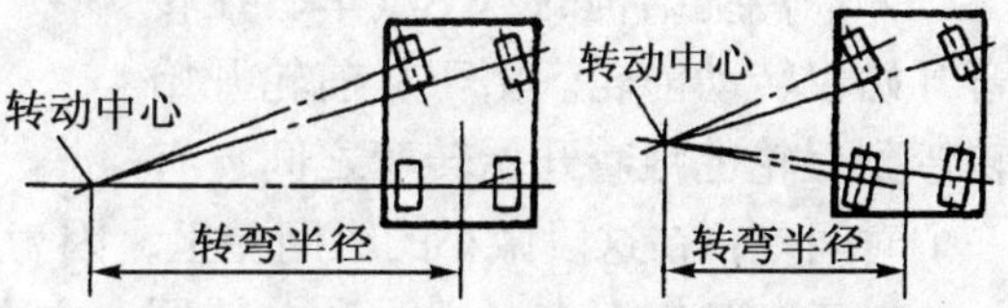

(a) 2WS车　　(b) 4WS车

图2-5-2　汽车低速行驶时的转弯半径比较

2WS车只有前轮转向，而4WS的车辆，因为转动后轮的方向和前轮相反（逆相位），所以它的转弯半径和2WS车相比就小些；由此可知，4WS车在泊车和进行U形转弯时操控比较容易，见图2-5-3所示。

汽车在低速转向的情况下，可以认为车辆的前进方向和车的朝向是大体一致的，所以各车轮上几乎不产生转向力。4轮的前进方向的垂线在一点相交，而车辆以此交点（转向中心）为中心进行转向。

由此可知，2WS车（前轮转向操纵）的情况是后轮不转向，所以转向中心大致在后轴的延长线上。4WS车的情况是对后轮进行逆向转向操纵，转向中心就比2WS的车超前，并在靠近车体处。在低速转向时，若前轮转向角相同，则4WS车的转弯半径更

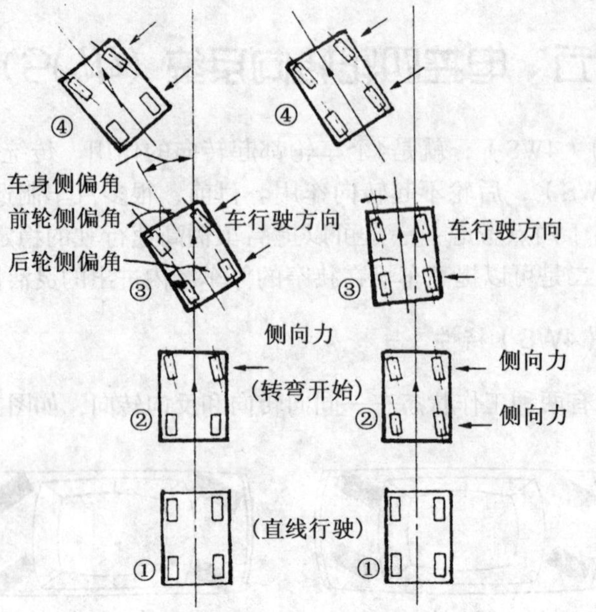

(a) 2WS车　　(b) 4WS车

图2–5–3　从直线行驶进入转弯时4WS车与2WS车的比较

小，内轮差也更小，所以其转向性好。对小轿车而言，如果后轮逆向转向5°，则可减少最小转弯半径约0.5 m，内轮差约0.1 m（如图2–5–4所示）。

（2）4WS车高速时的转向特性

一辆传统结构的2WS汽车，在转弯开始仅转动前轮。由于从前轮开始转弯到后轮也跟着开始转弯之间，有一个时间差，在这段微小的时间差里，因为后轮没有侧向力，会使车轮后部向外偏移。

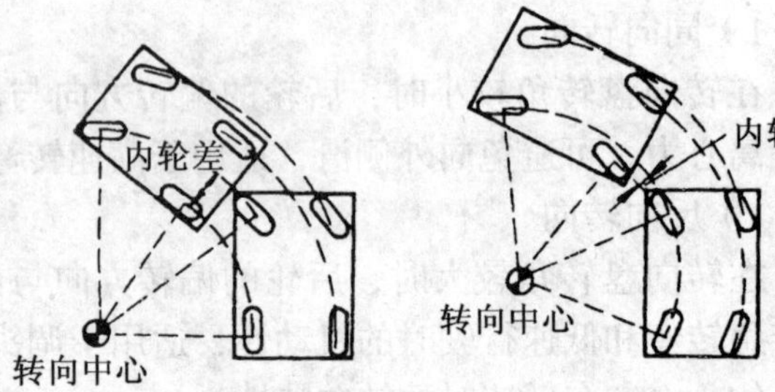

(a) 2WS车　　(b) 4WS车

图2–5–4　转向时的内外轮差

对于4WS车而言，因为和前轮同一方向（同方向或同相位）转动后轮，所以在后轮也同时产生侧向力，于是，车身的侧偏角就小，甚至可以为零。这样，汽车就能平滑地换道行驶，从而提高了汽车操纵的稳定性。

直行汽车的转向是有下列两个运动的合成，即车辆的质心点绕改变前进方向的转向中心的公转和绕质心点的自转运动。

而2WS车高速转向时车辆的运动状态，当前轮转向时，前轮就会产生侧偏角α，并产生旋转向心力使车体开始自转。当车体出现偏向时，后轮也出现侧偏角β，且也产生旋转向心力。4轮分担自转和公转的力，一边平衡一边转向。但是，车速愈高，离心力就愈大。所以必须给前轮更大的侧偏角，使它产生更大的旋转向心力。而且，为了使后轮也产生与此相对应的侧偏角，就会使车体有更大的自转运动。但是，车速愈高，车体的自转运动就愈不稳定，更容易引起车辆的旋转或侧滑（见图2–5–5所示）。

理想的高速转向的运动状态是尽可能使车体的倾向和前进方向一致，以防多余的自转运动，使前后轮产生足够的旋转向心力。在4WS的车上通过对后轮的同相转向操纵，使后轮也产生侧偏角α，使它与前轮的旋转向心力相平衡，从而抑制自转运动。这样有可能得到车体方向与车辆前进方向相一致的稳定转向状态，如图2–5–6所示。

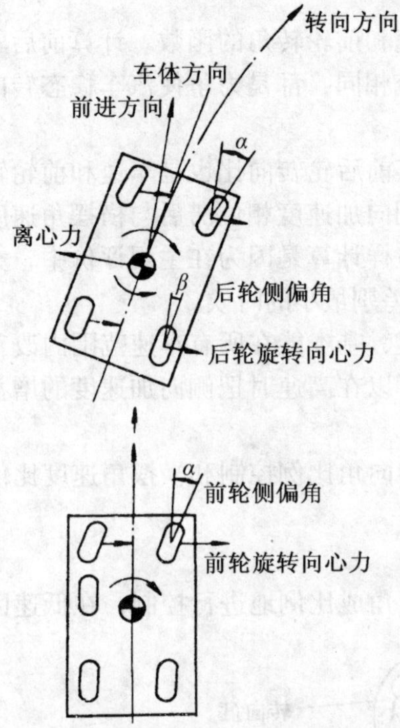

图2–5–5　2WS车高速转向的车辆动态

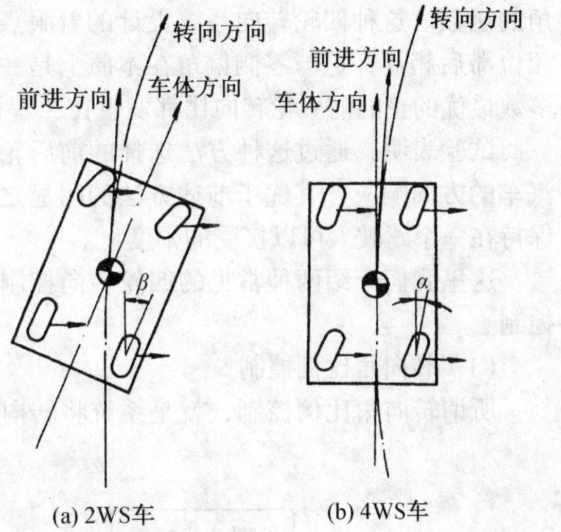

图2–5–6　高速转向2WS与4WS同相转向操纵比较

2. 四轮转向（4WS）主要类型及控制

四轮转向系统按结构可分为：机械式、液压式、电动式和复合式4种；按其控制方法又可分为：定前后轮转向比的4WS、前后轮转向比是前轮转角函数的4WS、前后轮转向比是车速函数的4WS、具有一阶滞后的四轮转向系统、具有反向特性的四轮转向系统等多种转向控制系统。

（1）定前后轮转向比的4WS

该系统通过选择前、后轮转向角之比λ值，使稳态转向时侧偏角等于零。λ值为正时，表明前、后轮转动方向相同。低速时，λ应为负值（前、后轮转动方向相反），这样可以减小转弯半径，以提高汽车的操纵灵活性；高速时，λ应为正值。研究表明在这样的λ值下，侧向加速度响应时间缩短，但其增益大幅度减小。

（2）前后轮转向比是前轮转角函数的4WS

这是一种结构简单且效果良好的系统，20世纪90年代初期一些四轮转向汽车中就采用了这种系统。该系统同时具有同相位及反相位的转向功能。

前、后轮转角比值变化范围从0.55（前轮转向角较小）到–0.20（前轮转向角较大）。这种4WS系统在极限工况——车辆高速行驶且前轮转角较大时，后轮转角与前轮转角方向相反，这将导致操纵稳定性极度恶化。尽管在现实中人们很少在高速行驶时大打转向盘，但这种潜在的危险依旧存在。这种车辆在高速行驶时具有一定的危险性，是该系统的一个明显的缺点，也是该种系统没有得到广泛应用的原因。

（3）前后轮转向比是车速函数的4WS

该系统采用微机控制，使其前后轮转向比为车速和前轮转角的函数。计算前后轮转向比的基本着眼点与定前后轮转向比四轮转向系统相同，都是力争使汽车稳态转向时的侧偏角为零。

在这类系统中还有一种类似的四轮转向系统，其前后轮转向比也是车速和前轮转角的函数。这种四轮转向系统设计的着眼点在于使侧向加速度相位滞后与横摆角速度相位滞后相等，这与零侧偏角在本质上是一致的。这样计算是因为在主观评价中，大多数最优的正的前后轮转向比都发生在二者相位滞后差别最小的时候。

试验表明，通过这种方法选择的前后轮转角比值，基本能在所有车速范围内改善汽车的方向响应，其优于前述方法的明显之处是，可以在高速时把侧向加速度的增益保持在一个驾驶人可以接受的幅度上。

这里我们介绍两种常见的四轮转向控制方法：转向角比例控制和横摆角速度比例控制。

（1）转向角比例控制

所谓转向角比例控制，就是系统将转向盘的转向角成比例地进行控制，在低速区

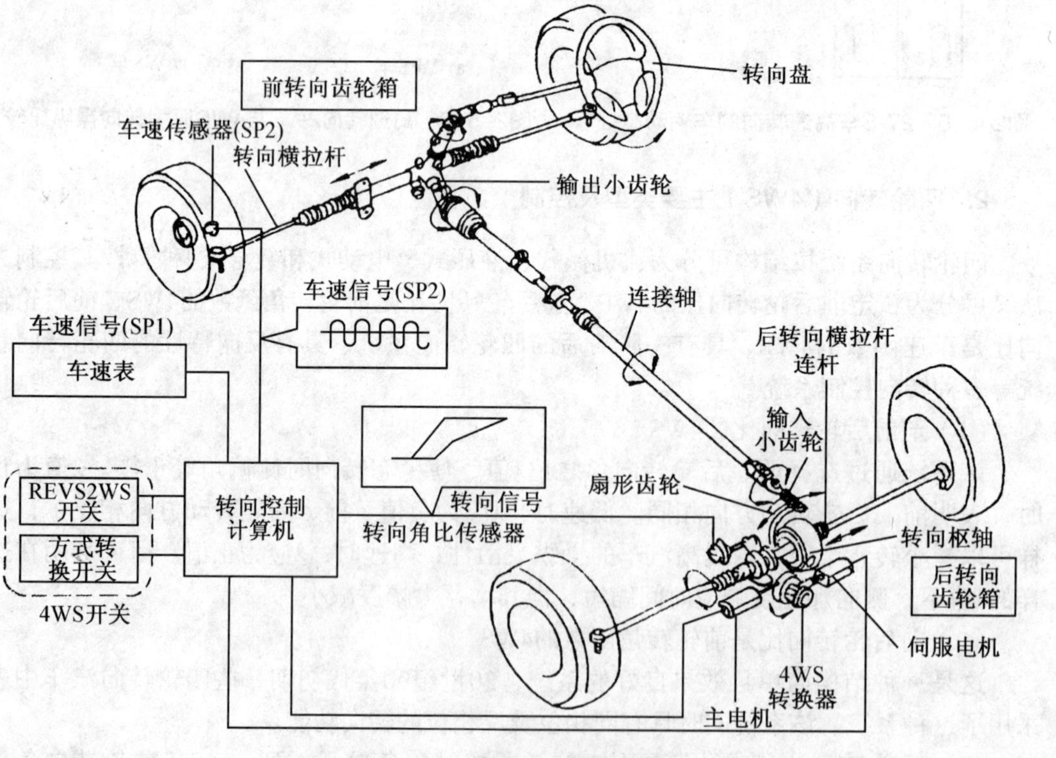

图2-5-7　转向角比例控制4WS

是反相、而在中高速区是同相地对后轮进行转向操纵控制。在中高速区的转向操纵应使前后轮平衡稳定并处于恒定转向状态，车的前进方向和车体的朝向就能一致，并能得到稳定的转向性能。转向初期的过渡状态，从一开始就是使前后轮同时产生旋转向心力。所以，车体的公转先于自转，车体就有朝向转向外侧的倾向。但是，与2WS车的转向相比能够做到转向方向的偏离足够小。

1）系统组成。该系统主要由转向枢轴、4WS转换器、电机和齿轮等组成，如图2–5–7所示。

前后的转向机构是以机械方式连接。转向盘的旋转传递到前转向齿轮箱（齿条和小齿轮），由齿条带动转向横拉杆左右运动，使前轮转向。同时，小齿轮的旋转输出，通过连接轴传给后转向齿轮箱。

a. 转向枢轴。后转向齿轮箱的转向枢轴是一个大的轴承，如图2–5–8（a）所示。其外圈与扇形齿轮构成为一体，围绕枢轴可左右转动；内圈与连杆突出的偏心轴相连

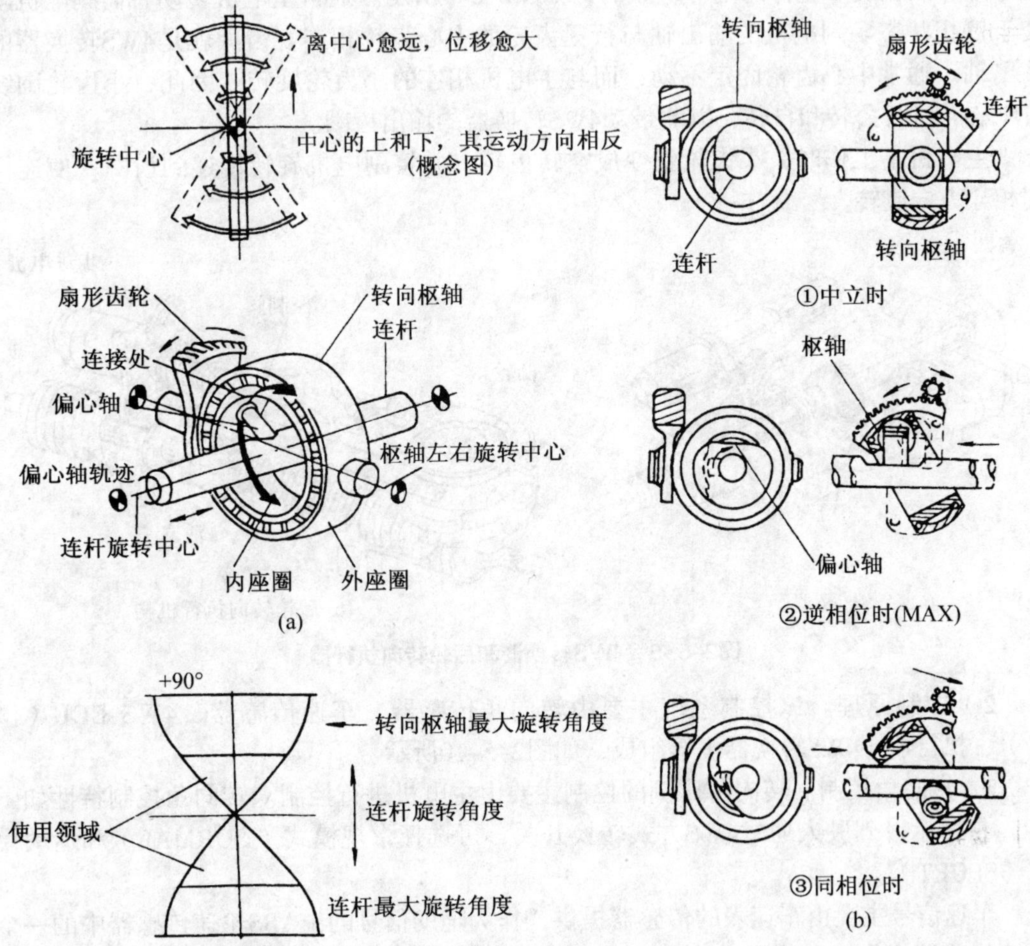

图2–5–8 转向枢轴的结构和原理

接，连杆通过4WS转换器的电机连杆，以旋转中心作正、反方向旋转。偏心轴在转向枢轴机构内可上、下回转约55°。

通过连接轴的输入使小齿轮向左或向右旋转时，旋转力就传递到扇形齿轮，再由转向枢轴通过偏心轴使连杆向左右方向移动。连杆带动后转向横拉杆和后转向节臂实现后轮的转向。图2-5-8（b）所示为由于枢轴与偏心轴的运动，形成后轮的同相位和反（逆）相位的转向原理。偏心轴的前端与枢轴左右旋转中心重合时，即使转向枢轴左右转动，连杆也完全不动，后轮就在中立状态。随着偏心轴前端位置与枢轴的旋转中心上、下方向的偏离，枢轴左右转动时的连杆的移动量就变大。偏心轴与后轮转向之间的动态关系是偏心轴前端位置在转向枢轴的上侧时为反相位，而下侧时为同相位。图2-5-8（c）所示为转向枢轴旋转角度与连杆的旋转角度和左右移动量的关系。

b．4WS转换器。4WS转换器的结构是由主电机和副电机的驱动部分、行星齿轮的减速部分以及旋转连杆的蜗杆组成的，如图2-5-9所示。通常主电机转动，而副电机就处于停止状态。副电机的输出轴与行星齿轮的中心齿轮相连，齿圈就是4WS转换器的输出轴。通常中心齿轮固定不动，而与主电机相连的小齿轮旋转。因此，小齿轮围绕着中心轮进行公转和自转，以此带动4WS转换器的输出齿圈。

主电机不工作时，小齿轮就变成空转齿轮，并将副电机旋转传递到齿圈，使连杆同相让方向旋转。

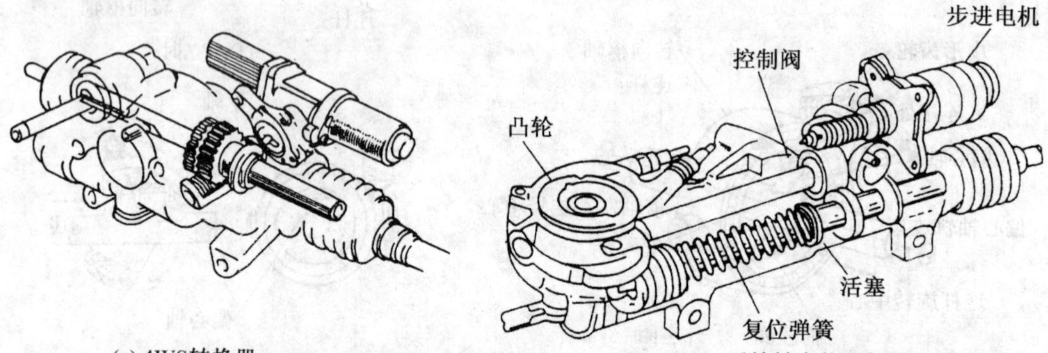

(a) 4WS转换器　　(b) 后轮转向执行机构

图2-5-9　4WS转换器和后轮转向执行器

2）控制原理。该控制系统主要由转向角传感器、车速传感器、4WS ECU（微机）、执行器（4WS转换器）等组成，如图2-5-10所示。

a．转向角控制。转向角比例的控制主要由主电机进行控制。转向角控制特性如图2-5-11所示。驾驶人通过4WS方式转换开关，可选择常规模式（NORMAL）和运动模式（SPORT）。

车速信号主要由车速表的传感器提供，作为辅助信号的由ABS轮速传感器中的一个前轮传感器提供输入信号。转向角传感器是检测后转向齿轮箱内的连杆的旋转角度，根据滑动阻力相应于旋转角的模拟电压输入到4WS ECU中。

b．2WS选择功能。2WS开关为ON且变速器为倒挡状态时，因与车速无关，故将后

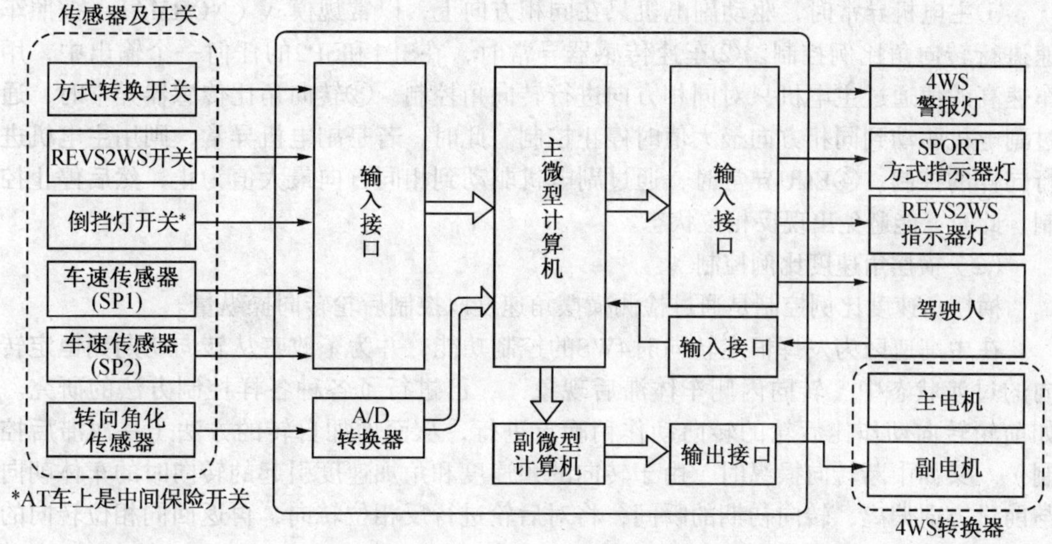

图2-5-10　4WS系统控制原理框图

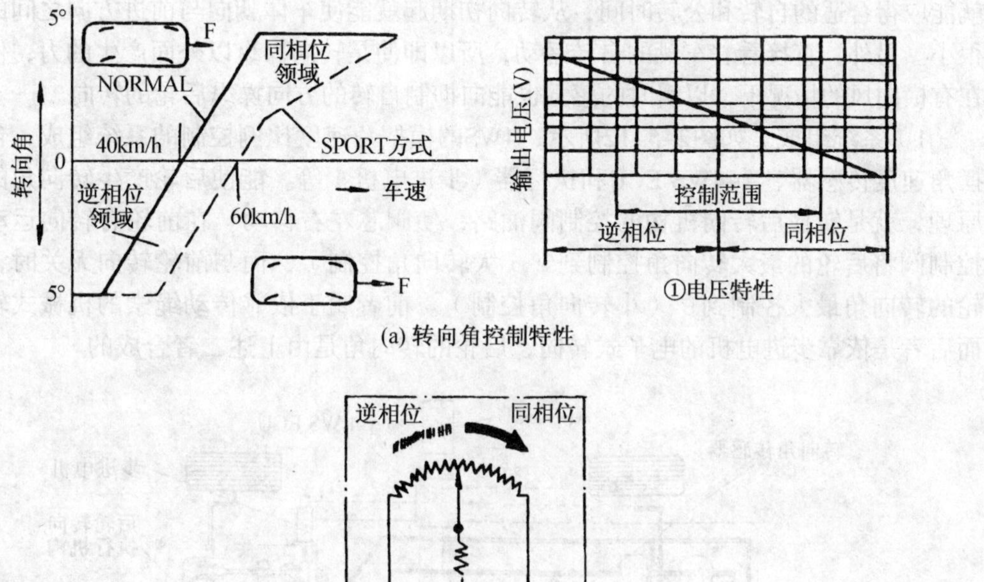

图2-5-11　转向角控制特性

轮的转向操纵量设定为零。对2WS车倒退转向操纵已习惯的人，若对4WS车倒退转向操纵有失调感时，可使用此开关。

c．安全性控制。当系统出现异常时，在进行下列工作的同时点亮“4WS警告灯”通知驾驶人，而且ECU记忆异常部位。

①主电机异常时，驱动副电机只在同相方向上，以常规模式（NORMAL）按照车速进行转向角比例控制。②车速传感器异常时，在SP1和SP2的任何一个输出中，用车速高的值通过主电机只对同相方向进行转向角控制。③转向角比传感器异常时，通过副电机驱动到同相方向最大值时停止控制。此时，若是副电机异常，则用主电机进行同样的控制。④ECU异常时，通过副电机驱动到相同方向最大值为止，然后停止控制。此时，能避免出现反相位状态。

（2）横摆角速度比例控制

横摆角速度比例控制是通过检测横摆角速度以控制后轮转向操纵量。

在中高速区为发挥恒定转向时4WS的控制功能，并为了改善从转向初期到恒定转向的过渡状态中“转向内侧车体滞后现象”，已进行了各种各样控制方法的研究。如前轮转向动作比后轮的转向动作稍晚点进行，从而增加自转的方法（一次滞后控制）。又如中断转向操纵时，由于转向的角速度和角加速度引起的转向时的车体朝向与前进方向偏离，转向初期的瞬间，将对后轮进行反相位转向，再返回同相位转向的方法（位相反转控制）。

通过横摆角速度能够直接检测自转运动的增减，所以按照它再增减后轮的转向角，就能取得合适的自转和公转时间，从转向初期起就能使车体朝向与前进方向之间的偏离很小。另外，直接看着车辆的自转运动，所以即使是转向操纵以外而产生的力，例如，在有横向风的情况下，以瞬时的感觉也能向抑制自转的方向操纵后轮的转向。

1）系统组成。如图2-5-12所示，4WS的横摆角速度比例控制的系统组成，包括横摆角速度传感器、A-4WS ECU和执行器（步进电机）等。能使后轮产生转向角的工作原理，就是转换后转向机构的控制阀油路，使阀芯左右移动。在前轮有转向运动时，控制阀将后轮的最大转向角控制到5°（大转向角控制），而与前轮转向无关时，将后轮的转向角最大控制到1°（小转向角控制）。前者属于依靠传动绳索的机械式转向，而后者是依靠步进电机的电子式转向，后轮的转向角是由上述二者合成的。

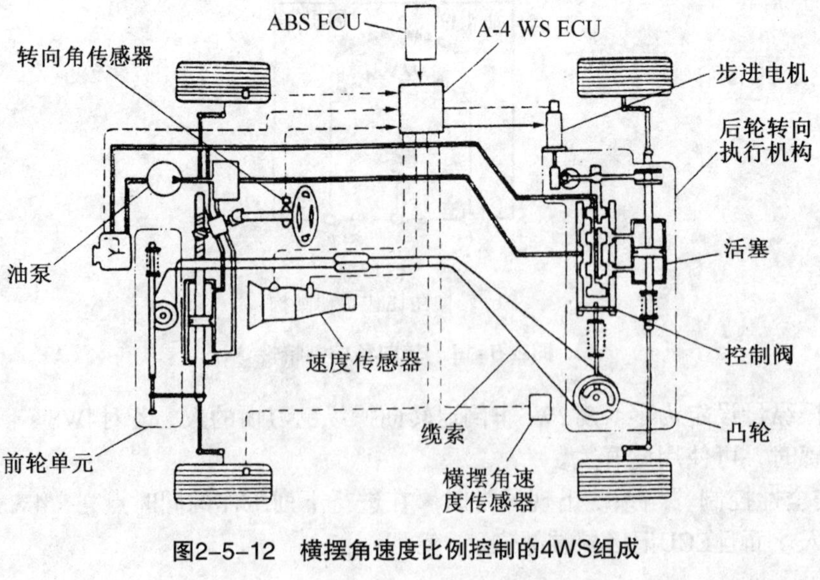

图2-5-12　横摆角速度比例控制的4WS组成

a．前轮转向操纵机构。如图2-5-13所示，前轮转向操纵机构的结构原理：在转向盘的旋转运动传递到转向器的小齿轮和齿条，并随着齿条的左右移动带动小齿轮旋转。此时与小齿轮成为一体的前带轮就做正、反方向旋转。

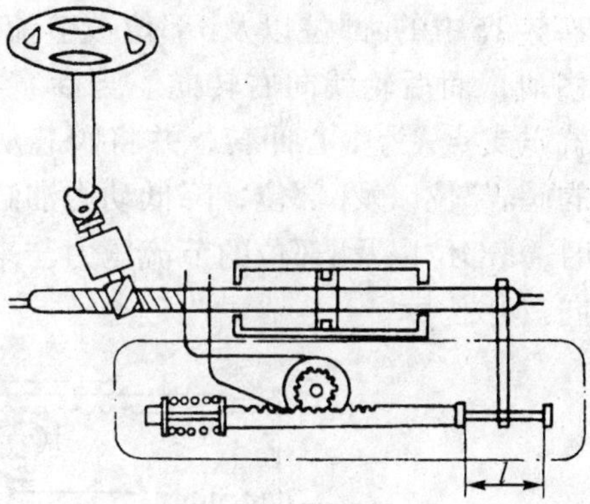

图2-5-13　前轮转向操纵机构

前带轮的旋转通过转向角传动缆绳传递到后轮转向操纵机构的后带轮上。控制齿条上有长为L的自由行程（盲区），而相应的转向盘的转动范围大约为250°，所以不能进行与前轮转向角连动的后轮转向操纵。高速行驶时，后轮不能进行这样大的转向角的转向操纵。因此高速行驶时，后轮只是通过（脉冲）步进电机进行电子式转向控制。

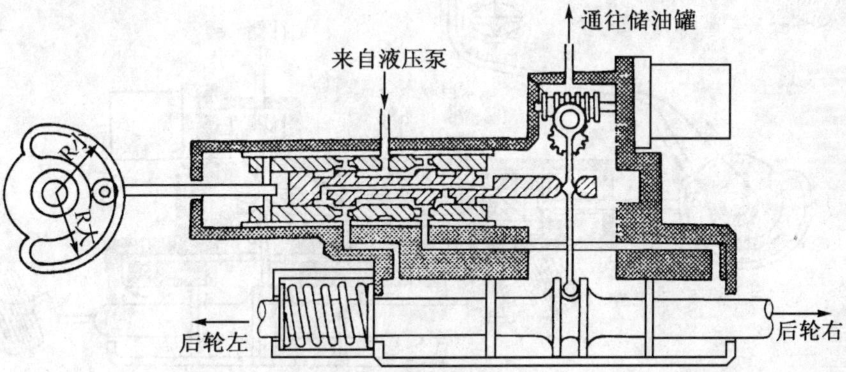

图2-5-14　后轮转向操纵机构

b．后轮转向操纵机构。如图2-5-14所示，后轮转向操纵机构并非纯机械式，且带有液压装置。机械式转向操纵机构是通过缆绳将转动传递到后带轮并带动控制凸轮，而凸轮推杆仿照凸轮外形运动带动阀套筒左右移动。

转向盘向左转动时，后带轮作向右旋转。此时随着旋转凸轮曲率半径变小，凸轮推杆被拉出，阀套筒就向左移动。转向盘右转时则相反，随着凸轮曲率半径变大，凸轮推杆被推进，阀套筒就向右移动。由于阀套筒和阀芯的相对位移，使来自液压泵的工作压力油路被切换。转向盘向左转时，阀套筒就向左移，使油液进入液压缸的右室，动力缸活塞向左移动。此时与活塞构成一体的拉杆向左移动，将后轮向右转；相反，当前轮向右转时，动力缸活塞向右移动，后轮就向左转。无论何种情况，总是进行反（逆）相位转向操纵。

2）控制原理。按照前轮的转向量，后轮的转向控制状态有大转向角控制和小转向角控制两种状态。

a．大转向角控制（机械式控制）。如图2-5-15所示，当前轮转向角处在与后轮转向无关的转向齿条自由行程范围内时，阀芯与阀套筒之间的相对位置处于中立状态。因而，来自油泵的工作油液被排出并且返回到副油箱。动力油缸的左右室都成为中立的低油压，活塞杆在复位弹簧的作用下停止在中立位置。

当前轮向左转向时，阀套筒向左方向移动，并与阀芯之间产生相对位移。图2-5-15中的a部位以及b部位被节流，高压作用于动力油缸的右室，推动活塞杆向左移动，而后轮就向右转向。当活塞杆向左移动时，因为脉冲电机不工作，阀控制杆就以支点A为中心回转，并将阀芯从B点移到左方的B′点。因此，打开处于节流状态的阀a部位以及b部位，降低动力油缸右油室的压力。结果是当活塞杆移动到规定位置时，a部位以及b部位的节流压力与来自车轮的外力相平衡，后轮就不能进行更多的转向。

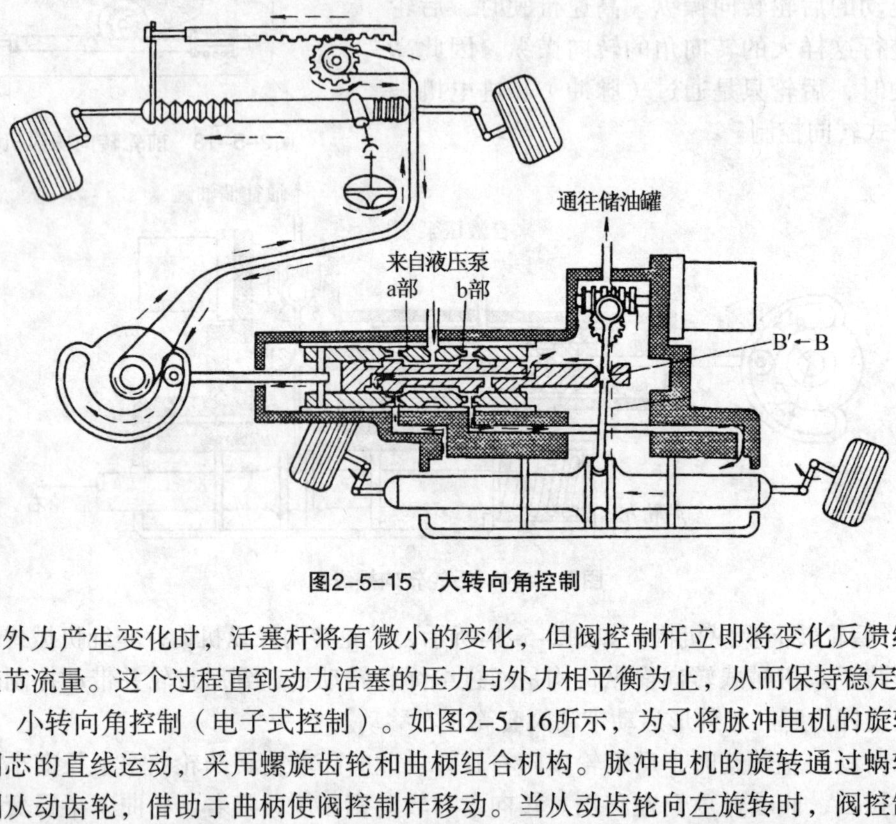

图2-5-15　大转向角控制

当外力产生变化时，活塞杆将有微小的变化，但阀控制杆立即将变化反馈给阀芯并改变节流量。这个过程直到动力活塞的压力与外力相平衡为止，从而保持稳定。

b. 小转向角控制（电子式控制）。如图2-5-16所示，为了将脉冲电机的旋转运动变为阀芯的直线运动，采用螺旋齿轮和曲柄组合机构。脉冲电机的旋转通过蜗轮机构传递到从动齿轮，借助于曲柄使阀控制杆移动。当从动齿轮向左旋转时，阀控制杆的上端支点A就以从动齿轮中心O点为回转中心移动到A′点。脉冲电机刚启动的瞬间，后转向轴还没有运动。所以，阀控制杆就以C点为回转中心向左运动，杆中央的B点成为B′点，使阀芯向左移动。缆绳不动时，阀套筒固定不动，与阀套筒产生相对位移，图中阀的a部位以及b部位被节流，高压油进入油缸左室（见图2-5-16）。

当活塞杆向右移动时，反馈杆以支点A为中心回转，使阀套筒向右移动到B″点为止。结果打开a部位和b部位，能减少节流，使压力下降。而后以与机械式转向操纵相同的方法保持平衡。

前轮转向角与后轮转向角之间的关系如图2-5-17所示。后轮转向角是机械式转向与电子式转向特性的合成。当转向盘的转向角约为250°以上的反相区时，实际上是在低速大转向情况下或停车时所表现出来的状态。中高速时是不能进行机械转向的，

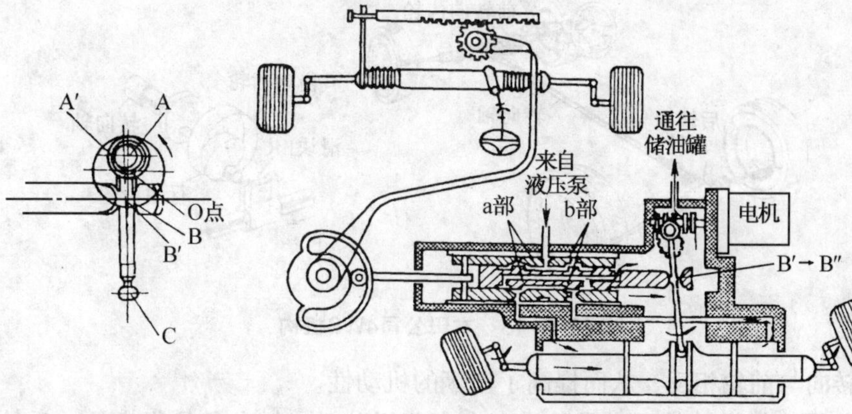

(a) 反馈杆工作原理　　(b) 整系统工作原理

图2-5-16　小转向角控制（同相位）

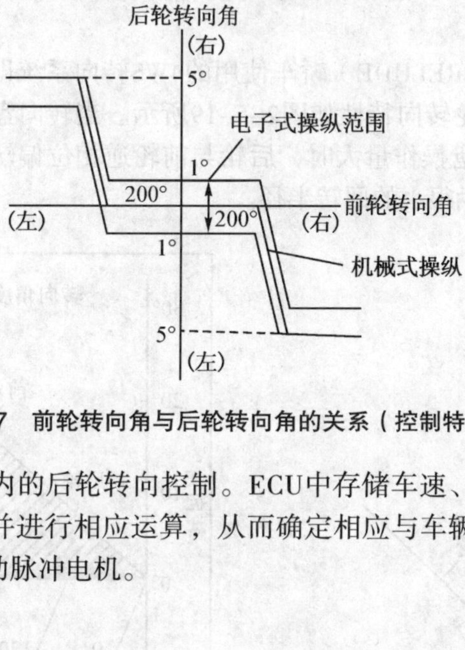

图2-5-17　前轮转向角与后轮转向角的关系（控制特性）

只能是在电子转向范围内的后轮转向控制。ECU中存储车速、转向角和横摆角速度等各传感器的输入信号，并进行相应运算，从而确定相应与车辆状态所规定的后轮转向角，以及根据其结果驱动脉冲电机。

3. 应用实例

现以日本的本田、马自达和三菱汽车为例，简要地介绍其实际应用的四轮转向系统（4WS）的结构特点。

（1）本田公司的4WS

如图2-5-18所示，本田公司的4WS机构是用一根轴以机械方式将前、后转向齿轮连接在一起。在前轮转向的同时带动一个小齿轮，这个小齿轮又带动转向轴。在后转向齿轮箱里，一个双曲轴机构和行星齿轮受输入轴的推动，先向一面，然后再向另一面推动输出轴。

当转向盘的转角不超过120° 时，后轮与前轮转向方向一致，但其角度不如前轮大。当转向盘的转角达到240° 时，后轮与汽车前进方向一致。当转向盘超过了240°

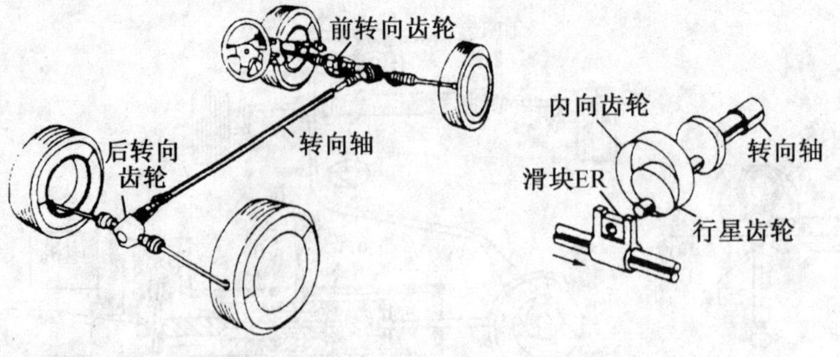

图2-5-18　本田公司4WS机构

时，后轮转向与前轮相反，从而提高了车辆的机动性。

本田公司这样设计的理由是：汽车在高速行驶时，转向角是很小的，后轮向同样方向转动，其转向角度就更小了。转向角度加大时，比如在停放车辆时，后轮转向不起作用。转向角度更大时，后轮转向就与前轮转动方向相反，这样就减小了转弯半径。

本田公司先驱牌（PRELUDE）轿车使用的4WS转向系统即采用前轮转向角函数控制，表示本田4WS前后轮转向特性如图2-5-19所示。当转向盘操作量少时，后轮与前轮同相位偏转；当转向盘操作量大时，后轮与前轮逆相位偏转，使高速行驶的方向操纵性能提高，并保持车辆很小的回转半径。

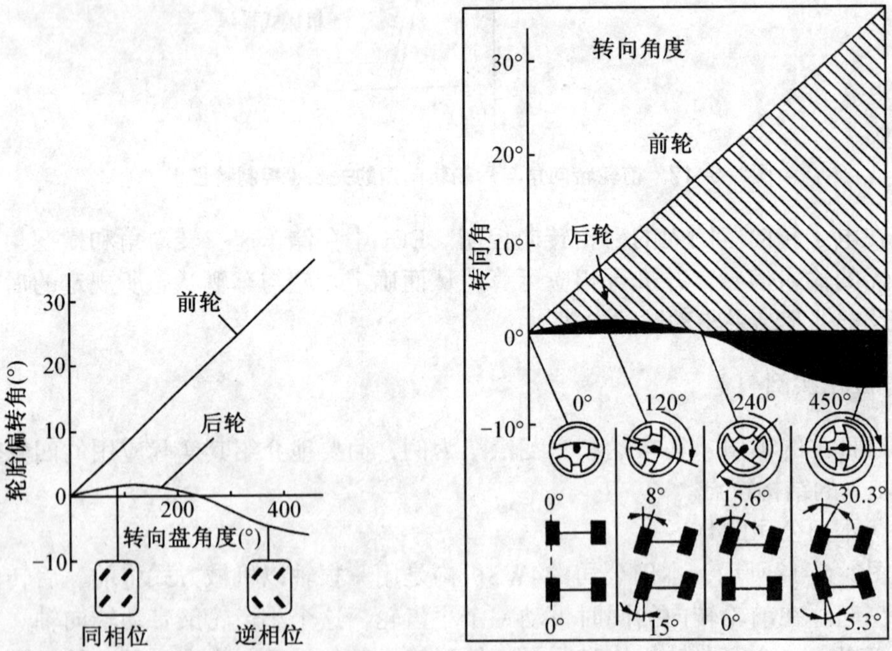

图2-5-19　本田公司4WS前、后轮转向特性

（2）马自达公司的4WS

马自达公司4WS机构使用的是一套复杂的机械/电子装置，这套装置可根据车速和

前轮转向角度来调整后轮的转向。与前转向齿轮相连接的一根轴将转向盘的运动传到后桥，转动主传动锥齿轮，同时一个计算机和步进电机连续不断地调整拨叉位置，拨叉又与控制杆相连，这样拨叉的角度总是与相应的车速有关，如图2-5-20所示。

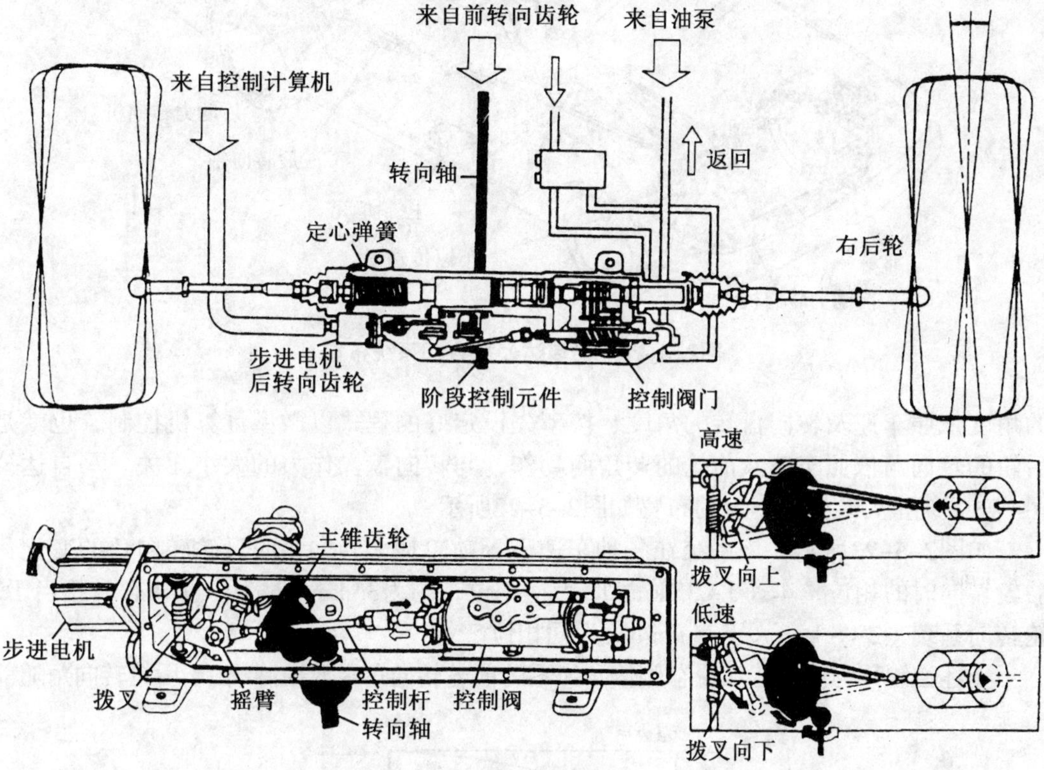

图2-5-20　马自达公司4WS机构

车速低时，拨叉向下摆动。当前轮转向时，锥齿轮的转动推动控制阀的前后运动，控制使后轮转向的液压力。当汽车加速时，拨叉首先摆向中间位置（控制杆没有动作，后轮也不能转向），然后继续向上摆动，这时转向轴的运动使后轴向与前轴相反的方向转向，其转向角度比如图2-5-21所示。

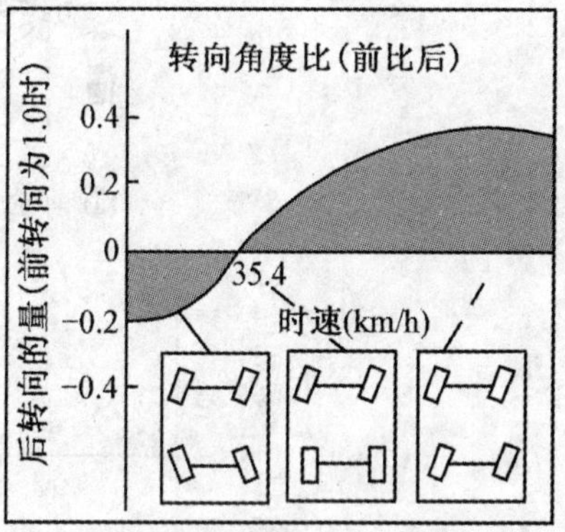

图2-5-21　马自达公司4WS转向角度比

马自达公司的这套4WS机构在时速不超过35.4 km时，后轮与前轮转向相反。高于该车速时，后轮与前轮转向一致。

马自达公司的4WS系统，除具有像在轨道上行驶那样圆滑、稳定的操控感外，还能减轻驾驶人在高速行驶时的紧张情绪和心理负担，使驾驶人有轻松感。

马自达公司在CAPLLA车上使用的4WS系统即采用车速前馈控制的方法。后轮偏转

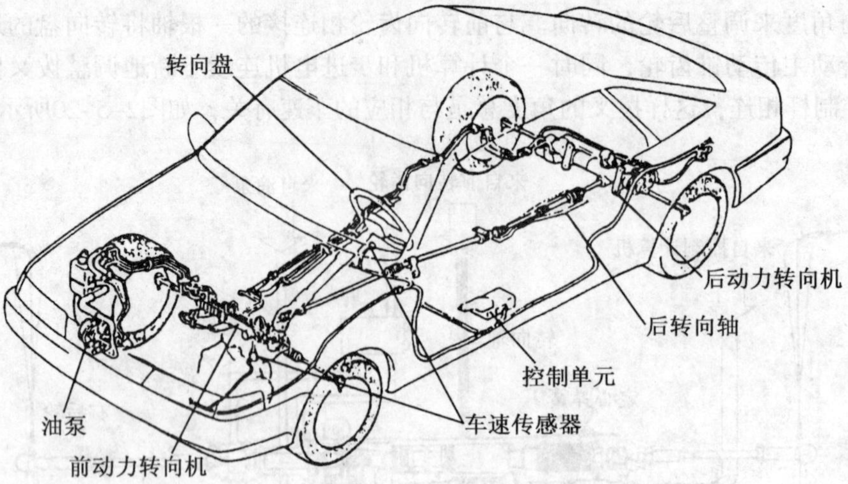

图2-5-22　马自达公司4WS系统布置

的角度依照车速及转向盘转的角度，按事先设定好的程式以微型计算机控制，也就是后轮的转向角依照车速及前轮的转角而动作，与转向盘操作力的大小无关。马自达公司4WS系统主要装置在车上的布置如图2-5-22所示。

如图2-5-23所示，该系统在各种车速下，前轮最大转向角时后轮转向角的变化：后轮转向时的相位，车速0 ~ 35 km/h时为逆相位；约为35 km/h时为中立状态，相当于2轮转向系统（2WS）；大于35 km/h时为同相位。

上述控制称为使稳态和瞬态侧偏角为零的前轮转向角函数控制。由于后轮转向角随前

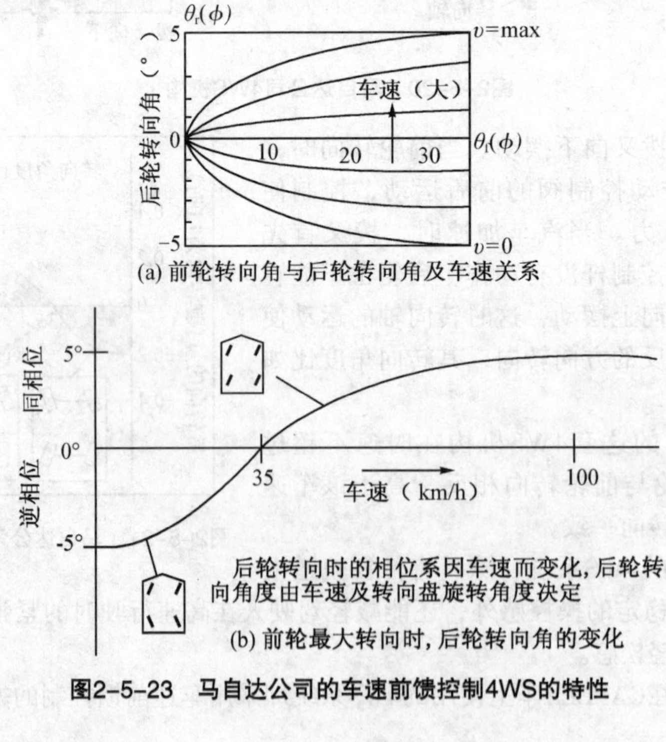

图2-5-23　马自达公司的车速前馈控制4WS的特性

轮转向角的函数关系变化，利用该控制构成的4WS系统称为前轮转向角感应型4WS系统。

（3）三菱公司的4WS

三菱汽车上的四轮转向系统中的转向机构和电控元件，包括转向速度传感器和四轮转向电控器（ECU）等。其前轮转向角的变化范围为30°～40°。三菱的四轮转向系统内有一台8位计算机，监控汽车速度和转向盘的转角，以决定后轮何时开始转向和角度的大小，如图2–5–24所示。

当汽车车速低于40 km/h时，后轮以与前轮相反的方向转向，这种方式为反相型，这有助于低速操控灵活性。在车速为40 km/h时，后轮位于中性位置（与普通转向的汽车一样）。但当车速增大时，后轮开始以与前轮相同的方向转向，这种方式为同相型，这样可以提高汽车的高速稳定性，同时改善了在干、湿路面和卵石路面上的性能。

这种四轮转向汽车通过Z字形道路比两轮转向汽车快约10%。如果计算机失灵，还有一个自动保险装置。汽车监测后轮动力转向系统中的油压，一旦后轮转向系统发生了故障，保险装置立即使后轮转向脱开，汽车又变成传统的机械式2轮转向。

另外，三菱公司4WS系统还使用动力转向装置，后轮的动力转向机构由控制阀及动力缸组成。控制阀的操作依靠前轮动力缸内的油压，此压力系前轮在转向时油泵送来的油压，经前轮动力缸控制阀，到动力缸左或右的动力室，将动力活塞推动，操纵转向。

该系统还设有转向力动态补偿装置，其主要特征为车速大于50 km/h时，后轮转角与前轮同相位，并依照转向力的大小，作成比例地变化。此系统为纯油压式装置，如图2–5–25所示。

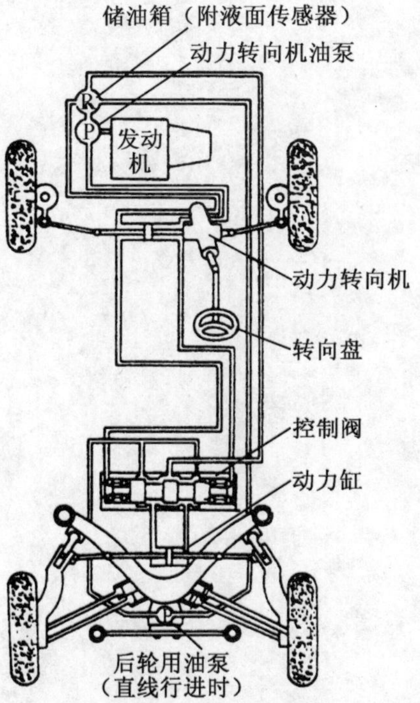

图2–5–24 三菱公司4WS系统

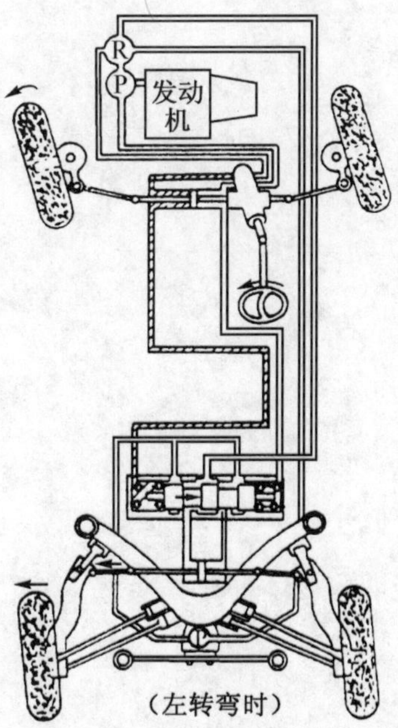

图2–5–25 三菱公司4WS向左转向时的作用

例如当转向盘向左转时，如图2-5-25所示，前轮用动力缸与后控制阀的左侧压力室的压力上升，阀轴向右移动。阀轴的操作力因前轮动力缸压力室发生压力的大小而变化，也即转向盘操作力大时增大，后轮转的角度也变大，而转向盘操作力被转弯时轮胎受到路面的侧向力的大小而改变。

4. 四轮转向（4WS）的发展趋势

尽管4WS能提高车辆高速稳定性和在停车场上进、出的灵活性，但目前仍有人对4WS表示异议，其理由主要是：

1）现在的前轮转向是非常完善的，可以充分地满足汽车行驶的需要，4WS转向并不能使汽车转向性能有明显改善。

2）4WS与2WS在性能上仅有微小的差别，没有必要花这么多钱把汽车搞得这么复杂。

3）如何去组合汽车的平移和转动这两种运动，使得汽车每一瞬时都处于最佳的转向行驶状态，这无论在理论上还是在实用技术上，目前还没达到成熟的地步。

因此很多人的看法是，尽管目前看来4WS装置的性能还算不错，但如果把同样多的研制费用于提高轮胎性能和改善悬架设计上，很可能在操控性能良好的2WS汽车上将会收到更好的效果。不过将来，通过有效的微机控制和新型的机械连接装置，4WS肯定会得到改进，并将具有更好的操控性能。若集成电路的电子装置大幅降低制造成本，4WS的应用可能会变得像今天的动力转向和自动变速一样普遍。

六、电控稳定行驶系统（ESP/VSC）

车辆电控稳定行驶系统简称ESP（electronic stability program，ESP），在日系车上称为VSC。

如图2-6-1所示，ESP系统的功能是在汽车高速转弯出现将要失控时，可有效地增加汽车整车的稳定，确保车辆转弯的稳定性和循迹行驶能力，减少事故的发生。

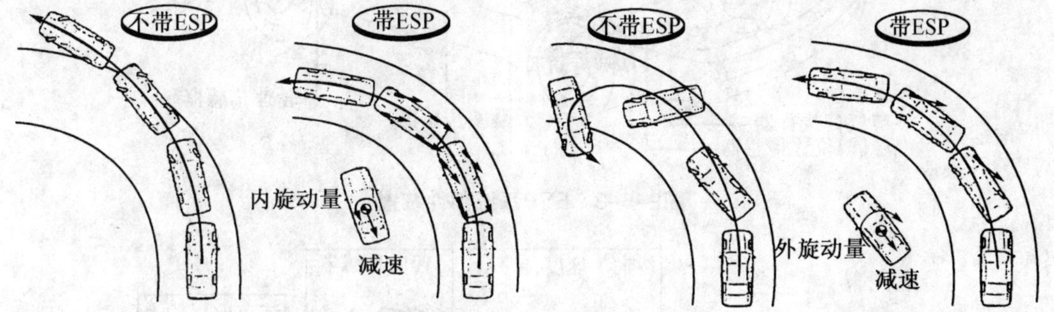

图2-6-1　ESP的作用

1. 电控稳定行驶系统的组成

ESP系统由传感器、ECU、执行器和信息提示4部分组成。

（1）传感器

主要有转向角度传感器、横摆率传感器、车轮转速传感器和加速度（G）传感器等，其功用是检测汽车状态和驾驶人操作状况。

（2）ECU

用于计算汽车侧滑状态和恢复到安全状态所需要的旋转动量和减速度。

（3）执行器

其作用是根据ECU发出的指令控制每个车轮制动力和发动机输出功率。ESP系统的执行器主要是用ABS和ASR系统对车轮运行状态进行控制。

（4）信息提示

如图2-6-2所示，其作用是在车辆即将出现失稳前告知驾驶人，注意安全驾驶，控制车速。它主要通过蜂鸣器发声和仪表板上的侧滑指示灯闪烁来达到提示预警的目的。

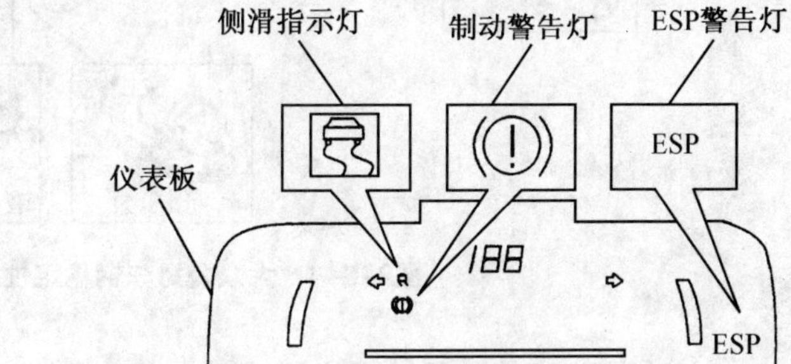

图2-6-2　驾驶人警示信号装置

ESP系统的控制装置在车上的布置和大众公司的ESP系统的组成如图2-6-3和图2-6-4所示。

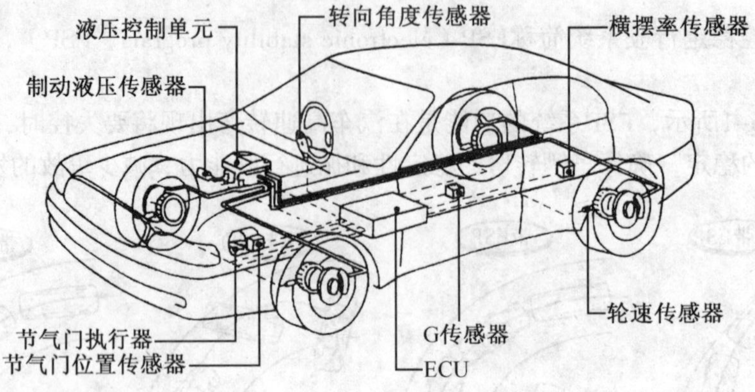

图2-6-3　ESP系统部件装置

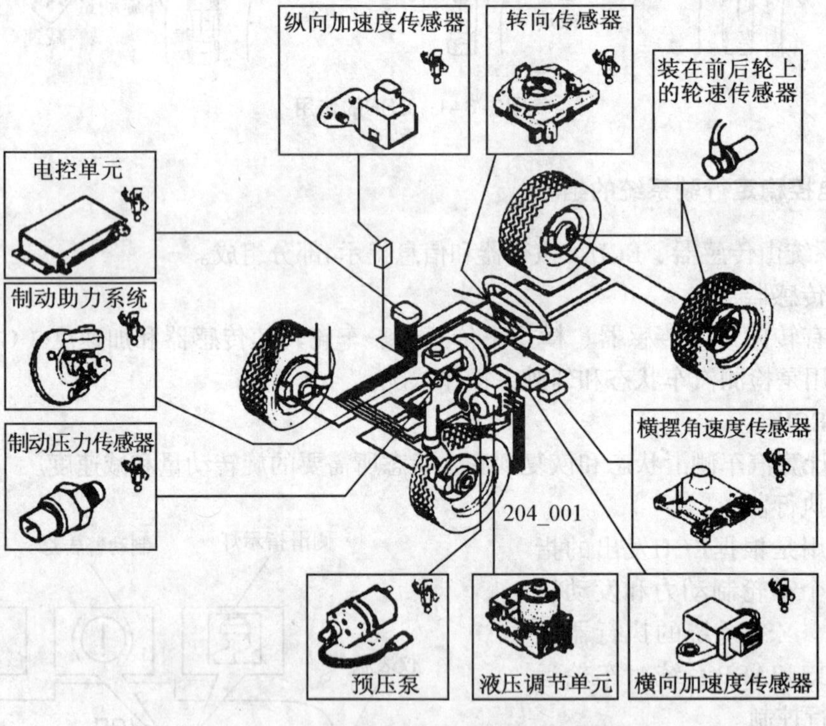

图2-6-4　大众公司车辆稳定性控制系统组成

2. 电控稳定行驶系统工作原理

当汽车高速转弯，由于前轮或后轮牵引力超过附着极限时，会出现侧滑或甩尾现象，使车辆失控。为确保车辆转弯行驶的稳定性，则必须采取必要的控制方式，使汽车产生与侧滑方向相反的旋转运动，保证汽车行驶轨迹符合需求。

如图2-6-5所示，要抑制前轮侧滑，首先要制动后轮，以得到向内转的运动，然后对4个车轮进行制动，使车速降到某一水平来平衡旋转运动；而当出现后轮侧滑时，需要制动外侧前轮，以产生向外的运动，确保车辆转弯的稳定性和循迹能力。4个车轮所需的总转向力与车速的平方成正比，而每个车轮的实际转向力并不随车速而变。这是汽车在高速行驶时容易失控的原因之一。因而，车速高时，即使轻微减小车速，也会使所需的转向力大大下降，从而明显地改善汽车的稳定性。

ESP系统是通过控制一个或多个车轮的制动和调整发动机输出转矩来达到高速转弯的稳定控制的。

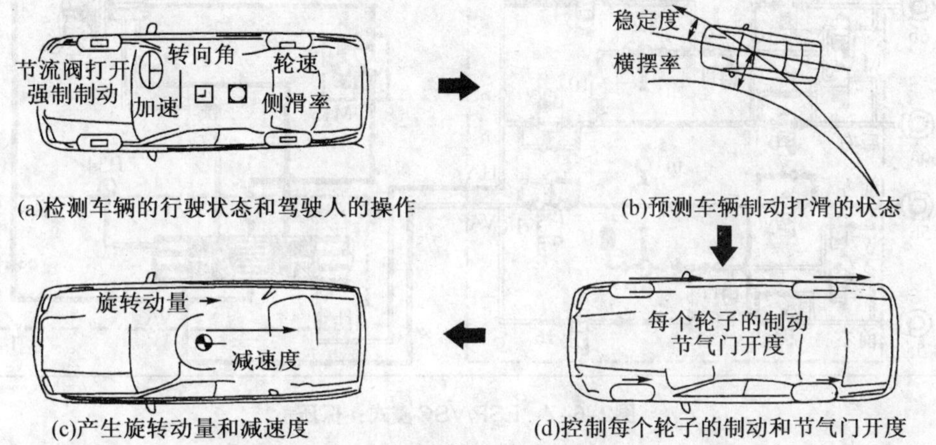

图2-6-5　ESP系统控制原理

ESP/VSC（车辆稳定性控制）和ABS（制动防抱死系统）以及ASR（驱动防滑控制）共同使用一个液压调节器，根据电控单元（ECU）的指令，在不同的时间和条件下，发挥不同的控制作用。

如图2-6-6所示，当系统进入ESP/VSC模式时，例如要对左前轮进行制动（加压），关闭阀y8和阀18，预压泵M15和回油泵pl通过加压单元14和阀y16而加压，经

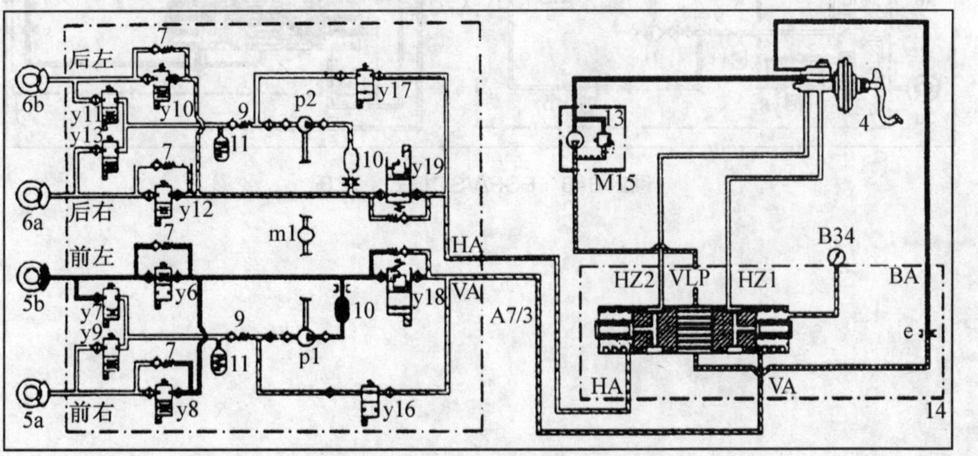

图2-6-6　ESP/VSC模式：加压

过阻尼器10和阀y6进入到左前轮的轮缸。阀y18中的限压阀的最大值约为17 MPa，阀y10和阀y12也必须关闭，来阻断从14经过y19来的高压油。当左前轮需要保压时（保压），关闭阀y6，如图2-6-7所示，阀y7保持关闭就可以了。当左前轮需要减压时（减压），如图2-6-8所示，打开阀y7，阀y6和阀y18保持关闭，阀y16打开，制动液经阀y7和阀y16流回加压单元14。

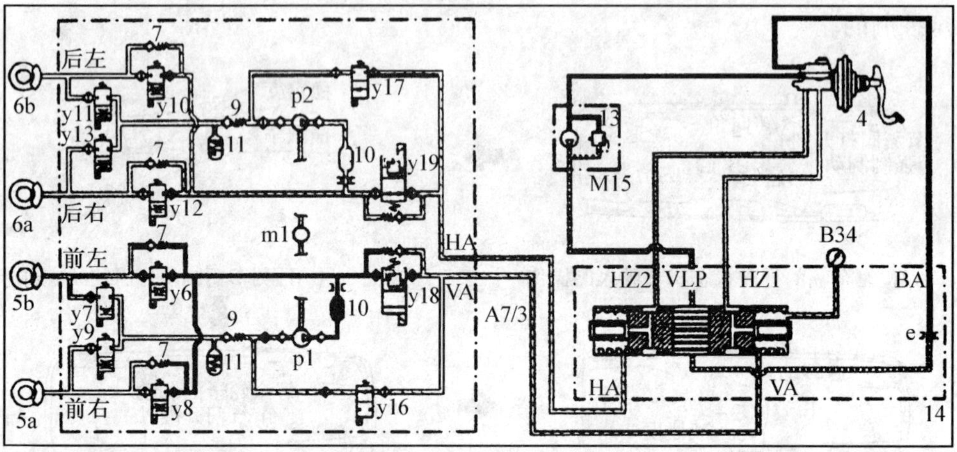

图2-6-7 ESP/VSC模式：保压

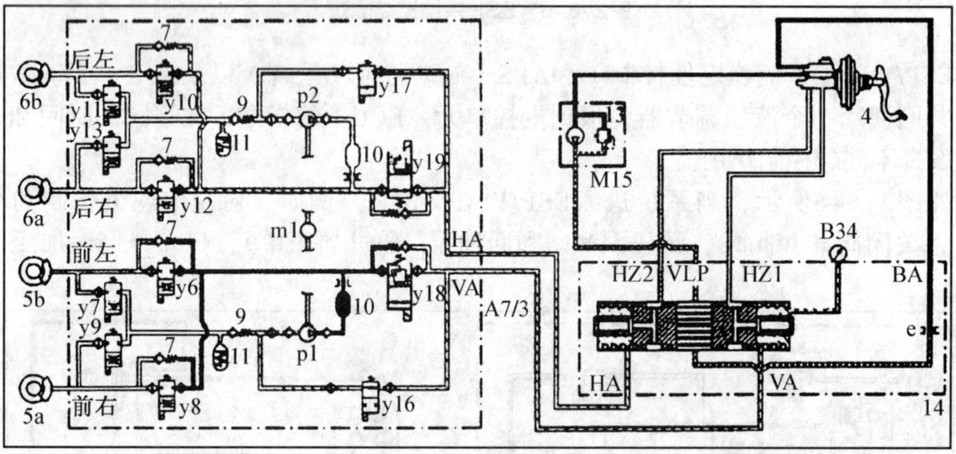

图2-6-8 ESP/VSC模式：减压

七、电控悬架系统

汽车悬架系统是车架（或承载式车身）与车桥（或车轮）之间的一切传力连接装置的总称。它是用来连接载货汽车的车架或轻型汽车的车身骨架的汽车轴、梁的。其功用是：缓和并衰减由地面引起的对车身的冲击和振动，同时传递作用在车轮和车架之间的各种力和力矩。

1. 悬架的类型、组成及功用

一般汽车悬架都是由能够缓和冲击的弹性元件，能产生衰减振动的减振器，能传递各种力和反力，并维持车轮相对于车身正确运动关系的导向机构3大部分组成。有些轿车为了防止汽车转向时车身过分横向倾斜，还设置了横向稳定杆。

悬架的结构形式与汽车采用的车桥结构形式有关。根据车轮承受载荷后相对于车身之间相互运动关系的不同，可将汽车悬架分为3种形式，即独立悬架、非独立悬架和平衡悬架，如图2-7-1所示。

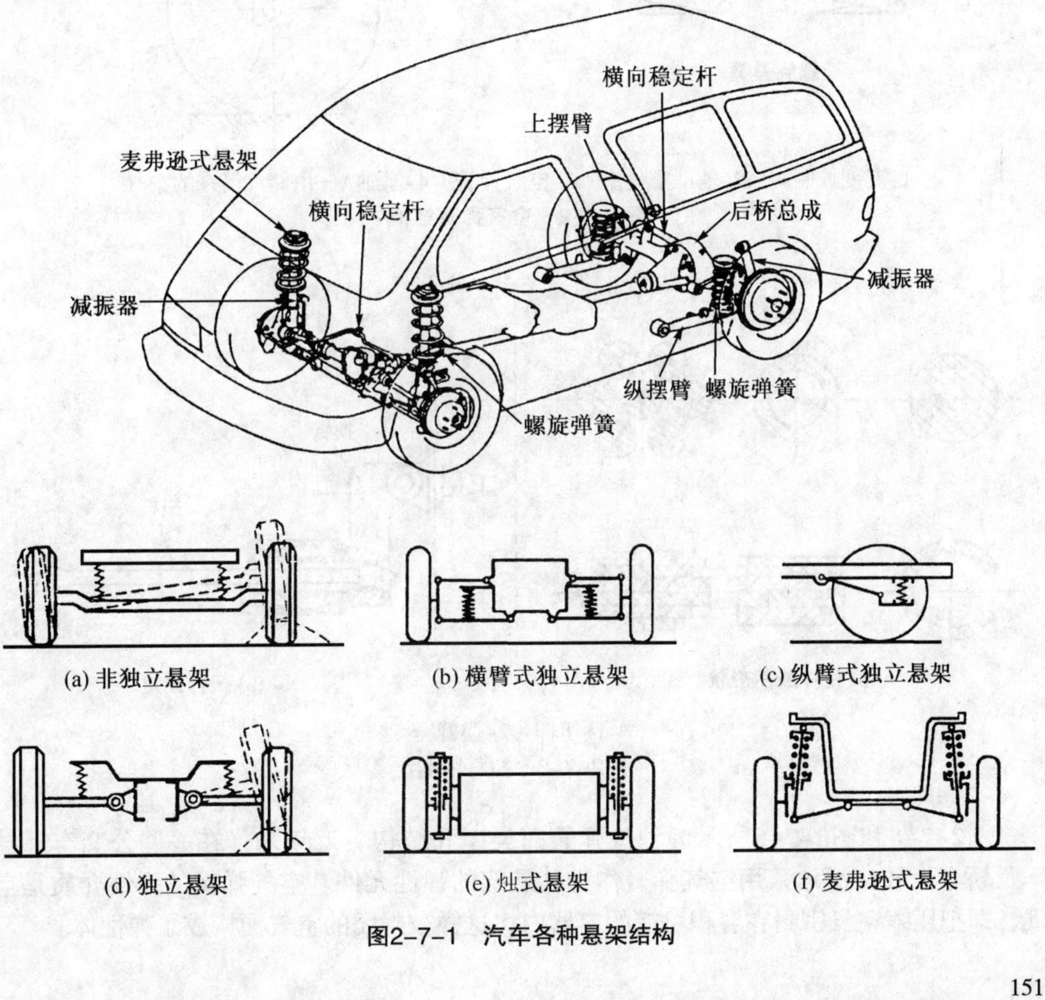

图2-7-1 汽车各种悬架结构

独立悬架的车轮各自单独通过悬架与车架（或车身）相连，并能各自独立运动，它常与断开式车桥相配合，其左右车轮不是连在一根整轴上。非独立悬架的左右车轮则由一根整体式车轴连接在一起，连同车桥一起通过弹性悬架与车架（或车身）相连，它同一车轴两端车轮的上下跳动有一定联系。平衡悬架一般与整体式车轴相配合，它是能使前后两个车轴上的左右车轮载荷达到平衡的一种悬架形式。

（1）弹性元件

悬架中的弹性元件包括：螺旋弹簧、扭杆弹簧、空气弹簧、油气弹簧等。弹性元件可用来吸收或减小汽车驶过不平的道路时所引起的一部分冲击力，以保证汽车行驶的平顺性和乘员乘坐的舒适性。螺旋弹簧、空气弹簧、扭杆弹簧和油气弹簧的结构见图2-7-2和图2-7-3所示。

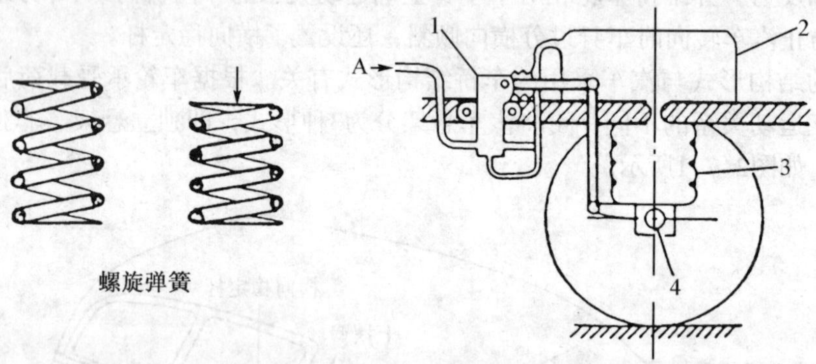

1-高度控制阀　2-辅助空气室　3-空气弹簧　4-车轴A—由储气筒来的空气

图2-7-2　空气弹簧结构

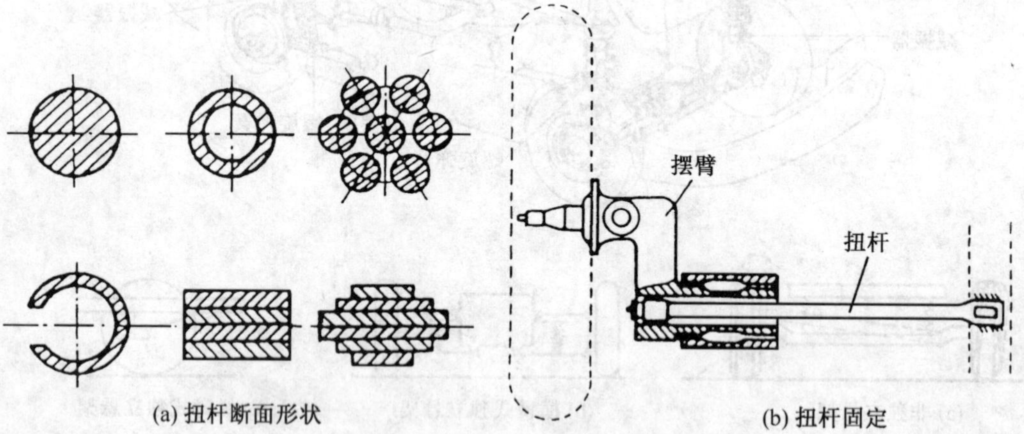

1-扭杆　2-摆臂

图2-7-3　扭杆弹簧

图2-7-4和图2-7-5所示为油气弹簧的类型和结构。近年来，在一些公交车、挂车及轿车上较广泛地采用空气弹簧作为其悬架的弹性元件。空气弹簧的弹性介质是空气，即把压缩空气密封在容积可变的容器内，这样被封闭的空气便构成了弹性体。

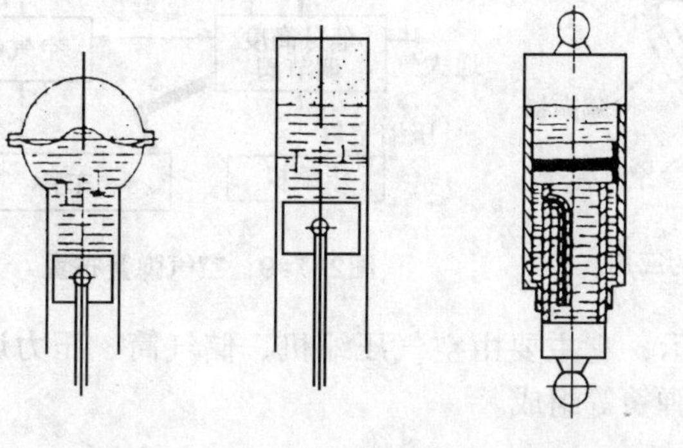

(a) 油气分隔式　(b) 油气不分隔式　(c) 带反压气室式

图2-7-4　不同形式的油气弹簧

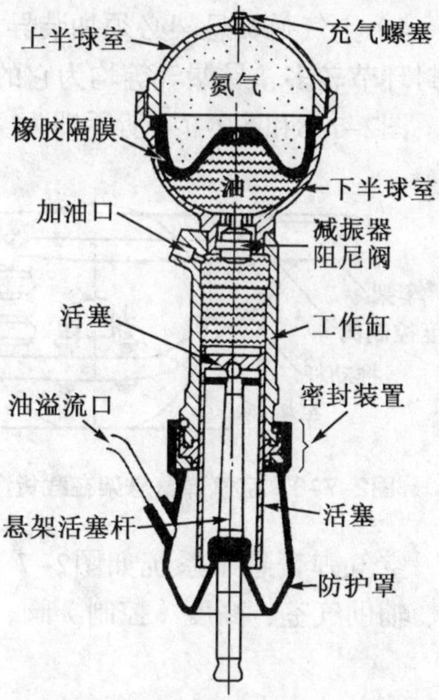

图2-7-5　油气分隔式油气弹簧结构

目前所采用的空气弹簧主要有囊式和膜式两种。如图2-7-6所示，囊式空气弹簧由橡胶和帘线两层制成，内层为气密性橡胶，外层是耐油性橡胶，中间夹有帘线。气囊的节数可以是两节或三节，节数越多，弹簧越软。节与节之间有钢质的腰环，使中间部分不致有径向扩张，并防止两节间互相摩擦。气囊的两端边缘内有金属圈（具有较大的刚度），嵌在上下两个压环的卷边上。压环上带有螺栓，借以将气囊的两端面分别压紧在上下支承面上。上支承面与车架相连，下支承面与车桥的导向装置相连。

这种空气弹簧的优点是制造方便，结构紧凑；可以承受较高的载荷，寿命较长，但自然振动频率较高。为使弹簧更软，可在车架上装设与气囊相通的附加气室。

如图2-7-7所示，膜式空气弹簧的弹性比囊式的好，固有频率较低，适用于轿车、公共汽车和载货汽车上。空气弹簧与金属弹簧相比，具有以下特点：

1）空气弹簧的刚度可变，它能随汽车载荷的改变而变化。无论汽车空载还是满载，其振动频率变化很小，行驶的平顺性变化也不大。

2）采用空气弹簧的悬架可以通过调节悬架弹簧内空气压力的高低来控制车身高度。这样，无论汽车载荷发生什么变化，它都能使车身保持在理想的高度上。

3）空气弹簧容易制成柔性很好的弹簧，这是其他种类弹簧不容易做到的。

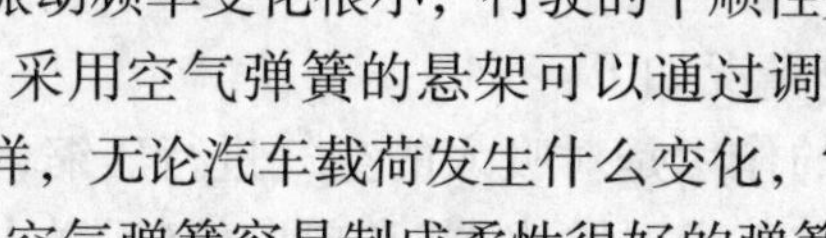

图2-7-6　囊式空气弹簧

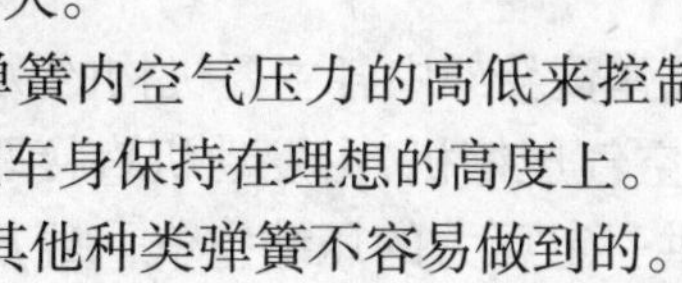

图2-7-7　膜式空气弹簧

4）空气弹簧悬架必须加装导向装置（高度阀），故使其结构较为复杂；另外，其密封环节较多、易漏气等均为它的不足之处。

图2-7-8和图2-7-9所示即为空气弹簧悬架在载货汽车上的应用和总体布置。

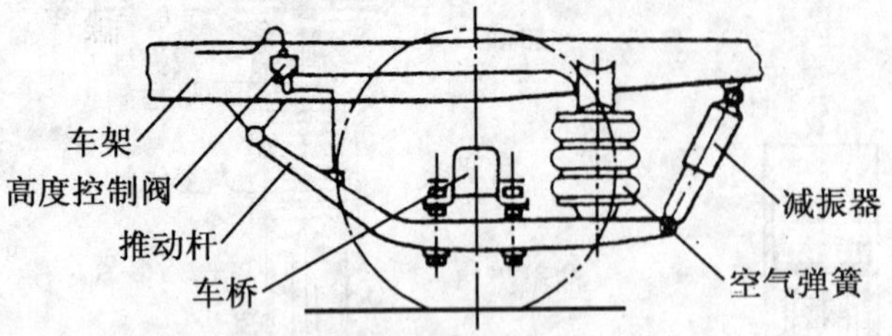

图2-7-8　空气弹簧悬架在载货汽车上的应用

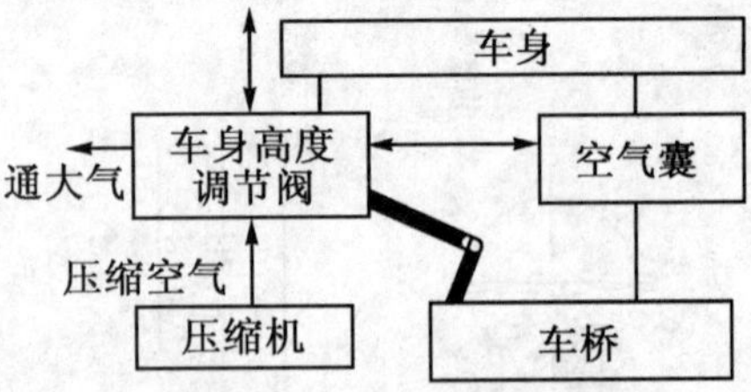

图2-7-9　空气弹簧布置

空气弹簧悬架系统如图2-7-10所示，它主要由空气压缩机、储气筒、压力调节器、辅助气室、高度（控制）阀、空气弹簧等组成。

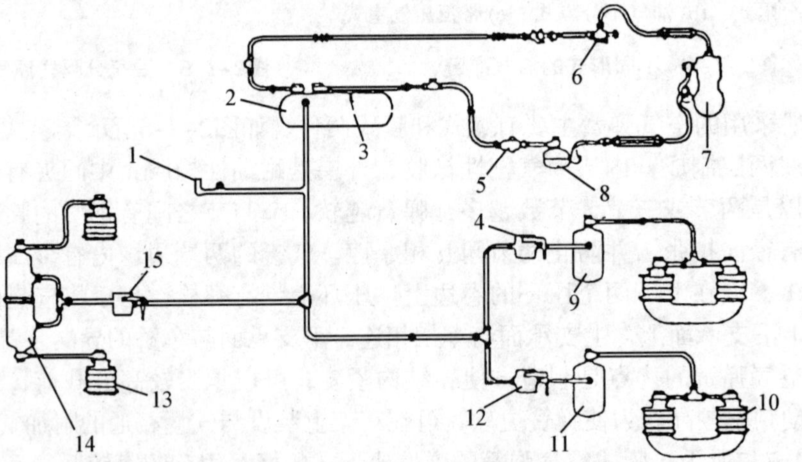

1-气压表　2-储气筒　3-安全阀　4、12、15-高度控制阀　5-单向阀　6-压力调节器（调压器）　7-空气压缩机　8-除水器　9、11、14-辅助气室　10、13-空气弹簧

图2-7-10　空气弹簧悬架系统

空气弹簧悬架中各主要机构的功能及工作情况如下：

1）空气压缩机7由发动机直接驱动，它的作用是对吸入的空气进行压缩，向空气弹簧提供一定压力的压缩空气。经压缩后的空气通过除水器8和单向阀5后送入储气筒2。除水器8和储气筒2上都设置有放水开关，以便排除内部积水。

2）调压器6能使储气筒2内的空气压力稳定在一定范围内（一般为700 kPa）。为了防止由于调压器失灵，出现压力过高的情况，在储气筒上或者在空气管路中还设置有安全阀3。

3）储气筒2内的压缩空气由输气管输向高度控制阀（4、12、15），再经过辅助气室（9、11、14）输入空气弹簧（10、13）的气囊内。辅助气室的作用是增加空气弹簧气囊的容积，减小空气弹簧的刚度，使空气弹簧气囊变形容易。同时，它还能增大悬架的阻尼，有利于悬架振动的衰减。

4）高度控制阀的作用是保持车身平衡并使车身高度稳定在一定范围内。如图2–7–11所示，当汽车载荷减少、车身高度升高时，通过高度控制阀放气，使与高度控制阀连通的空气弹簧的气囊内气压下降，从而使车身高度降低。反之，当汽车载荷增大、车身高度降低时，高度控制阀又能使储气筒向空气弹簧中充气，使车身高度升高。这样，无论汽车载荷大小如何变动，通过高度控制阀的工作都能使汽车车身保持平衡并使其高度稳定在一定范围内。

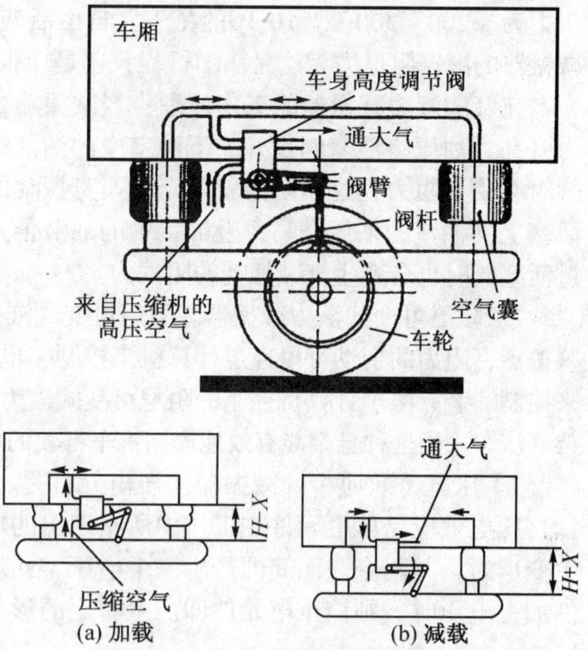

图2–7–11　空气囊的工作原理

（2）减振器

减振器主要有液力式减振器和压电（效应）式减振器两大类。液力式减振器按其工作方式又可分为充气式液力减振器和阻尼可变式液力减振器两种。

减振器在汽车中的作用是迅速衰减由车轮通过悬架弹簧传给车身的冲击和振动，以提高汽车行驶的平顺性。减振器和弹性元件在汽车悬架中是并联安装的。减振器之所以能够减振，是因为它能将汽车车身和车架振动的能量迅速转化为热能，并由减振器内的油液吸收，进而再通过减振器壳体散发到大气中去。

1）充气式液力减振器。如图2–7–12所示，它与一般双向作用筒式液力减振器不同的是只有一个工作缸筒，没有储油缸筒；工作缸筒中设置自由活塞7取代原底座阀的作用；自由活塞上部充满油液，其结构与一般筒式液力减振器相同。自由活塞下部充入

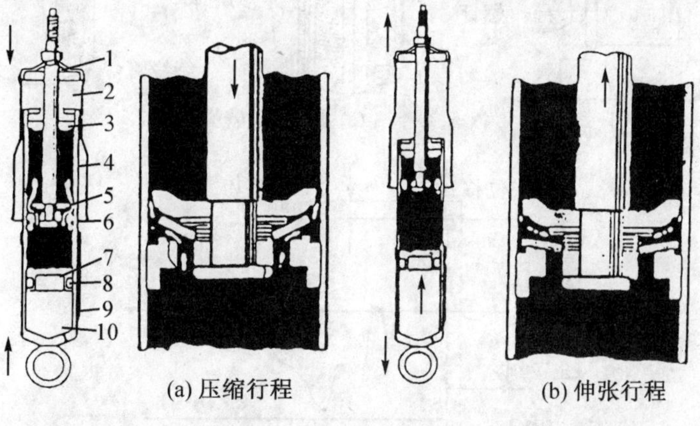

1–活塞杆　2–防尘罩　3–密封环　4–工作缸　5–活塞阀
6–活塞　7–自由活塞　8–O形密封圈　9–护套　10–高压氮气

图2–7–12　充气式液力减振器结构

压力为（200～300）$\times 10^4$ Pa的氮气。自由活塞7将工作缸隔离为油室和气室两部分，减振器的减振阻尼力无论是压缩行程，还是伸张行程都是由活塞阀5产生的。

充气式液力减振器的工作原理：当减振器处于压缩行程时，活塞下方的下油室压力升高，油压将活塞阀打开，下油室中的油液流入活塞上方的上油室，油液通过活塞阀时会受到阻力，这个阻力就是衰减车身振动的阻尼力。当减振器处于伸张行程时，活塞上部油室的油压升高，上油室中的油液推开活塞间流入下油室。同样，油液在经过活塞阀时也会产生衰减振动的阻尼力。

2）阻尼可变式液力减振器。阻尼可变式液力减振器就是能自动或随意改变阻力的减振器，阻力的变动可以通过计算机来控制，也可由刚度可变的空气弹簧中的压缩空气来控制。装有电子计算机控制的阻尼可变式液力减振器的悬架称为电控的阻尼可调式悬架。汽车采用这种悬架能有效地提高汽车行驶的平顺性、操纵稳定性和乘坐舒适性。

3）压电（效应）式减振器。压电元件是一种陶瓷元件，其主要成分有铅、锡及钛。压电效应是压电元件在工作中所呈现出的现象，即当在压电元件上施加外力而产生变形时，其两个表面间即产生一个电压，此现象称之为压电正效应；而当给压电元件加上电压时，则该压电元件即产生一定的形变而呈现位移，此现象称之为压电负效应。

压电（效应）式减振器就是根据这种压电效应的原理而制成的，其结构如图2-7-13（a）所示。图2-7-13（b）所示为压电传感器的输出特性及汽车行驶在颠簸路

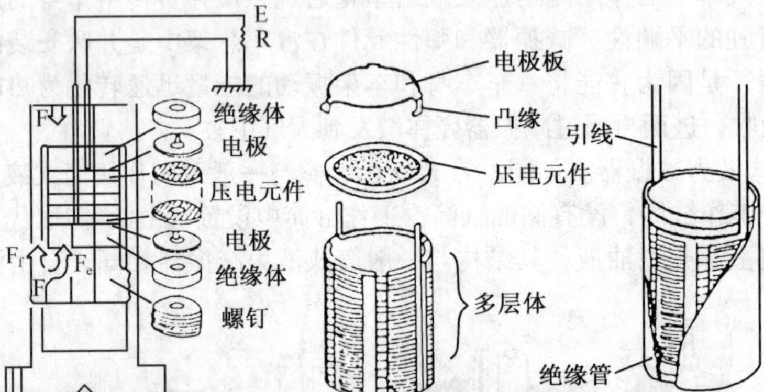

(a) 压电式传感器结构

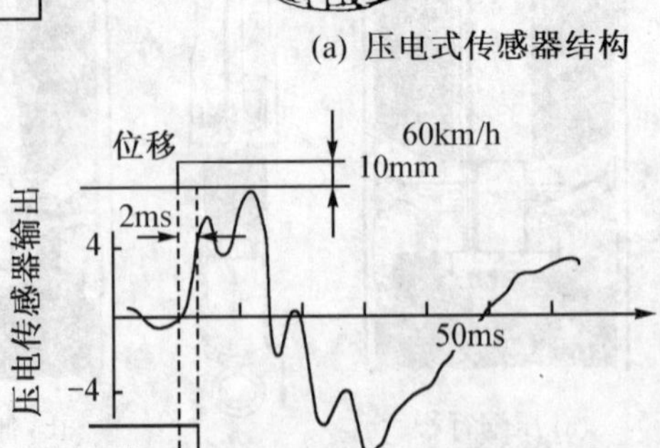

(b) 压电(效应)式减振器

图2-7-13　压电（效应）式减振器

面上所产生的冲击力作用在压电（效应）式减振器上的情况。

工作时，由于压电正效应的作用，在压电传感器上大约2 μs的短时间内就可产生电压信号。阻尼力控制的电控器ECU接收此信号后，立即对压电执行器施加电压，由100个压电元件所组成的压电执行器，根据电控器ECU发出的指令被施加电压后，由于压电负效应的作用而产生位移。此位移被活塞和推杆放大后，使阻尼力选择器的选择阀动作。对压电执行器施加电压后大约在15 ms内就可对所要求的减振阻尼力作出选择，因此，这种减振器阻尼力电控系统具有很高的响应能力。

2. 电控悬架及其控制

悬架系统的电控，首先就是要控制汽车弹簧的弹性系数，根据不同的路况条件，改变弹簧的弹性系数；其次是要对减振器的减振阻尼力的大小进行控制。通常在悬架系统控制中，还包括车身高度调节和弹簧阻尼力调节功能，这样构成一个完整的悬架综合控制系统。

目前采用电子技术控制汽车悬架系统主要由（车高、转向）传感器、电控器ECU、悬架控制的执行器等组成。

一般空气悬架电控系统如图2-7-14～图2-7-16所示。其工作情况是：用空气压缩机形成压缩空气，再将压缩空气送至空气弹簧和减振器的空气室中，以此来改变悬架刚度和阻尼力。在前轮和后轮附近设有车高传感器，按车高传感器的输出信号，ECU判断出汽车高度，再控制压缩机

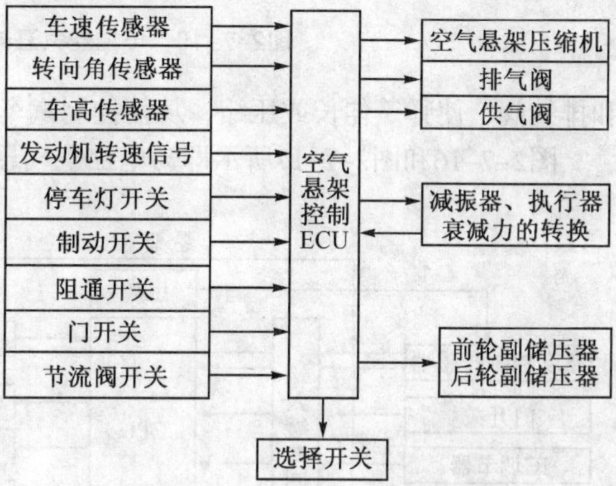

图2-7-14　空气悬架电控系统

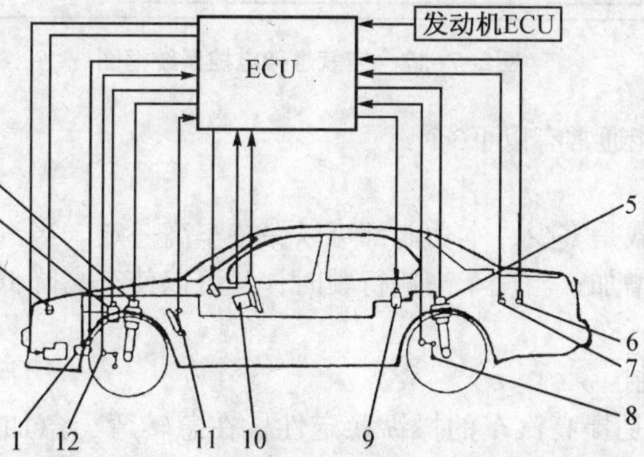

1–空气干燥器　2、6–继电器　3、9–空气阀　4、5–悬架控制执行器　7–车身高度控制开关　8、12–车身高度（车高）传感器　10–转向角传感器　11–停车灯开关

图2-7-15　电控装置的布置

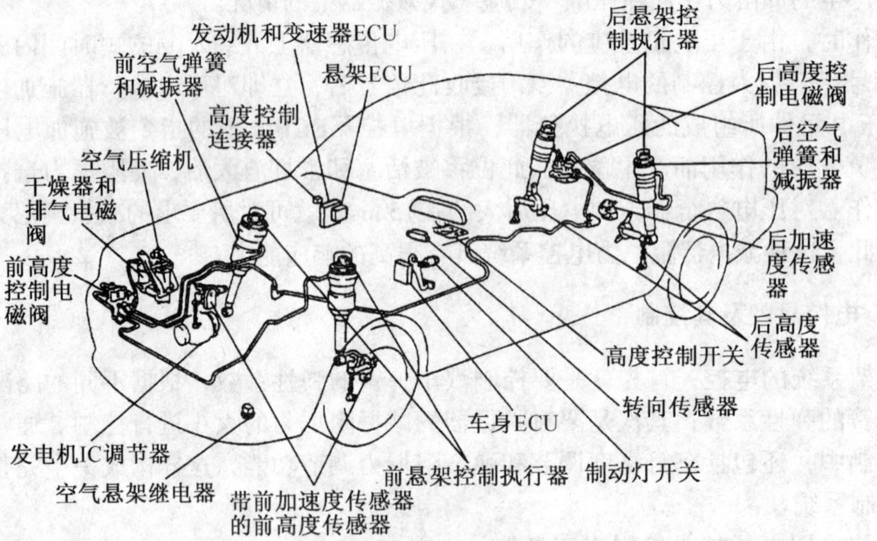

图2–7–16　电控空气悬架装置在车上的布置

和排气阀，使弹簧伸长或压缩，从而控制汽车高度。

图2–7–16和图2–7–17所示即为电控空气悬架装置在车上的布置和电控系统框图。

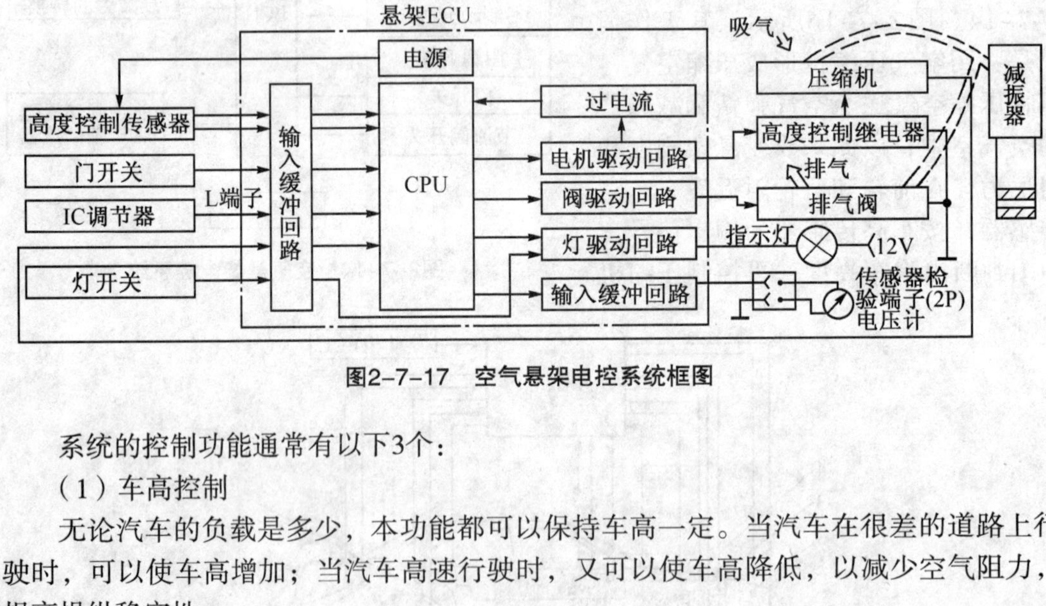

图2–7–17　空气悬架电控系统框图

系统的控制功能通常有以下3个：

（1）车高控制

无论汽车的负载是多少，本功能都可以保持车高一定。当汽车在很差的道路上行驶时，可以使车高增加；当汽车高速行驶时，又可以使车高降低，以减少空气阻力，提高操纵稳定性。

（2）衰减力控制

本功能的作用是提高汽车的操纵稳定性，在急转弯、急加速和紧急制动的情况下，可抑制汽车姿势的变化。

（3）弹性系数的控制

本功能是利用控制弹簧弹性系数（即控制弹簧刚度）的办法，来控制汽车起步时的姿势。按使用目的，本项功能分为运动型和舒适型两种。

当车身需要升高时，电控单元控制空气电磁阀使压缩空气进入空气弹簧的主气室，使空气弹簧伸长，车身升高；当车身需要降低时，电控单元控制电磁阀使空气弹簧主气室中压缩空气排到大气中去，空气弹簧压缩，车身降低。在空气弹簧的主、辅气室之间有一连通阀，空气弹簧的上部装有悬架控制执行器。电控单元根据各传感器输出信号，控制悬架执行器，一方面使空气弹簧主、辅气室之间的连通阀发生改变，使主、辅气室之间的气体流量发生变化，因此而改变悬架的弹簧刚度；另一方面，执行器驱动减振器的阻力调节杆，使减振器的阻尼力也得以变化。

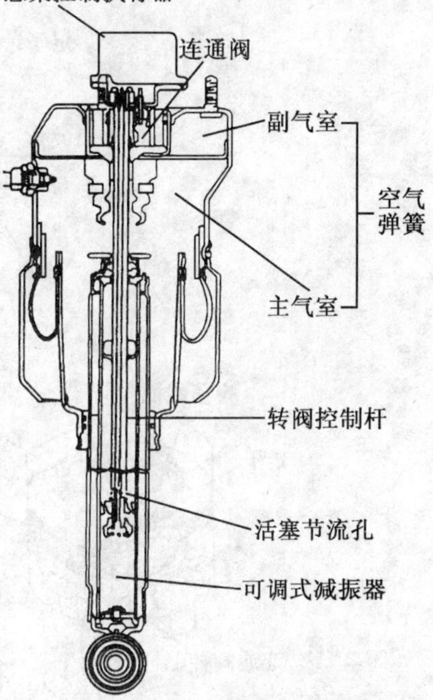

图2-7-18　悬架控制执行器

电控悬架主要执行机构是悬架控制执行器、可调式减振器和空气弹簧。

电控悬架控制执行器装在各空气弹簧和可调式减振器上方，执行器可同时驱动减振器的转阀和空气弹簧的连通阀，以改变减振器的阻尼和空气弹簧的刚度，达到调整悬架工作状态的目的，见图2-7-18所示。

可调式减振器减振阻尼的改变是由通过活塞节流孔油量的变化来实现的，而油量的变化是靠改变活塞节流孔的大小来实现，转阀控制杆可以调节活塞节流孔的大小。

空气弹簧主要由一个主气室和一个副气室组成，主、副气室之间由连通阀相连，连通阀由悬架控制执行器通过控制杆来控制，以连通或关闭主、副气室之间的空气通道，使空气弹簧有效工作容积改变，从而使空气弹簧的刚度发生变化。此外，主气室也是一个变容室，其下部有卷动膜片，通过增减主气室内的压缩空气量，就可以调节车身高度。

执行器有电磁阀驱动式和步进电机驱动式两类，如图2-7-19所示。电磁阀驱动式执行器能够精确地对频繁变化的行驶工况作出快速响应。其电磁阀由4个定子绕组（铁芯和线圈）和永久磁铁转子组成。步进电机驱动式执行器与电磁阀式相比，可得到更快的响应和更精确的控制。

（1）车高的控制

车高控制主要由传感器及开关装置、悬架ECU、执行器（空气弹簧和减振器等）组成。保持一定的车身高度不仅可使汽车行驶保持稳定，而且还可使汽车前照灯光束（光轴）角变化最小。此外，能将减振弹簧和减振器活塞移动行程维持在一定的范围内，防止车桥底部与高低不平的路面相碰。当汽车高速行驶时，降低车身高度可减少空气阻力，保持重心稳定，提高汽车的安全性和舒适性。

汽车行驶中，因车身的振动，随时判定车高所属的区间较为困难，ECU可根据一

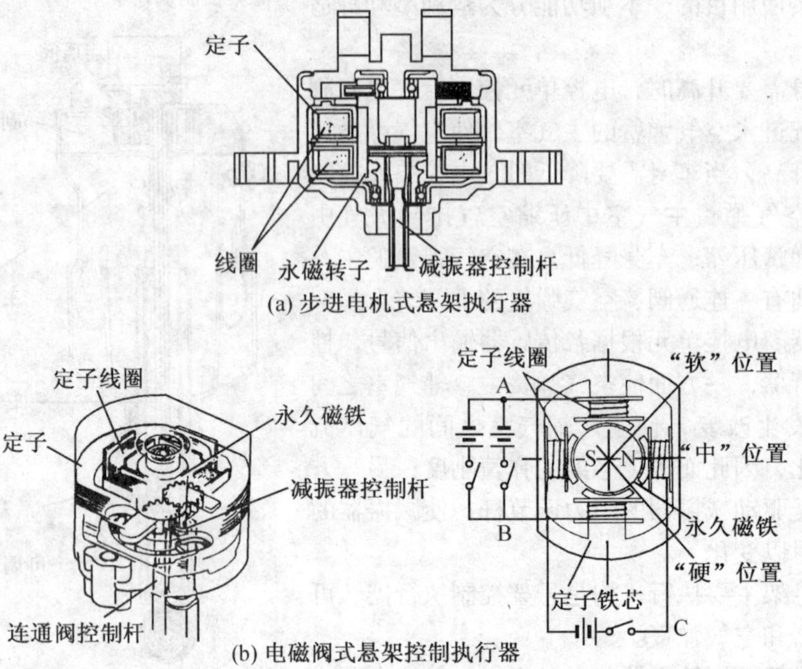

(a) 步进电机式悬架执行器

(b) 电磁阀式悬架控制执行器

图2-7-19　电磁阀式悬架控制执行器

定的时间间隔（如10 ms）来判定车高在某区间的百分比频率，据此频率来决定是否需要进行车高调整，即当频率一旦超过规定值，则开始进行调整。车高调整的实施，可用高压空气（空气弹簧悬架），也可用高压油泵（油气弹簧悬架）。若需将车身提高时，可向弹性元件（或减振器）充气或充油；需要降低车身时，则可放气或放油。

典型的车高（即车身高度）控制方法如下：

1）低、中速行驶时进行车身水平控制。水平的自动控制是将车身高度维持在一恒定的高度内，并使车身尽可能保持水平状态，所维持的车身高度与汽车内的乘员人数和汽车载重量无关。这样可以有效地抑制空气阻力的增加以及使车身浮起的气体抬升力的增长，使汽车行驶保持平稳。

2）高速行驶时进行车身高度控制。当汽车高速行驶时，降低车身高度，有助于抑制空气阻力的增加以及使车身浮起的气体抬升力的增加，这样可使汽车直线行驶的稳定性增强。

3）停车时车身的水平控制。为了改善汽车的外观形象，汽车停驻时的水平控制是在乘员下车后，汽车停放时使车身高度自动降低。

（2）减振器的控制

由路面反射到车体的颠簸冲击力被汽车的缓冲弹簧所吸收，而吸收冲击力后的汽车缓冲弹簧本身又会产生一系列的振动，这些振动力需要被减振器所阻尼并吸收掉，否则，将会使汽车乘坐舒适性大大降低。汽车减振器大多是由充满阻尼油的油缸、移动活塞和小孔等组成。随着汽车在行驶过程中上下颠簸，减振器油缸内的活塞也随之移动，使油缸内的阻尼油流经小孔产生阻尼力来吸收振动能量。如果减小减振器中小孔的直径，即增大阻尼油流经小孔时的阻尼力，使阻尼时间缩短，减振器的减振能力降低，汽车的乘坐舒适性下降。反之，如果增大小孔的直径，即减小阻尼油流经小孔时的阻尼力，使阻尼时间延长，改善汽车的乘坐舒适性，但汽车行驶的稳定性降低。

减振器的一个重要特性是活塞移动速度加快时，其阻尼力也随之增加。因此当路面条件变坏时，减振器内的活塞移动速度变快，阻尼力增加，使汽车行驶的稳定性提高。例如汽车在一条铺设沥青的平坦路面上行驶时，减振器内活塞的平均移动速度在0.08 m/s左右。而汽车在一条崎岖不平的路面上行驶时，减振器内活塞的平均移动速度可提高到0.2 ~ 0.3 m/s。这就意味着理想的汽车减振器的设计是，汽车在平坦路面上行驶时减少其阻尼力，以提高汽车乘坐的舒适性，而汽车在较差的路面上行驶时则增加其阻尼力，以改善汽车行驶的平稳性。正是因为对减振器的这种要求，在常规的汽车悬架系统中无法设计出同时能满足上述两种情况的减振器，这是因为常规的悬架系统中只有一种阻尼特性。减振器阻尼力的控制系统正是根据汽车行驶时的路面条件来控制选择不同的阻尼力，以达到乘坐既舒适，行驶又平稳的目的。

减振器的控制通常有以下几个方面的内容：

1）防后蹲（后坐）控制。如图2–7–20所示，当汽车起步或急加速时，由于惯性力和驱动力的作用，会使汽车尾部后蹲。防后蹲（后坐）控制就是将车尾下沉量控制在最小程度，以保持车身的稳定。

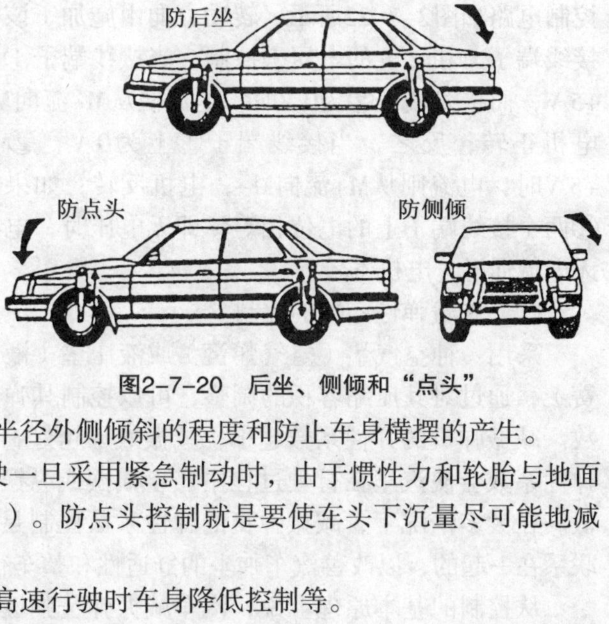

图2–7–20　后坐、侧倾和“点头”

2）防侧倾控制。当汽车急转弯时，由于离心力的作用，汽车车身要向一侧倾斜，转弯结束离心力消失，车身又产生横向晃动（横摆）。防侧倾控制能减小车身向转弯半径外侧倾斜的程度和防止车身横摆的产生。

3）防点头控制。当汽车高速行驶一旦采用紧急制动时，由于惯性力和轮胎与地面摩擦力的作用，会使车头下沉（点头）。防点头控制就是要使车头下沉量尽可能地减小。

此外，还有防换挡冲击控制和防高速行驶时车身降低控制等。

减振器的结构如图2–7–21所示。回转阀上有3个油孔（A、B、C），活塞杆上有2个通道，执行器可以带动回转阀旋转，通断油孔和控制油路截面积的变化，从而可以在小、中、大3挡之间转换衰减力。当处于“小”挡时，回转阀上的A、C油孔关闭，仅靠单向阀起衰减作用。执行器装在减振器的上部，它带动回转阀转动，从而转换衰减力。

执行器由直流电机、减速齿轮、限制减速齿轮旋转的挡块、带动挡块的电磁铁等组成。

根据电机与电磁线圈的通电方式，可以形成3种衰减力。当减振器阻尼力需要变化时，控制系统就发出指令驱动执行器（直流电机和电磁线圈）工作。直流电机的旋转方向主要由是否需要增大或减小减振器的阻尼力来决定，因此，必须控制流入电机的

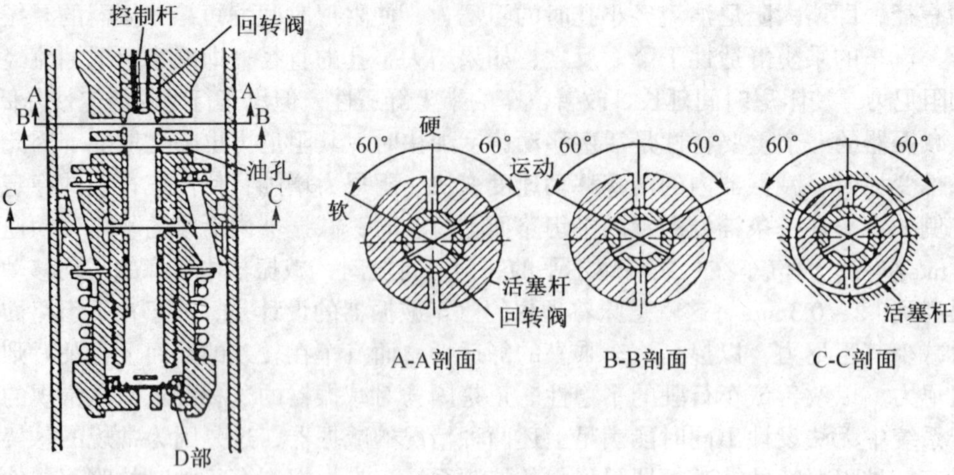

图2-7-21　减振器结构

电流方向，从而使之正转或反转。该电机的正、反转控制电路如图2-7-22所示，转动方向由施加于该电路接线端子①和②上的电压来控制。当接线端子①上为+5 V，而接线端子②为0 V时，电流便从M-流向M+，电机正转；反之，当接线端子①上为0 V，②上为+5 V时，电流则从M+流向M-，电机反转；如果①、②两个接线端子上的电位相等，即无电压时，电机中无电流通过，电机不转。

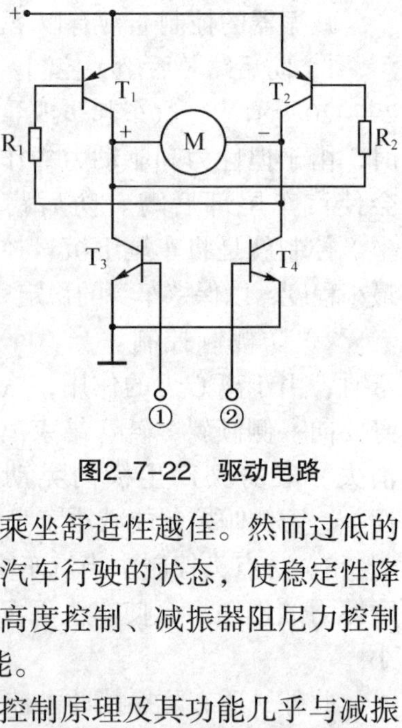

图2-7-22　驱动电路

（3）弹簧弹性系数的控制

采用一种空气垫（空气弹簧）或液压垫（液压弹簧），通过对其压缩容积的调整，可以控制其弹性系数。减振弹簧的弹性系数越小，减振效果越好，汽车的乘坐舒适性越佳。然而过低的弹性系数会使汽车在行驶过程中产生横摆或纵摆，破坏汽车行驶的状态，使稳定性降低。在大多情况下，减振弹簧的弹性系数控制是与车身高度控制、减振器阻尼力控制联系在一起的，以改善汽车乘坐的舒适性和整车行驶性能。

从控制的基本原理上说，汽车减振弹簧弹性系数的控制原理及其功能几乎与减振器阻尼力控制相同。在电控单元中的微机通过对来自车速传感器、转向角传感器、加速度传感器、加速踏板踩下速度和幅度传感器以及车身高度传感器的信号进行处理和计算，得到有关当前减振弹簧应该所具有的弹性系数。通常接通或切断安装在主气室、副气室之间的阀门来改变空气弹簧的弹性系数。因为主、副气室之间的阀门开/闭可改变气室的有效容积，被压缩的空气量发生变化，就会使空气弹簧的弹性系数发生变化。

主动悬架通常由电子控制，或称电控悬架。一般有全主动和半主动两种电控悬架。

1）全主动悬架就是根据汽车的运动状态和路面状况，适时地调节悬架的刚度和阻尼，使其处于最佳减振状态。它是在被动悬架系统（弹性元件、减振器、导向装置）中附加一个可控制作用力的装置。它通常是由执行机构、测量系统、反馈控制系统和能源系统4部分组成。执行机构的作用是执行控制系统的指令，一般为力发生器或转矩发生器（液压缸、气缸、伺服电机、电磁铁等）。测量系统的作用是测量系统各种状态，为控制系统提供依据，包括各种传感器。反馈控制系统的作用是处理数据和发出各种控制指令，其核心部件是电子计算机。能源系统的作用是为以上各部分提供能量。

从20世纪80年代以来，世界各大汽车公司和生产厂家都在竞相研发这种新型的主动悬架系统。丰田、洛特斯、沃尔沃等汽车公司，已在汽车上做了较成功的试验，如图2–7–23所示。

2）半主动悬架不考虑改变悬架的刚度，而只考虑改变悬架的阻尼，因此它是由无动力源且只有可控的阻尼元件组成。由于半主动悬架结构简单，工作时几乎不消耗车辆动力，而且还能获得与全主动悬架相近的性能，故有较好的应用前景。

半主动悬架按阻尼级又可分成有级式和无级式两种。

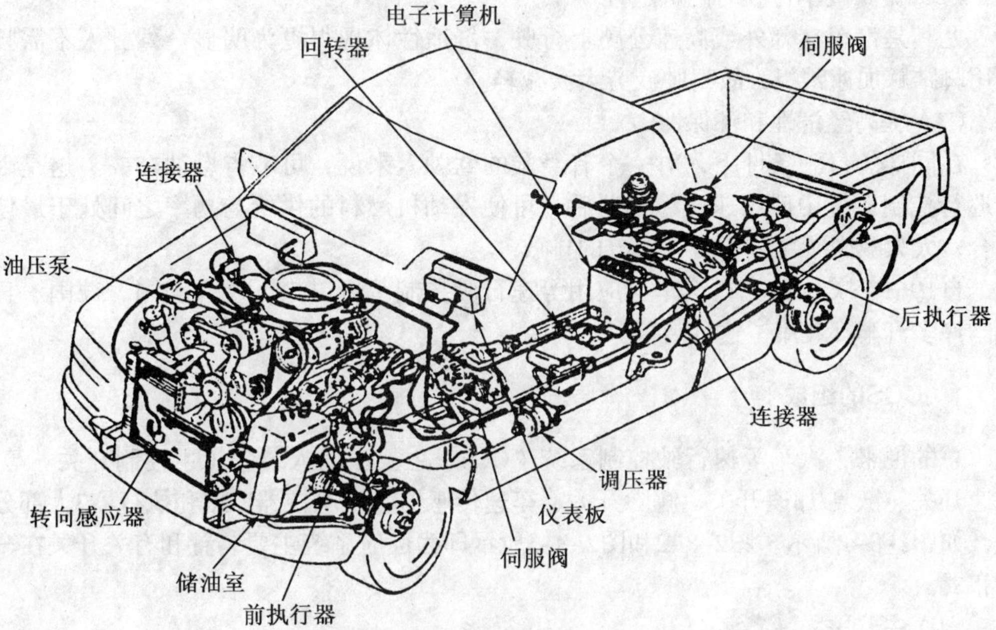

图2–7–23 主动悬架系统的组成

八、等速行驶控制系统（CCS）

汽车等速行驶控制系统又称巡航、巡行、稳速或经济车速控制系统，源于英文cruse control system（CCS），有时也叫车速自动控制系统。

CCS是利用电子技术对汽车行驶速度进行自动调节，使汽车以等速或接近于等速行驶。装有CCS装置的汽车在良好路面（尤其是高速公路）上行驶时，驾驶人的脚可以离开加速踏板（油门踏板），以选定的车速作等速行驶，尤其是装有自动变速器的汽车，因无需使用离合器，驾驶人只要手握转向盘就可轻松地驾驶。而当路况变化时，驾驶人又能重新操纵汽车，从而使整个驾驶过程变得简便、轻松和舒适。

装有等速行驶控制系统的汽车主要具有以下优点：

（1）保持车速稳定

汽车无论在平路上行驶还是上坡、下坡，或是在风速多变的情况下行驶，在发动机功率允许的范围之内，行驶速度均能保持不变。

（2）提高汽车行驶时的舒适性

尤其是汽车在郊外或高速公路上行驶，舒适性体现得更为明显。驾驶人不需频繁地用脚踏踩加速踏板，故驾驶疲劳大大减轻。

（3）提高经济性和环保性

在同样的行驶条件下，对一个有经验的驾驶人来说，可节省燃油15%。这是因为在巡行控制系统中使用速度稳定器后，可使发动机燃料的供给与功率之间处于最佳的配合，大大减少了尾气中有害成分的排放。

自1961年美国首先在汽车上应用等速行驶控制装置以来，现在美国、德国、日本等国许多汽车都装用了这种装置。

1. CCS的组成

总的说来，汽车等速行驶控制系统（CCS）主要由输入装置（主控制开关、等速/减速开关、恢复/加速开关、解除开关、车速传感器）、电控器ECU和执行器3大部分组成，如图2-8-1所示。图2-8-2和图2-8-3所示即为巡航系统主要装置和有关开关在车上的布置。

（1）主开关

如图2-8-4所示，等速控制主开关是该系统的按钮式电源开关．安装在指示灯的附近。当按下A/D（模/数）转换器开关后，汽车电源系统给等速控制系统供电，此时Power功率指示灯亮；当按动设置开关时，Memory存贮指示灯亮，此时的车速被存贮起来，如图2-8-5所示。

（2）控制开关

如图2-8-6所示，手柄式控制开关有5种控制功能：①SET（设置）、②COAST（减速）、③RES（恢复）、④ACC（加速）、⑤CANCEL（取消）。SET和COAST使用同一个开关，RES和ACC同用另一个开关。按箭头指示的方向操纵开关时，开关接通、手

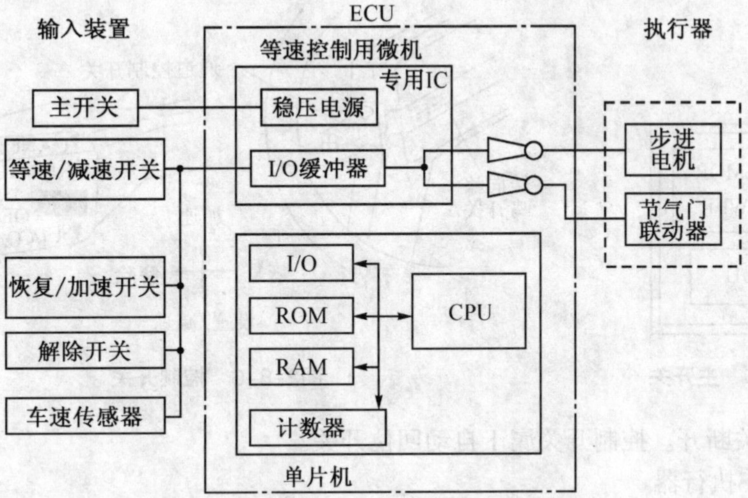

图2-8-1 等速行驶控制系统（CCS）的组成

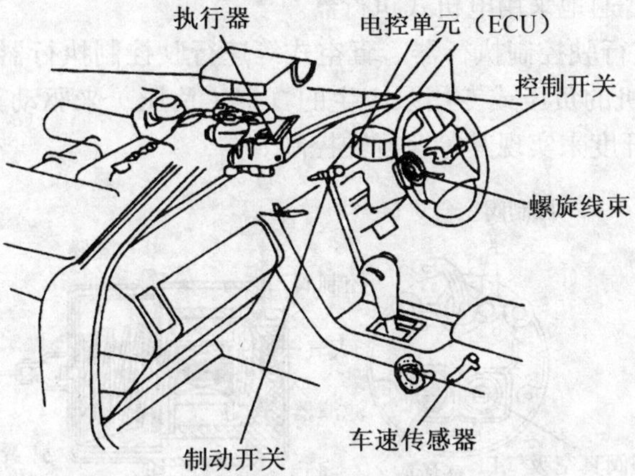

图2-8-2 巡航系统主要装置在车上的布置

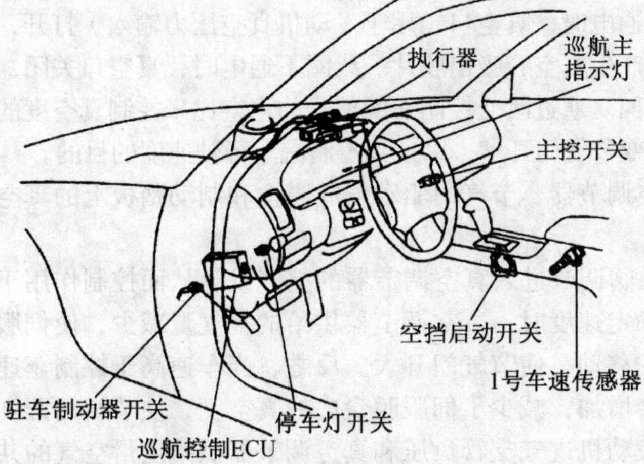

图2-8-3 巡航系统开关布置

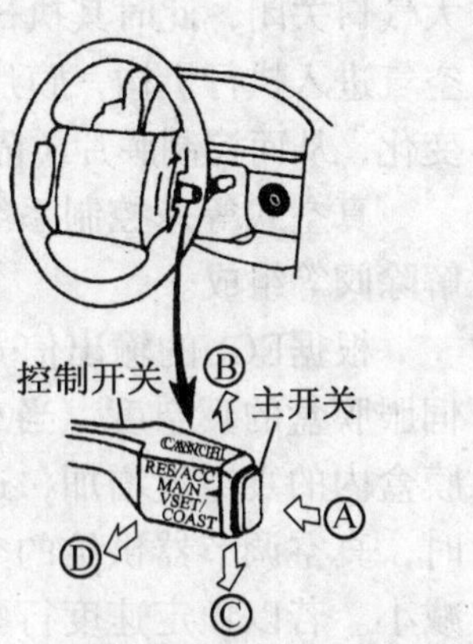

图2-8-4 巡航控制系统主控开关

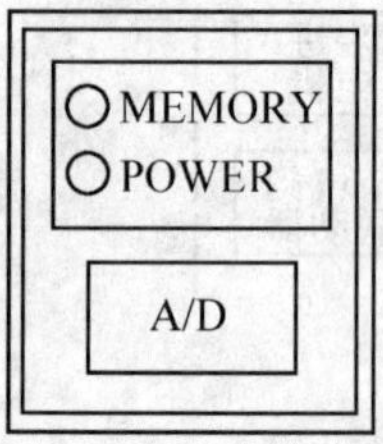

图2-8-5 主开关

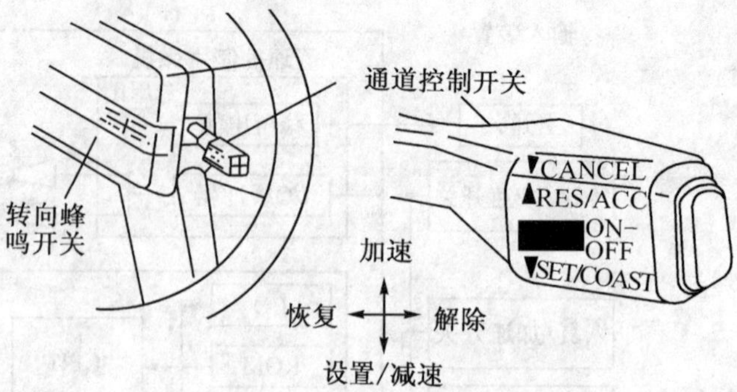

图2-8-6 控制开关

放松时，开关断开。控制开关属于自动回位开关。

（3）CCS执行器

等速行驶控制执行器通常有真空式和电机式两种。目前，为了进一步提高等速行驶控制的性能，较普遍地采用电机式执行器。

1）真空式等速行驶控制执行器。真空式等速行驶控制执行器的结构如图2-8-7所示。它是利用发动机的负压或专用泵产生的真空（负压）来驱动其膜片（隔膜）的，用以控制节气门的开度来实现其等速行驶控制。

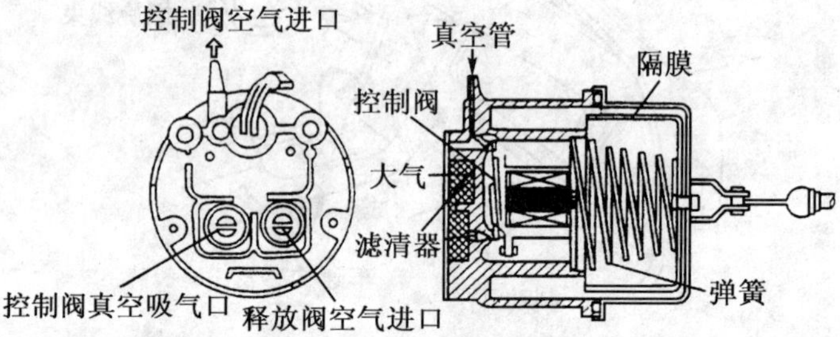

图2-8-7 电机式执行器

工作中，当执行机构中的线圈通电时，真空口（用于发动机真空压力输入）打开，大气口关闭，此时其执行机构内部产生真空，吸出膜片。线圈不通电时，真空口关闭，空气进入执行机构，膜片被弹簧拉回。通过改变控制线圈信号的占空比来控制真空度的变化，从而控制膜片（隔膜）来改变节气门开度，以达到控制汽车行驶速度的目的。

真空式等速控制系统是由真空调节器、节气门驱动伺服膜盒和制动踏板上的真空解除阀等组成。

根据ECU的输出信号，经电磁阀调节进入真空调节器的空气量，从而控制作用于伺服膜盒的真空度。当车速低于预定速度时，真空调节器供给的空气量减少，使伺服膜盒内的真空度增加，通过膜片的移动，使节气门开大。反之，当车速高于控制车速时，真空调节器供给的空气量就会增加，减少了伺服膜盒内的真空度，使节气门开度减小。若以预定速度行驶时，在发动机进气支管负压和真空调节器供给定量空气的共同作用下，使伺服膜盒内保持一定的负压，控制汽车按预定速度稳定行驶。在真空系统工作时，如驾驶人踏下制动踏板，首先使真空解除阀起作用，切断系统电源，电磁阀断电，真空调节器内部与大气相通，负压消失。在踏下制动踏板的同时，真空解除阀也使系统与大气相通。

2）电机式等速行驶控制执行器。电机式等速行驶控制执行器的结构如图2-8-8所示。它是利用减速齿轮机构降低直流电机的转速，使控制臂动作，利用蜗轮、蜗杆减速机构进行减速，并通过电磁离合器调节控制臂的位置，以最终实现对节气门的控制。电机通电后向正、反两个方向旋转，始终以脉冲电流通电。如果控制臂到达规定位置就停止通电，利用减速齿轮机构的保持力仍能确保此位置不变。此外，装有用于检测节气门开度的电位计，通过对控制臂的位置检测来提高其控制性能。采用这种方式后，在解除等速行驶功能时，电磁离合器脱开后又可回复节气门的位置。

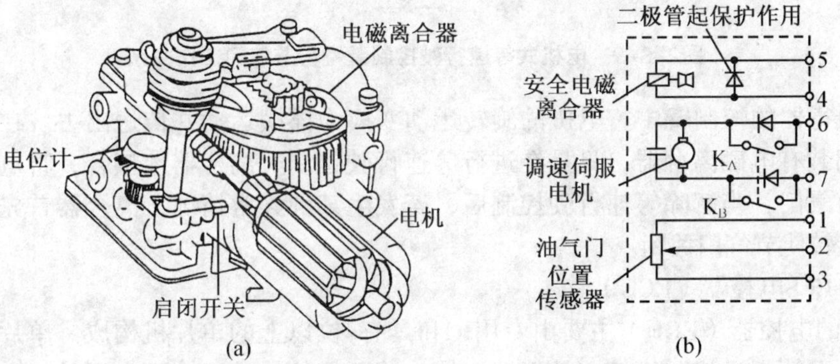

图2-8-8　电机式等速行驶控制执行器结构

电机式等速行驶控制执行器通常包括安全电磁离合器、调速伺服电机和节气门位置传感器3个部分。

a．安全电磁离合器。安全电磁离合器起锁住或释放节气门控制拉线的作用。当汽车在平直道路上以超过40 km/h的车速行驶，且驾驶人启动等速行驶按钮SET时，安全电磁离合器则锁住拉索，使节气门保持一定的开度，汽车也就基本稳定在这个速度上行驶。这样，省却了驾驶人脚踩加速踏板控制车速的重复、单调动作，提高行车安全性，并使汽车以经济车速行驶。

b．调速伺服电机。一般使用永磁可逆式电机。其作用是保持汽车的动态等速，动态等速是指汽车在行驶时，会不可避免地遇到各种情况，诸如道路不平坦、上坡、下坡、转弯及各种阻力而造成车速上下波动，为保证车速稳定在某一恒定值，必须对节气门开度进行小范围的调整，调速伺服电机即随时驱动节气门开度的变化，达到汽车动态等速的目的。同时调速伺服电机还用于加速（ACC）和减速下坡滑行的调整。伺服电机的运转是受等速行驶ECU控制的。

c．节气门位置传感器。检测调速伺服电机控制节气门的位置，即动态反映了节气门的开度情况。它的输出信号作为反馈信号输入等速行驶ECU。

通常情况下，加速踏板（油门）与节气门利用拉索进行机械连接，与加速踏板的动作相配合，节气门轴臂的转动，控制节气门的开与闭，如图2-8-9所示。

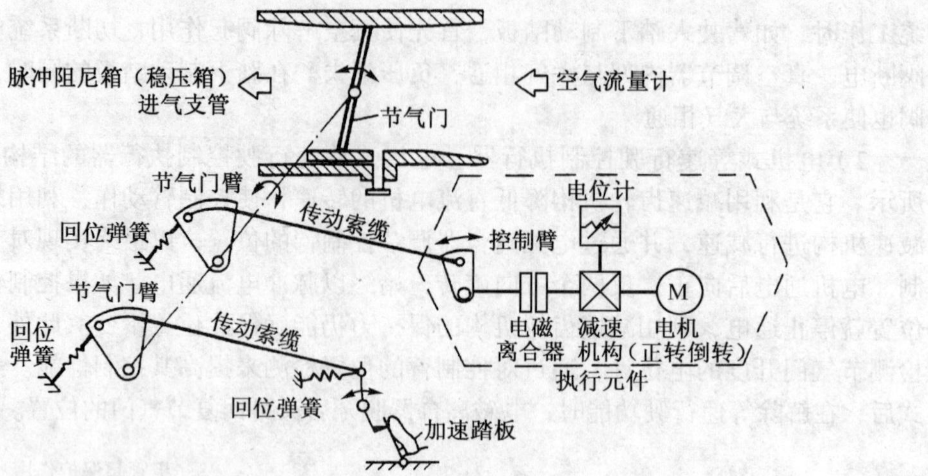

图2-8-9　电机式等速行驶控制装置与节气门工作关系

在执行器的控制臂中，电机的旋转运动变换为摇摆运动并传送出去。在电机与控制臂之间装有电磁离合器，只是在进行等速行驶控制时离合器才接合，将电机的力矩传送给节气门；当解除等速行驶控制后，若发生某种异常情况，离合器首先松开，同时电机旋转使节气门关闭。

（4）CCS电控器（ECU）

CCS的电控器（ECU）主要由专用IC和具有4位以上的单片机构成。单片机负责完成车速的运算、记忆、比较、补偿、保持、诊断等信号处理；而专用的IC，具有处理微机的再启动、输入、输出与电源的通断、自我诊断等功能。

CCS（等速行驶控制系统）的ECU有模拟电控器和数字电控器两种。

与模拟系统相比较，数字电路的突出优点是系统中的信号以数字量表示，不会受

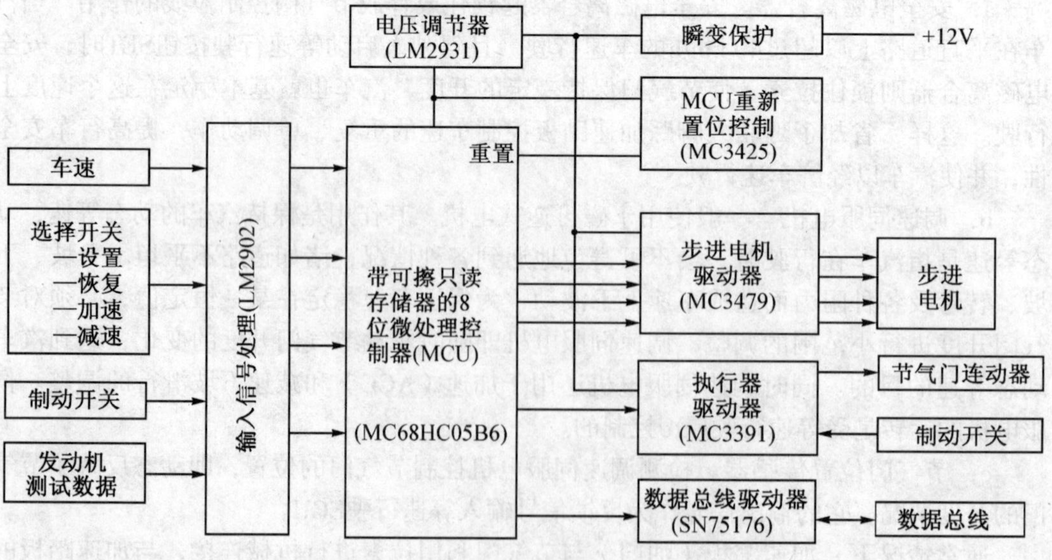

图2-8-10　CCS电控系统（数字式）

工作温度和湿度的影响。因此，在特殊条件下数字控制具有更高的稳定性。数字式等速行驶控制器可以采用先进的大规模或超大规模集成电路技术做成专用IC，也可在微机上编程实现，如图2-8-10所示。特别是当汽车上别的系统已有控制用微机时，只需修改一下程序即可将此功能附加上去，因而可以节省较昂贵的控制硬件。

在汽车等速行驶电控系统中，速度信号反馈至电控器与指令车速进行比较，因而系统工作以闭环控制方式进行。一般说来，这样一个系统有如下特性要求：①快速响应能力；②较好的系统稳定性；③很小的稳态误差。

2. CCS的控制原理

CCS基本工作原理：驾驶人利用控制开关可以把保持等速、减速、恢复原速、加速等命令传送给微机。当驾驶人操纵控制开关时，微机就记下了调节后的车速，开始进行等速行驶控制，记忆车速与实际的行驶速度都输入到ECU的比较电路中，比较电路的输出信号经过补偿电路、执行部件、发动机、变速器后就可以变换为驱动力，如图2-8-11所示。

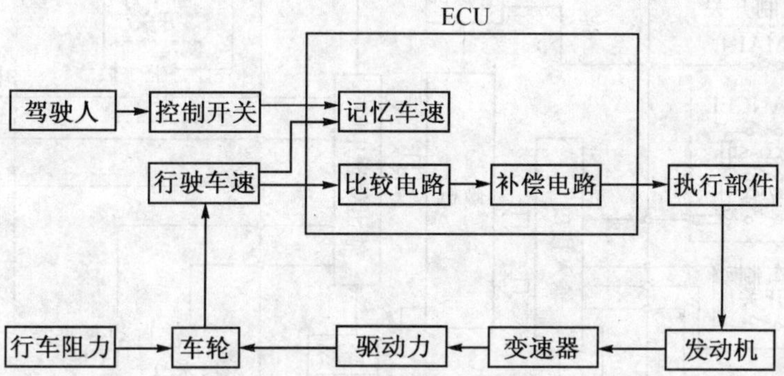

图2-8-11　CCS控制原理框图

CCS的控制功能包括基本控制功能和系统保护功能两部分。

（1）基本控制功能

1）等速设定。当合上控制开关后，ECU就能存贮此时的行驶速度，并能保持以该车速稳定行驶。

2）解除设定。当踩下制动踏板时车速设定解除，但已设定的车速仍存贮于微机中。

3）恢复。当按动恢复开关后，则恢复原来所存贮的车速。

4）滑行。连续按动减速开关，以离开开关时的车速稳定行驶。

5）加速。连续按动加速开关，则以离开开关时的车速作等速行驶。

6）车速微调。在巡行中，操纵开关以ON—OFF（接通—断开）方式进行变换，车速略有提高。

（2）系统保护功能

1）低速自动消除。当车速低于40 km/h时，原存贮的车速自动消除，不能再恢复此车速。

2）踩制动踏板消除。通常在制动踏板上装有两个开关：一个用于对微机的信号进行消除，另一个直接使执行器工作停止。

3）其他消除。有驻车制动、离合器（手动变速器MT车）、选挡杆（自动变速器AT车）等控制开关功能的消除。

3. 应用实例

现以电机式等速行驶控制系统为例，如图2-8-12所示，其组成包括等速行驶主开关（MAIN）和控制开关（解除—CNCEL，设置/滑行—SET/COAST，恢复/加速—RES/ACC）、电控器（ECU）、等速行驶执行器（电磁离合器和电机）等。ECU采用8位单片机（CPU），车速传感器安装在车速表内，由车速表软轴驱动。

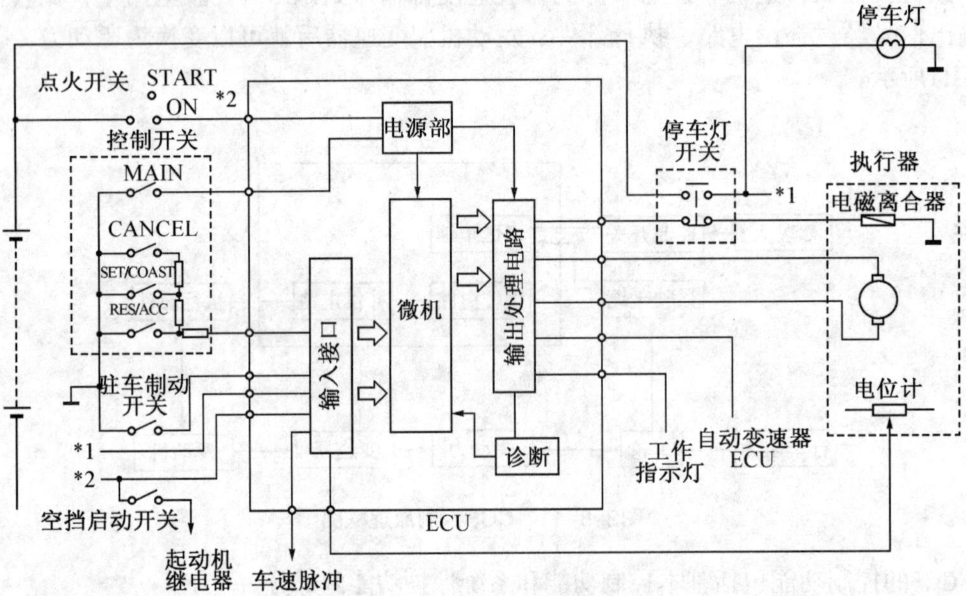

图2-8-12　电机式等速行驶控制系统电路

（1）车速计算

当汽车行驶速度为60 km/h时，车速表软轴的转速通常约为637 r/min，具有4个磁极的永久磁铁构成的脉冲发生器发出的磁通量变化，通过一簧片探头测出，并转换成每周产生4个脉冲的速度信号。这些速度脉冲信号在输送到ECU之前，先经过输入接口电路进行处理。当探头检测到脉冲磁通量减少时，接口电路中断工作，内部计时器的值即被记录下来。从本次减少到下次减少之间的时间称为周期，其时间是用计时器来测定的。在微机中始终保持这4个脉冲周期，当中断信号产生后，原来的脉冲周期被更新，因此，电控器ECU内保持的4个脉冲周期始终是最近一次的脉冲周期。在ECU中，计时器值占8个字节，它的时间分辨能力依照ECU的时钟频率不同而有所不同，一般约为100 μs。

ECU根据这4个脉冲周期可计算出当前汽车行驶的速度。如果脉冲周期T_1、T_2、T_3、T_4的时间间隔均相同，则车速可按下式计算：

$$v=K/T$$

式中：K为常数，$T=T_1+T_2+T_3+T_4$。

为了减少由于软轴的转速变化所引起脉冲周期的波动对计算精度的影响，传感器每旋转一周产生4个脉冲信号，然后利用这4个脉冲（周期）信号来计算当前的车速。另外,为了减少车速传感器的输出信号受外界的电磁干扰，通常在等速行驶控制ECU中用前一个脉冲周期计算所得的车速与本次脉冲周期计算所得的车速求实际车速的平均值。

（2）控制流程

如图2-8-13所示，通常情况下，系统首先要对车速进行处理，其处理过程如下：

1）提取车速脉冲。用速度表内的光电耦合器的输出信号作为车速信号，由于车速表缆线的扭转引起角速度的变化，因此车速信号必须进行调制，以控制可能产生的恶劣影响。通常按照车速以脉冲数为单位加以提取：

$v<45$ km/h	低速域	4个脉冲
45 km/h$<v<$90 km/h	中速域	8个脉冲
$v>90$ km/h	高速域	16个脉冲

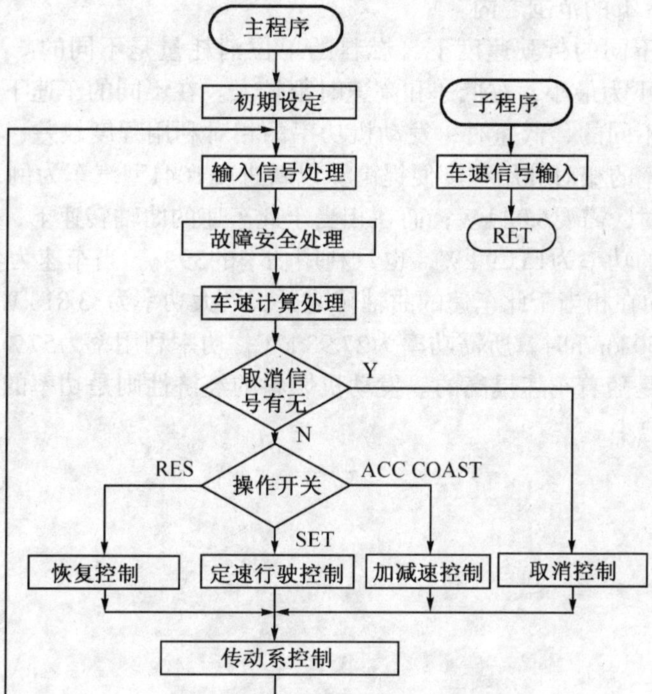

图2-8-13　CCS控制流程框图

2）周期平均化。将用于控制的周期T_i进行计算，并把这一周期予以平均化。

3）车速计算。每隔50 ms的最新周期T_i，并以此计算最新车速值v_i。

4）车速平均化。控制用车速v_i通过计算，即可对车速值进行平均化。

当微机对车速进行这样的计算和平均之后，还要对其通电时间比进行计算，然后才能对等速行驶控制的执行器（真空泵或电机）实行有效的控制（参见CCS控制流程图的后半部分）。

汽车在行驶中，其计算车速与所设定的车速进行比较后，驱动执行器控制节气门的开度，以消除其偏差。汽车在行驶中遇到不同的阻力，其车速与节气门开度之间的关系（即车速控制特性）如图2-8-14所示。

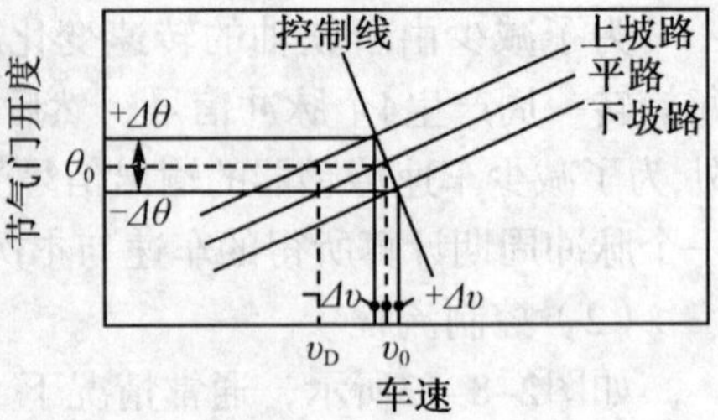

图2-8-14　车速控制特性

汽车在平坦道路（平路）上行驶，车速为v_0时，节气门开度为θ_0，如果θ_0一定，则可用调制速度v_0等速行驶来控制行驶；若汽车上坡时，车速下降到v_D则不能进行等速行驶。为了使等速行驶与汽车负荷变动无关，控制目标值设定了控制线，要求控制线的坡度尽量使车速变动少。此时，由于执行器等动作的滞后，往往发生某些速度的偏差，故对上坡、下坡的变化，需要进行节气门开度作$\pm\Delta\theta$的调整。这样就可把车速变动的幅度限制在$\pm\Delta v$的范围之内。

汽车在各种不同的行驶速度下，燃料的单位消耗量是不同的。一般在中等速度（30～40 km/h）下为最小，在低速和高速时都较大。在不同的车速下，发动机功率的相对利用程度是不同的，低速时，发动机功率的相对利用程度较差；随着行驶速度的提高，发动机功率的相对利用程度便提高。以跃进NJ1041型汽车为例，以20 km/h的速度在平路上行驶时，需要6.02 kW；而在相当于此车速的曲轴转速下，节气门全开时，发动机所能发出的功率为15.29 kW，也只利用功率的39%。当车速为40 km/h时，需要功率14.48 kW；而在相当于此车速的曲轴转速下，最大功率为33.81 kW，功率利用率为43%。当车速为60 km/h时，所需功率为27.93 kW，功率利用率为57%。这就说明发动机功率的利用率是随着车速提高的。发动机燃料的经济性则是功率的利用率愈大，燃料的单位消耗量愈小。